의식을 여는 마스터키,
최면

메즈머리즘에서 울트라 뎁스®까지

마스터 최면 트레이너 **문동규 지음**

의식을 여는 마스터키, 최면

렛츠북

Contents

03. 상담 및 힐링의 도구, 최면

PART **2**

Hypnosis, Yesterday
최면의 원류, 메즈머리즘

글을 시작하며

최면은 '의사소통의 또 다른 방식'이며 동시에 '무언가를 학습하는 방식'이기도 하다.

과거의 최면은 소수의 사람들만 배우고 소수의 사람들만이 활용하던 분야였지만, 오늘날에는 인터넷과 매체의 영향으로 이를 배우고 활용하는 사람들이 늘어나고 있다.

물론 그러한 매체들을 통해 오히려 최면에 대해 더욱 오해를 갖는 대중들 또한 많아졌지만, 최면이 우리 실생활의 일부로 인식되고, 보다 합리적인 방식으로 최면과 마음의 작동을 이해하고 활용하려는 사람들이 늘고 있다는 것은 환영할 만한 일이다.

과거에는 현대의 메이저 협회들이 받아들이고 있는 주류적인 최면이론들이 아닌, 이웃 나라 일본을 통해, 또는 최면의 일부 분야에만 관심있는 특정인들을 통해 번역되어 들어온 일부의 관점과 기법들이 마치 최면계의 주요관점인 것처럼 국내 최면의 주류자리를 잡고 있었고 또 그러한 모습들을 근거로 타 분야의 전문가들이 최면 분야 자체를 오해하도록 하는 빌미를 제공하기도 했었다.

그렇지만 시대가 흐르면서 우리 주변의 환경들이 점차 변화하고 있다.

필자의 개인적인 느낌으로는 국내의 최면계가 이제 걸음마를 떼었고,

더욱 성장하고 성숙하려는 청소년기의 시기에 있다고 생각한다. 세계화에 맞추어 우물 안의 개구리에서 벗어나 이제 많은 것들을 실시간으로 세계와 공유하는 시기에 접어들면서 한국의 최면계 역시도 하루가 다르게, 더욱 다채롭고 성숙한 모습으로 성장하고 있다.

마치 성장기의 미성숙한 청소년이 다양한 시행착오를 겪어가는 것처럼, 온라인에서 넘쳐나는 검증되지 않은 다양한 정보들로 인해 일부 진통이 있는 것도 사실이지만 그럼에도 불구하고 그 깊이와 다양성이 확장되고 있음을 느끼고 있다.

영어권 국가에 사는 사람들은 입수할 수 있는 최면에 대한 정보가 무궁무진하다.

물론 이렇게 많은 정보의 홍수 속에서는 그 출처가 불분명하거나 지나치게 상업적인 목적으로 만들어진 자료들이나 수준 이하의 교육들, 작동하지 않는 도용 기법들, 눈속임에 불과한 왜곡된 정보들을 접할 기회들 또한 많아진다는 단점도 있다.

하지만 그럼에도 불구하고 조금만 신중을 기하고 정보를 구분해내는 시각을 키운다면 그만큼 양질의 정보들을 얻을 기회들 또한 많아지는 것도 사실이다.

이것은 그만큼 그들의 최면 관련 시장의 규모가 크다는 것을 반증하므로 한국에서 활동하는 최면가의 입장에서 한편으론 부러운 이야기이다. 필자 역시 과거에 해외 최면업계에 대한 실정이 어두웠던 시절, 많은 시간과 비용을 낭비하며 시행착오들을 겪었던 경험이 있다.

이미 최면사로 활동하고 있거나 앞으로 최면사가 되기를 희망하는 사람들에게 국내의 경우 접할 수 있는 최면에 대한 정보들이 영어권 국가들에 비해 너무나도 제한적인 것이 현실이다. 지금도 일부 최면에 관한 도서들이 번역되어 들어오거나 몇몇 활동 중인 최면사들이 최면에 대한 좋은 도서들을 간간이 출간하고 있지만, 여전히 질적인 면이나 양적인 면에서도 턱없이 부족한 실정이다.

심지어 국내에서 이미 출간된, 필자가 접했던 몇몇 서적들을 읽다 보면 일부에서는 무차별적인 자료수집이나 번역과정에서 다소 오해되거나 왜곡된 내용이 포함되어 있는 경우들을 발견하기도 한다.

이 책은 최면의 전반을 다루고 있지만, 최면기법을 지도하기 위해 쓴 본격적인 학습서가 아니다. 따라서 이 책은 기법 자체를 가르치거나 암시문이나 스크립트(문장을 적어놓은 대본)들을 나열하지 않는다. 만약 최면기법 자체를 배우고자 하거나 간단한 최면유도 대본이나 문장들을 구하고자 한다면 이 책을 내려놓고 이미 출판된 다른 좋은 책들을 참고하기를 권한다.

이 책은 필자의 개인적인 경험을 포함하고 있으며 최면에 대한 전반적인 서술과 특정 주제에 대한 칼럼들을 모은 것이다.

최면에 관심 있는 일반인들에게는 오늘날의 전반적인 최면 패러다임을 소개하고 대중들에게 퍼져있는 최면에 대한 왜곡된 이미지와 잘못된 정보들을 바로잡으며, 최면 학습자들이나 기존에 최면을 접했던 이들에게는 배경지식을 정리하고 구조화하는 데 참고할 수 있는 사항들을 담고 있다. 최면기법을 학습하고 싶은 독자라면 이 책은 참고 또는 보조용으로만 읽고, 실제적이고 구체적인 적용과 깊이를 익히기 위해서는 바른 내용을 지도할 수 있는 믿을만한 최면 트레이너나 교육기관을 통해 직접적으로 피드백을 받으며 훈련받기를 권한다.

이 책에는 일반 최면 책들에서 볼 수 있는 흔한 '최면 스크립트(유도문이나 암시문을 적어놓은 글)'들을 가급적 싣지 않고 설명을 위한 최소한의 것들만을 담았다. 그러한 유도문이나 스크립트들 속에 큰 숨겨진 비밀이 있거나 그것을 공개하는 것이 금기시되어 있어서 그런 것이 아니다.

앞서 언급했듯이 이 책은 기법 자체를 익히기 위한 본격적인 학습서가 아님이 그 첫 번째 이유이고, 두 번째는 군이 불필요하게 지면을 낭비할 필요가 없기 때문이기도 하다.

예를 들어, 데이브 엘먼 선생이 사용했던 급속 유도법들 중 하나인 '3분 루틴'만 하더라도 1번, 호흡을 들이마시고 내쉬세요. 2번, 눈을 감습니다. 3번…. 이런 식으로 기계적인 스크립트에 의존한다면 그 핵심을 놓치기 쉬우며 차라리 하지 않느니만 못한 것이 될 수 있다. 애초에 이런 기법들은 스크립트 자체에 그 핵심이 있는 것이 아니기 때문이다.

실제로 이것이 작동하는 기전이나 원리를 제대로 이해하지 못하고 스크립트만을 따르다 이내 "이건 해보니까 작동하지도 않는 거야."라든지, "이 기법은 외국 사람들에게만 잘 작동해."라는 식의 오해만 쌓여 포기해버리거나 그 내용을 바꾸어버리는 초심자들을 많이 보아왔다. 독자들이 몇 줄의 정형화된 최면 유도문장들만을 보고 그것이 핵심이며 전부라고 오해하지 않기를 바란다.

최면은 마음과 마음의 소통이다.

우리가 사용하는 '언어'와 '글자'라는 제한된 도구로 이것을 모두 표현하기에는 많은 무리가 따르는 것이다. 학습을 목적으로 이런 짧은 책자를 통하는 것은 많은 부분 그 핵심과 세부사항을 놓칠 수 있으며, 또 다른 오해만 증폭될 수 있다.

현대사회는 정보가 넘쳐나는 환경에 있다. 만약 자신이 원하고 조금의 노력과 발품을 판다면 간단한 최면 대본(스크립트)들은 어렵지 않게 구할 수 있을 것이다. 각종 최면 협회의 전자 도서관만 하더라도 그러한 스크립트들은 수천 장씩 쌓여있다.

그러나 앞서 언급했듯이 최면은 스크립트 자체가 중요한 것이 아니다.

필자는 최면을 시작하는 몇몇 사람들에게 이러한 질문을 받은 적이 있다. "저는 모 기관에서 최면코스를 이미 수강했었습니다. 무려 수십 시간이나 수업을 들어서 저는 최면에 대해 충분히 알만큼 다 안다고 생각해요. 근데 제가 최면에서 더 배울 내용이 있나요?", "선생님은 지금껏 세계각지에서 십수 년 이상 최면과 관련한 수십 종 이상의 강의들을 반복해서 수료하고도 지금도 계속 공부 중이신데, 그렇게 공부하거나 배울 내용들이 최면 분야 안에 더 있나요?"

이러한 질문들에 필자는 개인적으로 이렇게 대답해주고 싶다.

"최면이라는 모래사장에서 선생님은 이제 손을 넣어 한 줌의 모래를 쥐었을 뿐입니다. 저 역시도 크게 다르지 않고 말입니다."라고 말이다.

필자는 평생을 최면에 매진한 몇몇 뛰어난 최면 거장들이 말년에 비로소 최면이 무엇인지 "약간은 알겠다."라고 말하는 걸 들은 적이 있다.

개인적으로 필자는 최면이라는 분야가 너무나 깊고 방대한 영역이라 생각한다. 왜냐하면, 이것은 우리가 아직 그것의 손톱만큼도 제대로 밝히지 못한 우리의 '의식'이란 영역을 다루는 도구이기 때문이다.

따라서 이것을 어떤 조그만 단일의 틀로서만 이해하려 한다면 그것은 결코 이해되지 못할 것이다. 그것은 마치 바닷물을 조그만 밥그릇에 담아 그것이 바다의 전부라고 생각하는 것과 같다.

비록 이 책이 기법 자체에 대한 학습서는 아니라 할지라도, 이 책에는 오늘날의 최면에 대해 궁금증을 갖고 있는 독자들을 위해 최면의 현주소에 대한 전반적인 지식들을 담고 있으며, 초심자들이나 최면상담사가 되려는 사람들이 최면을 공부하거나 이해할 때 간과해서는 안 되는 몇몇 중요 요소들이나 힌트들 또한 숨어있다. 또한, 이 책에는 한때 국내에서 온라인 커뮤니티 등을 통해 왜곡된 정보들이 수없이 떠돌며 재생산되던 '울트라 뎁스®' 프로세스에 대한 공식적인 소개와 정보가 실려 있다.

최면 분야에서 '울트라 뎁스®'라는 분야는 이 책을 통해 출간도서의 형식으로 국내에서 처음 소개되는 영역이다.

여기에 실린 울트라 뎁스® 프로세스와 관련한 내용들은 'UDI(*Ultra Depth®* International) 가이드라인'에 따라 '울트라 뎁스® 한국지부(*Ultra Depth® Korea*)' 및 '울트라 뎁스® 인터네셔널(*Ultra Depth®* International)'과 이 프로세스를 크게 발전시킨, 이 프로세스의 저작권자이기도 한 제임스 라메이 선생을 통해 사전에 공식 승인된 내용임을 밝힌다. (울트라 뎁스®와 관련한 한국에서의 모든 저작과 상표권은 제임스 라메이 선생과 울트라 뎁스® 한국지부가 공동 소유하고 있다.)

또한, 한 챕터를 할애해 최면의 원류인 '메즈머리즘'에 대한 간략한 소개를 담았다.

이 역시도 최면의 역사에서 '메즈머'라는 인물에 대해 간략히 다룬 것을 제외하고는 국내에서 처음으로 소개되는 영역이기도 하다.

필자는 한국에서는 처음으로 '최면적 마그네티즘'과 '페서네이션'이라고 불리는 '매혹' 기법들에 대한 체계를 소개하고, 그 훈련법들을 보급하고 있다.

이 책에 등장하는 내용들이나 개념들은 필자가 개인적으로 만들어냈거나 홀로 주장하는 내용들이 아니다. 필자는 미국의 메이저 협회(ABH)에 소속된 마스터 강사의 입장에서, 또한 여기서 소개하는 각 단체들(ABH, TPTF, ISI-CNV, UDI)의 정식 교수진의 자격으로, 이 책에서 전하는 내용들은 최면계의 주류적인 패러다임과 각 단체의 정규적인 패러다임을 바탕으로 소개하는 내용임을 밝힌다.

모쪼록 이 책이 최면에 대해 알고 싶거나 최면을 공부하는 독자들에게 최면의 전반적인 이해와 현주소를 파악하는 데 조금이나마 도움이 되기를 바란다.

또한, 각기 배경은 다르지만, 각자의 자리에서 한국 최면계의 발전을 위해 힘쓰고 있는 여러 최면 트레이너들께도 감사의 말을 전한다. 개인적으로, 오늘이 있기까지 밑거름이 되어주셨던 필자의 국내외 여러 최면 선생님들께 감사를 전하며, 특히 누구보다도 지속적으로, 끈끈히, 멘토 역할을 약속하고 언제나 진심에서 나오는 아낌없는 조언을 주고 계시는 진정한 스승, 제임스 라메이 선생님께 특히 감사드린다.

그는 필자에게 지금껏 접해왔던 다른 어떤 최면의 대가들조차 제대로 알려주지 못했던, 또는 오해하게 하였던, 우리 내면의 거인인 진정한 '잠재의식'을 비로소 깨달을 수 있도록 해주었고, '소통'에 대한 인식을 새롭게 하게 만들었으며 이를 통해 새로운 인생의 경로에 접어들 수 있도록 도움을 주었다. 옆에 두고도 보지 못했던 새로운 세상을 볼 수 있는 눈을 뜨게 해준 그에게 다시금 진심으로 감사를 전한다.

2016년의 어느 날

문동규

ABH 최면 마스터 트레이너
파츠 테라피 트레이너
울트라 뎁스® 에듀케이터
메즈머리스-머스® 트레이너

울트라 뎁스® 한국지부장
한국 현대최면 마스터 스쿨 원장

최면에 대한 개인적인 여정

　시작하기에 앞서 이 글을 쓰는 필자의 '최면'이라는 분야에 대한 개인적인 배경을 언급하려 한다. 이것은 필자의 타이틀이나 과정들을 자랑하려는 목적이 아니라 이 글을 읽는 독자들에게 최소한 이 글을 쓰고 있는 필자가 최면 분야의 공부나 경험들을 어느 정도 갖고 있고, 어떤 길들을 걸어왔는지에 대해 개략적으로 밝히기 위한 것이다.

　필자의 최면에 대한 개인적인 여정은 20대 초반의 이른 나이에 시작되었다. 우연히 접했던 최면과 관련한 책 한 권이 결국 필자의 인생을 '최면'이라는, 다소 생소했던 분야에 바치게 만들었던 것이다.

　처음에는 그저 마음에 대한 단순한 호기심에서 출발했던 것이 어느덧 적지 않은 시간이 흘러 불혹(不惑)이 넘은 나이가 되었고, 그 시간 동안 최면상담과 교육 필드에서 최면과 함께 수많은 사람들과 울고 웃으며 기존의 상식으로는 믿을 수 없었던 현상들을 수없이 목격하고 체험해오는 과정에서 인간과 세상을 바라보는 개인적인 관점 또한 여러 차례 바뀌어왔다. 특히, 마음의 문제로 인생 자체를 고통 속에서 살아가던 사람들이 몇 차례의 상담을 거치면서 완전히 바뀌는 모습을 보는 것은 그야말로 경이로움에 가까웠다.

　마음의 작용을 더욱 잘 이해하기 위해 최면과 함께 인접 분야인 NLP

나 EFT 등의 다른 다양한 분야에 대해서도 공부하며 최면에 대한 탐구를 이어갔다.

최면을 공부하면 할수록, 사람들과 함께하면 할수록 더욱더 궁금증은 커졌다. 최면이 작동하는 경우와 작동하지 않는 경우가 나타났고, 일시적인 효과가 있는 경우와 장기적이고 영구적인 변화로 이어지는 결과들이 나누어졌다.

테크닉 면에서도 더욱 많은 궁금증들이 커져만 갔다. 국내에서 이미 최면에 대한 몇몇 교육들을 받았었지만, 최면이라는 분야는 그 태생적인 특성상 NLP 등의 유사분야와는 달리 개념이나 용어, 매뉴얼 등이 표준화되어있지 않다.

당시 국내에서 얻을 수 있는 자료들이나 교육들 또한 다소 한정적이었기 때문에 필자의 관심은 자연스럽게 가장 큰 최면시장을 보유하고 있는 미국의 최면교육으로 옮겨갔다. 뭔가 더욱 깊은 세부사항과 숨겨진 비기들을 배워야 한다고 생각했다. 개인적으로 특히 20세기 위대한 최면 거장들 중의 한 명으로 평가받는 데이브 엘먼 선생의 접근법에 대해 더욱 깊이 공부하고 싶었다.

그때부터 최면과 관련된 각종 원서들과 이름이 알려진 몇몇 유명한 최면 마스터들의 강의실황 녹화 본들을 구입해 학습하거나, 일정을 맞추어 출국해 직접 해외의 트레이닝에 참여하며 각종 수업들을 듣기 시작했다. 이 과정에서 다양한 종류의 접근법들을 배웠지만, 특히 데이브 엘먼 선생의 접근법에 대해 더욱 깊이 이해하기 위해, 그의 접근법이나 기법을 전문적으로 가르친다고 하는 오늘날 최면 분야에서 '대가'라 불리는 각기 다른 십수 명에 가까운 미국 트레이너들의 프로그램들을 별도로 추가 이수하기도 했다. 물론 그중에는 희귀본이지만 어렵게 입수한 데이브 엘먼 선생이 생전에 직접 강의했던 전체 코스의 육성강의 녹취록 또한 포함되었다.

영어에 익숙하지 않았던 필자로서는 이것 자체가 매우 쉽지 않은 일이었다. 영어권 국가에 사는 현지 수강생들과 달리 비영어권 외국인으로서 해당 수업들을 체화하기 위해서는 두, 세배 이상의 비용과 노력이 필요했고 때로는 언어전문가의 도움을 받아야 하기도 했다.

강사의 한 마디 한 마디 중요 포인트들을 한 문장 한 문장 실수 없이 이해하며 옮겨야 했고 그 포인트를 살려 다시 한국식의 적절한 표현으로 왜곡 없이 옮겨야 했기 때문이었다.

이런 과정에서 많은 것을 알게 되었다. 그것은 최면 분야 안에서도 상상했던 것 이상으로 다양한 관점과 접근법들을 가진 수많은 색깔의 전문가들이 공존하고 있다는 것이었고, 최면의 적용분야 또한 상담, 대인관계, 비즈니스, 스포츠, 경찰수사, 법정, 건강, 의학, 공연 등 다양한 분야로 분화되어 있고 다양한 전문분야들이 활성화되어있다는 것이었다. 입수할 수 있는 자료들 또한 넘쳐났다. 오히려 너무 많은 관련 자료들 속에서 양질의 자료를 선별해내는 것이 어려운 지경이었다.

미국의 몇몇 최면사들은 거대한 최면시장에서 살아남기 위해, 다른 이들과 차별화되거나 돋보이도록 마치 컨텐츠 공장처럼 유행을 찍어내듯이 기존의 용어들을 변형하여 마치 다른 내용처럼 보이는 컨텐츠를 재생산해 내기도 하며, 심지어 사장되거나 알려지지 않은 다른 사람들의 컨텐츠를 도용하여 왜곡시킨 뒤, 마치 자신이 새로이 개발한 것처럼 새로운 이름을 붙여 등장하기도 했다.

돈을 벌기 위해 비윤리적으로 대중들을 속이는 사기성이 짙은 경우들도 적지 않았다. 또한, 이러한 기법이나 체계들 중 일부는 국내로 유입되어 아웃라인만을 따서 왜곡된 모습으로 인터넷에 떠돌며 몇 단계를 거치는 과정에서 같은 이름이지만 전혀 다른 컨텐츠로 둔갑되는 황당한 경우들도 있었다.

지금은 몇몇 신뢰할 수 있는 루트들을 통해 이를 확인하거나 개인적으로 그들의 광고와 주장들을 어느 정도 거르고, 세부적인 컨텐츠의 질을 판단할 수 있는 시야가 생겼지만, 필자 역시도 최면업계에 대해 어둡고, 정보에 대한 분별력이 없던 시절, 이러한 정보들에 현혹되어 많은 시간과 비용을 낭비했던 경험들이 있었다. 당시로써는 그들의 목표 대상인 현지인들도 속는 마당에 외국인인 필자가 속는 것은 어쩌면 지극히 당연한 일이었다. 그렇게 배운 기법들을 이후 많은 사람들에게 적용하며 그 결과들을 검증해왔다. 어떤 종류의 프로그램은 인증을 받기까지 교육수료 후 일 년, 또는 몇 년 이상의 시간을 소요하기도 했다. 과연 그것이 실제로 작동하는지 확신하기 위해서는 수백 명의 내담자에게 일일이 적용해보고 그 결과물들을 수집해야 했기 때문이었다.

그러한 노력 끝에 뒤따르는 다양한 메인 인증들을 받았다. 먼저, 호주에서 ABH(American Board of Hypnotherapy : 미국 최면치료 협회)의 트레이너(협회 강사) 자격을 취득했으며, 그로부터 몇 년 후 라스베이거스에 있는 ABH의 미국 본사에서 ABH의 상임이사인 테드 제임스 박사로부터 협회 소속의 최고 교육자이며 최면 강사들의 강사를 의미하는 ABH 최면 마스터 트레이너로 인증되었다. 한국인으로서는 최면 분야 최초의 최면 마스터 트레이너 인증이었고, 이후 한국에서도 ABH 최면 트레이너를 공식적으로 훈련하고 인증할 수 있는 길이 열리게 되었다.

협회 트레이너 교육 중 예비 트레이너 지도 및 시연 장면

또한, 최면의 원류인 메즈머리즘에 대한 보다 깊은 이해를 위해 몇 년에 걸쳐 미국과 프랑스, 인도네시아 등지에서 진행되는 관련 트레이닝들을 이수했고, 최종적으로 프랑스 메즈머리즘 스쿨의 창설자인 마르코 파렛 박사로부터 마그네티즘 & 페서네이션 & 프레젠스를 가르칠 수 있는 트레이너로 인증받았다. 따라서 국내에서는 최초로 메즈머리즘 & 페서네이션에 대한 구체적인 관련 기법을 도입하고 대중들에게 소개할 수 있게 되었다.

과거에 필자는 파츠 워크(Parts Work)라는 고급 최면상담 기법을 상담 상황에서 10여 년 이상 효과적으로 사용해 왔지만, 그것은 변형된 형식의 파츠 워크였고 내담자 중심의 접근법이 아니었다.

따라서 고급 최면상담의 중요 기법 체계 중 하나인 '내담자 중심 파츠 테라피'의 깊이와 정수를 정확히 배우기 위해 미국과 영국으로 가서 TPTF(Tebbetts Parts Therapy Federation : 티벳 파츠 테라피 재단)의 로이 헌터 선생(티벳 파츠 테라피의 계승자)에게 직접 그 세부사항에 대해 트레이닝 받았고, 최종적으로 그것을 가르칠 수 있는 공식적인 '파츠 테라피 트레이너'로 인증받았다. 한국인으로서는 권동현 트레이너에 이은 두 번째 인증이었다.

위의 메이저 인증들 이외에도 NGH(국제 최면사 연합), IACT(국제 상담사&치료사 연합), 5-PATH® IAHP(5-PATH® 최면전문가 국제 연합), UDI(울트라 뎁스® 인터네셔널) 등 기타 다양한 협회와 기관들의 교육들을 수료하고 다양한 최면전문가 인증을 받았으며, 여러 협회들의 컨텐츠들을 공유하고 있다.

미국, 호주, 프랑스, 영국, 인도네시아의 각종 트레이닝

위의 트레이닝들 외에도 기타 다양한 고급 최면상담 개입들, 순간최면, 무대최면이나 길거리최면 등 앞서 언급하지 않았던 특화된 다양한 최면 관련 워크샵이나 과정들을 수료했다.

그러나 무엇보다 빠뜨릴 수 없는 것은 울트라 뎁스®에 대한 경험일 것이다. 필자는 오래전부터 최면 분야에서 가장 성취하기 어렵다고 하는 울트라 뎁스®에 대해 별도로 공부해 왔으나 그것에 대한 진정한 가치를 모르고 있었다.

울트라 뎁스® 프로세스는 '최면을 넘어선 이완론'이라고 불리는 의식의 바닥을 탐구하는 분야이다.

이 프로세스를 발전시킨 UDI(**Ultra Depth**® International : 울트라 뎁스® 인터네셔널)의 창설자 제임스 라메이 선생과의 만남은, 필자가 그동안 가져왔던 최면과 마음, 인간을 바라보는 시각을 완전히 다시 쓰게 하는 계기가 되었다.

그를 통해 최면의 진정한 가치를 다시 알게 되었고, 그는 필자에게 진정한 스승과 멘토의 모습이 무엇인지를 일깨워 주었다.

필자가 배운 대부분의 최면 선생님들은 대게 교육을 이수하고 나면 거의 이후의 교류나 직접적인 멘토링을 받기 어려운 경우가 많았고 심지어 시스템적으로 접촉조차 차단하는 경우도 있었지만, 그는 달랐다. 제임스 라메이 선생은 그와 최초로 접촉했던 오랜 과거부터 지금까지도 필자의 세부 작업들에 대한 피드백과 각종 디테일에 대한 토의 등, 조건 없는 멘토링을 지원하고 있다.

그가 가르치는 것은 단지 '깊은 최면' 자체나 기술적 '뎁스(Depth : 깊이)'만이 아니었다. 그가 발산하는 에너지는 여느 최면사들이 풍기는 비즈니스 맨의 에너지가 아니었고 그가 내담자에게 보여주는 모습은 진정한 소통과 연결, 그 자체였다.

　필자는 한때 뭔가 많은 것들을 배웠다고 생각했던 시절, 인간은 한낱 프로그램으로 돌아가는 기계적인 동물일 뿐이고 적절히 의식을 속이면 그들의 잠재의식을 통제할 수 있다고 생각하며 자만심을 갖기도 했었다.

　그러나 그는 필자가 그동안 배워왔던 기계적인 접근을 넘어선 무엇을 알려주었고 그것을 몸소 보여주었다. 그는 이 과정에서 최면은 '통제'가 아닌, '소통'이며, 진정한 소통은 우리가 '안다'라고 생각하는 우리의 에고(Ego), 또는 머릿속의 똑똑한 지식이나 틀에서 나오는 것이 아니라는 기본적인 사실을 몸소 체험하도록 만들어주었다.

　그러한 일련의 사건은 필자가 가진 이 분야의 여러 전문적인 명함들이 부끄러울 만큼 모든 것을 초심으로 돌아가게 만들어주었고, 이후 필자가 과거에 배웠던 모든 테크닉들 역시도 A~Z까지 세부적인 사항들을 처음부터 재설정하게 만드는 계기가 되었다.

　결국, 필자는 울트라 뎁스® 프로세스를 함께 공부하던 권동현 원장(ABH 트레이너, 파츠 테라피 트레이너)과 함께 수년에 걸친 장기간의 트레이닝 끝에 결국 제임스 라메이 선생으로부터 울트라 뎁스® 프로세스를 보급하는 UDI의 국가별 교수진(울트라 뎁스® 에듀케이터/ 트레이너)으로 인증되었다. 원래 국가별 1인의 에듀케이터가 배정되지만, 한국은 예외적인 파트너쉽을 인정받아 2인의 에듀케이터가 배정되었고 울트라 뎁스® 인터네셔널의 공식적인 한국지부인 울트라 뎁스® 코리아를 출범하게 되었다.

이는 한국에서는 물론 아시아권에서도 최초였다.

이후에도 제임스 라메이 선생은 원거리에 있지만, 인터넷이라는 문명의 편리함 덕분에 각국에 있는 에듀케이터들과 그들의 작업들에 대해 지속적인 실시간 피드백을 통해 멘토링을 주고받아왔으며, 영광스럽게도 필자와 권동현 에듀케이터를 영화 '스타워즈'의 현실 속 제다이에 비유하며 전 세계 UD 에듀케이터들 중 가장 앞선 레벨에 도달한 수석 UD 에듀케이터들로 인정해주셨다.

필자에게 '최면'이라는 도구는 단순히 호기심 충족이나 상담기술의 발전, 무의식을 다루는 기술 그 이상의 의미를 가진다.

최면은 만능의 도구가 아니다. 그러나 필자에게 최면은 자신과 타인, 인간이라는 존재의 무의식에 접근하는 가장 효과적인 도구이며 의식을 여는 '마스터키'와 같은 역할을 충분히 해냈다.

그뿐만 아니라, 이 '마스터키'를 통해 개인적인 인생의 경로를 통째로 바꿀 수 있는 크나큰 '통찰'을 가져왔다. 개인의 인생을 변화시키고 더 나아가 인간과 의식을 바라보는 관점을 확장시켜 주었으며, '도구'라는 틀을 넘어선 그 무엇의 가능성에 연결하는 기회를 만들어주었다.

필자는 현재 서울과 부산에서 최면 분야에 특화된 전문 교육·상담센터를 운영하며 ABH 최면 프랙티셔너 과정과 ABH 마스터 프랙티셔너 과정, 그리고 ABH 트레이너 국제인증과정, 파츠 테라피 퍼실리테이터 과정, 메즈머리즘 & 페서네이션(매혹)과정, 울트라 뎁스® 퍼실리테이터 과정, EFT 워크샵 등 최면에 특화된 다양한 교육 인증 프로그램들을 진행하면서 해당 분야들을 대중에게 보급하고 있으며 필자의 경험들을 공유하고 있다.

"Greatest Hypnotist Of All Time".....Muhammad Ali

"역사상 가장 위대한 최면가"는.... 무하마드 알리이다.

"Mr. Moon has written a wonderful book on hypnosis. It is a fabulous introduction to hypnosis for anyone interested in gaining insight into the topic of hypnosis."

미스터 문은 최면에 관한 훌륭한 책을 썼다. 이 책은 최면이란 주제에서 통찰을 얻는데 관심 있는 모든 사람을 위한, 최면에 대한 멋진 소개서이다.

Justin Tranz - Stage Hypnosis Master

저스틴 트랜즈 – 무대최면 마스터

"I am pleased to see a book on client centered hypnosis reach the people in Korea. Charles Tebbetts, my original instructor, was a pioneer of client centered hypnosis, which means fitting the technique to the client rather than trying to fit the client to your own technique or program. In my professional opinion, this book by Moon Dong Gyu is a valuable resource for hypnotherapists who wish to practice client centered hypnosis."

'내담자 중심 최면'에 관한 책이 한국에 있는 사람들에게 도달하는 걸 보게 되어 기쁘다.

나의 원래 스승인 찰스 티벳 선생은 기법이나 프로그램에 내담자를 맞추려 하기보다 내담자에게 기법을 맞춘다는 것을 뜻하는 '내담자 중심 최면'의 선구자였다.

나의 전문적인 견해로, 문동규 원장이 쓴 이 책은 '내담자 중심 최면'을 실천하고자 하는 최면치료사들을 위한 유익한 자원이다.

Roy Hunter - Founder Tebbetts Parts Therapy Federation

로이헌터 - 티벳 파츠 테라피 재단 창설자

"Respect clients and their Subconscious."

"내담자와 그들의 잠재의식을 존중하라."

"My first **Ultra Depth®** Educators. I am very proud of them. They truly understand the process and do not attempt to take shortcuts.

They have surpassed my expectations of what I call **Ultra Depth®** Educators.

My Subconscious is also very proud of them."

(한국의 울트라 뎁스® 교육자들은) 가장 앞선 울트라 뎁스® 에듀케이터들이다. 나는 그들이 매우 자랑스럽다.

그들은 프로세스를 정확히 이해하고 있고 편법을 취하려 하지 않는다.

그들은 이미 내가 울트라 뎁스® 에듀케이터라 칭하는 것에 대한 기대를 넘어섰다.

나의 잠재의식 또한 그들을 매우 자랑스러워한다.

James Ramey – Founder **Ultra Depth®** International
제임스 라메이 – 울트라 뎁스® 인터네셔널 창설자

"Dong-Gyu Moon is a highly respected educator and facilitator within the **Ultra Depth®** International organization. Since graduating at the top of his class, Dong-Gyu Moon has brought **Ultra Depth®** to Korea with the same passion he had in class. He continues to <u>surpass</u> our hopes and expectations with his school and practice. He is not only an exceptional person but also an excellent Educator and Practitioner."

문동규 원장은 울트라 뎁스® 인터네셔널 협회에서 매우 존경받는 교수진이자 퍼실리테이터이다.

클래스에서 1위로 졸업한 그는, 그때와 동일한 열정으로 한국에 울트라 뎁스®를 가져왔다.

그의 스쿨과 현역 활동 속에서 그는 우리의 기대와 예상을 계속해서 초월하고 있다.

그는 아주 뛰어난 사람일 뿐만 아니라 탁월한 교육자이자 실천가이다.

Dr Ralph Allocco Ph.D.- President **Ultra Depth®** International

랄프 알로코 박사 – 울트라 뎁스® 인터네셔널 회장

PART 1

Hypnosis, Today
최면, 투데이

01. 오늘날의 최면 패러다임

 최면의 현대적인 의미

비록 우리가 오늘날 사용하고 있는 '최면'이라는 이름이 지구 상에 모습을 드러낸 것은 지금으로부터 200년도 채 되지 않는 짧다면 짧은 시간이지만, 사실상 최면은 고대로부터 시대와 문화에 따라 그 모습과 이름을 달리하며 현재까지 이어져 왔다.

때로는 '샤먼'으로, 때로는 이름 없는 '마법'으로, 때로는 '메즈머리즘'이나 '매혹'으로, 때로는 '최면' 또는 '모노이다이즘'으로… 엄밀히 말해 각각의 시대에 다소 다른 컨셉과 다른 의미로 이것을 지칭했고 또 여겨져 왔다.

따라서 이것을 한두 줄의 짧은 정의로 포괄하여 규정한다는 것은 대단히 어려운 일 일지도 모른다. 많은 학자들과 최면 교육기관에서는 지금도 최면에 대한 다양한 다른 정의를 언급하고 가르치고 있다. 그리고 앞으로도 이 정의들은 계속해서 변화해 나갈 것이다.

그러나 일반적으로 대부분의 최면가들은 최면이 '암시(Suggestion)에 높게 반응하는 상태'라는 말에 동의한다.

그리고 아주 명확하고 이해하기 쉬운 또 다른 최면에 대한 정의가 미국 교육부에 의해 정의되어 있는데, 이는 최면이 '인간의 비판력(Critical factor : 크리티컬 팩터)을 우회해서 받아들일 만한 선택적 사고를 확보한 상태'라는 것이다.

이 정의는 오늘날 20세기의 가장 위대한 최면가들 중 하나로 평가받
고 있는 데이브 엘먼이라는 대가가 사용했던 최면의 정의이기도 하며,
동시에 현대의 수많은 최면전문가들과 단체들이 최면을 설명할 때 즐겨
인용하고 있는 정의들 중 하나이기도 하다.

즉, 위의 정의를 간단히 풀어서 설명한다면, 먼저 일반적으로 피험자
가 정상적인 각성 상태에서 지니고 있는 '비판력'이라는 기능을 우회하
는 경로를 만든 다음, 암시나 제안 등의 특정한 사고를 받아들이게 되는
마음 상태가 만들어진다면, 그것으로 곧 '최면'이라는 것이 성립된다는
것이다.

하나의 예를 생각해 보자. 이전에 슈퍼 영웅들이 망토를 메고 하늘을
날아다니는 SF영화를 재미있게 본 적이 있는가? 아니면 현실에서 일어
날 수 없는 일들이 일어나는 판타지 영화를 재미있게 본 적이 있는가?

우리는 팬티에 망토를 걸친 주인공이 날아다니고, 현실에선 일어날

수 없는 말도 안 되는 장면이 난무하는 이러한 영화를 볼 때 크게 따지거나 비판하지 않고 오히려 그 영화와 하나가 되어 그것을 즐기면서 본다.

당신은 이런 경험을 해본 적이 있는가? 그렇다면 그것이 바로 오늘날 우리가 지칭하고 있는 '최면'의 일부를 이미 체험한 것이다.

영화를 볼 때 우리는 영화 속 상황이기에 가능하다는 전제를 깔고 영화를 보게 된다. 바로 그 영화라는 조건이 나의 비판력이 작동하는 것을 멈추게 하고 그것을 인정한 채 영화에 몰입할 수 있게 만들어주는 것이다. 이것이 바로 '비판력의 우회'에 해당하는 부분이다.

물론 흔히들 '최면'이라고 하면, TV나 영화에서 보듯 눈을 감고 소파에 기대어 누운 채 뭔가에 홀린 듯 조종당하는 듯한 장면을 떠올릴 것이다. 그러나 엄밀히 말해 최면은 눈을 뜨고도 일어날 수 있고 일반적인 각성 상태에서도 일어날 수 있다.

앞서 말한 TV나 영화의 장면처럼 눈을 감고 옆에서 유도자가 안내를 하는 행위를 최면 용어로 '직접최면'이라고 부른다.

그렇다면 유도자는 도대체 최면을 받는 피험자에게 무엇을 안내하는 것일까?

그것은 바로 위의 정의에서 본 '비판력'을 우회하는 특정한 마음 상태를 확립하고, 그러한 마음 상태를 유지할 수 있도록 안내하는 것이다.

그래서 더욱 수용적인 마음 상태에서 내담자가 특정한 제안이나 암시를 받아들이도록 하는 것이다. 그러한 마음 상태를 '트랜스' 상태라고 부르기도 하며, 주어진 특정한 암시나 제안을 받아들이게 되면 그것을 곧 '최면'이라 칭한다.

그것이 바로 우리가 TV에서 보던 최면 장면이다. 대부분 의식이 없어지거나 잠을 자는 상태가 아니다. 물론 피험자가 조종당하는 상태 또한 아니며, 원치 않는 제안이라면 거부할 수도 있다.

오늘날 많은 사람들이 갖고 있는 최면에 대한 이미지들은 왜곡되어있고 신비주의로 포장돼 있다. 최면의 마술적인 이미지와 통제력 상실에 대해 두렵고 부정적인 이미지는 헐리우드 영화가 흑백으로 상영되던 시절부터 시작되어 지금껏 재생산되며 이어져 오고 있다.

 ## 비판적 기능과 비판적 사고는 어떻게 다른가?

오늘날의 최면 분야에서 이 '비판적 요소' 즉, '크리티컬 팩터(Critical factor)'라는 것은 매우 중요하게 취급되는 개념이다. 위의 영화를 예로 설명한 것처럼, 이 '비판력'은 '현실과 판타지를 구별하기 좋아하는 우리 안의 한 부분'이라고 부를 수도 있다. 보다 전문적으로 말하면, 이것은 '비판적 요소' 또는 '비판적 기능(factor, faculty or function)' 등의 이름으로 불린다.

많은 오해들 중 하나가 최면은 '비판적 사고(Critical thinking)'를 우회해서 선택적 사고를 확보하는 마음 상태라고 말하는 것이다. 그러나 엄밀히 말해서 위의 정의에서 말하는 최면은 '비판적 사고(Critical thinking)를 우회하는 것'이 아니다.

이러한 최면의 정의를 말했던 20세기의 최면 거장 데이브 엘먼 선생 역시 결코 최면을 '비판적 사고를 우회하는 것'으로 정의하지 않았다. 단지 이것은 '비판적 요소나 기능(factor or faculty)'만을 우회하는 것이다.

이것의 차이점에 대해 간단히 설명한다면, '비판적 요소(Critical factor)'란 단순히 자신이 안다고 믿는 것과 일치하지 않는 정보가 들어왔을 때 이를 거부하는 메커니즘이라 할 수 있다. 이 '비판적 요소(Critical factor)'는 자동적으로 작용하지만, 현재의식이 가지고 있는 '비판적 사고(Critical thinking)'는 필요할 때 사용될 수 있는 현재의식의 기능이며, 훈련과 학습을 통해 발전될 수 있는 것이다.

그러나 이러한 구체적인 차이점에 대해서는 최면전문가가 아니라면 굳이 세부적으로 이해하지 않아도 되는 부분이므로 처음 접하는 독자들은 이를 '비판력' 정도로 간략히 이해하고 넘어가도 좋다.

트랜스(Trance) 상태가 곧 최면 상태인가?

많은 책에서 '트랜스'라는 용어는 흔히 고도의 집중 상태, 최면 상태 등으로 설명된다.

이 '트랜스'라는 용어는 일반적으로 '최면'이라는 용어와 혼용해서 사용되는 경향이 있지만, 이 트랜스 역시 매우 규정하기 어려운 용어이기도 하다. 또한, 이것에 대해 이야기하는 것만으로도 한 챕터 이상을 할애해도 부족할지 모른다.

왜냐하면, 여러 학자들과 최면사들이 이 트랜스를 규정하는 방식과 관점이 상이하기 때문이다. 누군가는 이것을 고도의 집중 상태로, 다른 누군가는 이것을 내적 자원을 탐색하는 과정으로 설명하기도 하며, 또 다른 누군가는 아예 트랜스 자체를 부정하기도 한다.

간접최면 분야를 눈부시게 발전시켰던 20세기 최면 대가들 중 한 명인 밀턴 에릭슨 박사는 '트랜스로 가는 것을 배우는 것이 트랜스다.'라고 말했고 그런 에릭슨 박사에게 큰 영향을 주었던 인물인 클락 헐 박사는 그의 책에서 '트랜스라고 간주하는 모든 것들이 트랜스를 이끈다.'라고 설명하기도 했었다.

일반적인 개념의 '트랜스'는 보통 최면적 반응이 일어나기 위한 과정에 수반되어 일어나지만, 각성최면의 경우와 같이 '트랜스' 없이 일어나는 최면 또한 가능하다.

서두에 소개했다시피 최면의 정의 안에 이런 '트랜스'라는 도구가 반드시 포함되지는 않는다. 즉, 최면은 트랜스 없이도 성립될 수 있으며,

최면에서 '트랜스'가 필수적인 요소는 아니라는 의미이다.

그러나 또 다른 넓은 트랜스의 관점에서 이를 본다면 이 모든 것 역시 트랜스라는 개념에 포함될지도 모른다.

최면은 '기분(mood)'과 같은 것

타인최면을 경험해본 적이 없는 일반인들에게 최면에 들면 어떤 느낌이 들 것 같은가 하고 질문하면 하나같이 비슷한 대답들을 한다.

"몽롱한 느낌이 들 것 같아요.", "뭔가에 빨려 들어가는 느낌이 아닐까요?", "뭔지 모르지만 제 의식 상태가 바뀌는 느낌이 들것 같아요.", "무슨 느낌이 있을지 궁금해요.", "의식이 사라져 기억을 못 할 것 같아요." 등의 대답들이 그것이다.

때때로 최면을 공부한 경험이 있는 사람이거나 TV에 등장하는 전문가조차도 "최면은 몽롱한 상태입니다." 등의 묘사를 사용해 최면을 어떤 특정 느낌을 동반한 상태로 제한하는 경우들이 있다. 그러나 이것은 명백히 최면의 범위를 일부 사람들이 느끼는 주관적인 경험의 질로 제한하는 것이다.

실제로 최면을 경험하는 사람들은 위와 같이 특정한 감각의 느낌을 경험하기도 하지만, 전혀 의식적으로 자신의 경험에 대해 확신하지 못하는 경우도 있다. 그도 그럴 것이 최면이란 경험 자체는 이미 생활 속에서 매시간 반복해서 체험하고 있는 익숙한 경험이며 '의식이 변형된 특정 이상 상태'나 '해리된 느낌(분리감)' 또한 아니기 때문이다.

따라서 최면을 받는 이가, 최면에 들면 특정한 느낌을 느껴서 자신이 정확히 그 상태를 인지할 수 있을 것이라는 생각을 갖고 있다면 그러한 신비감이나 기대를 버리게 하는 것이 좋다. 물론 상황에 따라 그러한 기대감이 내담자 스스로 원하는 감각을 체험하도록 만들 수도 있지만, 최면의 목적 자체가 다른 무대최면이 아닌, 상담상황에서는 그러한 도박성의 작업은 지양하는 것이 좋다. 최면의 체험은 매우 주관적인 경험이며 '최면은 신뢰게임'이기도 하기 때문이다.

당대 최고의 최면가로 평가받는 데이브 엘먼 선생이 남긴 저서 『Findings in hypnosis : 최면에서의 발견』과 실제 그의 육성강의로부터 그가 말한 최면 상태에 대한 언급을 요약해보겠다.
그는 '최면은 마음의 상태(state of mind)'이며 이것은 단순히 기분(mood)과 같이 쉽게 바뀔 수 있는 것이라고 말했다.

그에 따르면, 당시 수많은 최면 관련 서적들이 다양한 최면에 대한 의견을 내놓고 있지만 대부분 그 책들은 최면을 어떠한 '조건 상태(condition)'라는 전제를 깔고서 시작하고 있다고 한다. 그런데 최면은 조건 상태가 아니기 때문에 이런 정의로 최면을 이해하려 하면 이후의 부분들이 어긋날 가능성이 커지게 된다.
내담자는 최면이라는 조건 상태에 빠지는 것이 아니다. 만약 유도자가 내담자를 특정한 조건 상태에 빠지게 만든다면, 내담자의 조건 상태를 바꾸어야 하지만 많은 사람들은 자신의 조건 상태를 바꾸고 싶어 하지는 않는다. 그러나 기분(mood)이나 마음가짐은 즉각적으로 바뀐다. 즉, 오늘 하루 당신의 조건 상태는 변하지 않을 것이지만, 아침부터 일어나서 지금까지 마음의 상태는 수시로 변해 왔을 것이라는 설명이다.

얼핏 보기에는 큰 의미가 없을 것처럼 보이지만 엘먼 선생이 언급한 이것에는 중대하고 분명한 차이점이 있다. 최면가가 어떤 관점과 패러다임을 갖고 최면을 행하는가에 따라 그 작업은 완전히 다른 작업이 될 수 있다는 점을 기억해두자. 이것은 결코 간과할 수 없는 중요한 요소이다.

 ## 최면은 '걸고, 걸리는' 행위인가?

우리는 흔히 TV나 책 등을 통해 최면을 건다, 최면에 걸린다는 표현들을 접하고 익숙하게 사용한다. 심지어 최면을 행하는 전문가들조차 이런 표현을 당연하게 사용하는 것을 본다.

그러나 오늘날 대부분의 최면계는 '모든 최면은 자기최면이다.' 라는 것을 일반적인 관점으로 삼고 있다. 따라서 직접최면에서 최면 성패의 책임은 내담자에게 있다. 물론 이것은 유도자 역시 그의 몫을 다 했을 때의 이야기일 것이다.

초창기 이러한 이론은 내담자에게 최면의 책임을 전가시킨다는 비판을 받기도 했다. 하지만 오늘날 대부분의 전문가들은 최면을 더 이상

"누가누가 더 최면을 잘거나…?"와 같은 '경연대회' 같은 것으로 보지 않는다. 트랜스로 가는 사람은 내담자 자신이며 이것은 전적으로 내담자의 허용 여부에 달려있는 것이다.

이런 관점은 필자가 소속되어 있는 ABH(미국 최면치료 협회)뿐만 아니라 다른 메이저 협회들의 수많은 오늘날의 현역 최면사들이 최면을 바라보는 일반화된 관점이기도 하다.

즉, 최면가는 내담자에게 최면을 거는 게 아니라, 내담자 스스로가 최면에 들도록 안내하는 것이며 모든 과정은 내담자의 자발성과 함께 일어나는 것이다.

오늘날 영어권의 최면가들은 대중들이나 내담자에게 오해를 줄 수 있는 표현을 지양하는 추세이다. 현재 필자가 진행하고 있는 최면 강의에서도 이러한 추세에 발맞추기 위해 '건다. 걸리다.' 등의 표현을 자제시키고, '유도하다. 안내하다. ~에 든다.'는 형식의 단어를 사용하도록 권하고 있다.

비록 이것이 오늘날 최면을 바라보는 현대의 주류적 관점이라 하더라도, 이 말에 동의하지 않거나 고전적인 개념을 고수하는 일부 그룹의 최면사들은 여전히 존재한다. 필자의 스승들 중 한 분인 무대최면의 대가 '저스틴 트랜즈' 선생은 이러한 관점을 정면으로 반박하고 있기도 하다.

어떤 것이 정답이라고는 말하지 않겠다. 이러한 패러다임의 차이는 서로 다른 접근법의 차이를 만들 수 있으며, 결과에도 영향을 미칠 수 있다. 동일한 현상에 대한 다양한 관점과 의견들이 공존하며 지금도 현대의 최면은 발전하고 있다.

당신은 최면에 걸렸다 vs 나는 최면에 걸리지 않았다

"선생님. 저는 최면에 걸리지 않았어요."
"아니에요. 당신은 최면에 걸린 겁니다."

최면상담이 끝난 후에 나오는 이런 유치해 보이는 논쟁들은 한국 뿐만 아니라 미국의 직업적인 최면사들과 내담자들 사이에서도 가끔씩 들려오는 이야기이다. 심지어는 최면가 입장에서 내담자가 최면을 잘 경험했고 상담이 순조롭게 잘 진행되었다고 보여지는데도 어떤 내담자들은 이런 식으로 말할 수 있다. 왜 이런 일들이 일어날까?

내담자 입장에서는 본인이 방금 경험한 최면이 자신이 평소에 생각하고 기대하던 최면의 모습과 달랐기 때문일 것이다.

분명 TV나 소설에서 묘사하는 최면은 뭔가 평소와는 다르게 몽롱하거나 이상한 의식 상태로 바뀌어서 작업이 진행되는 듯했다. 그런데 자신이 방금 경험한 것은 일상 중에 이미 익숙하게 체험하던 것과 크게 다르지 않았고 의식이 변성되거나 사라지지도 않았다.

앞에서 말했다시피 최면은 그것을 최면으로 부르지 않았을 뿐, 이미 일상에서 일어나고 체험했던 자연스럽고 익숙한 마음 상태다.

또한, 이것은 매우 주관적인 체험이므로 실제로 뭔가 달라졌다는 '느낌'을 통해 의식이 확신을 갖게 되는 경우도 있지만, 사람들마다 다양한 체험이 나올 수 있고 심지어 같은 사람이라 할지라도 매번 최면을 경험할 때마다 다른 체험을 말하기도 한다

이렇게 최면을 경험하는 사람이 최면 중에 이미 일상에서 익숙한 체험을 할 경우, 특별한 이상 상태를 바라는 내담자의 마음은 이것을 최면으로 확신할 수도 없고 받아들일 수도 없다.

대부분의 노련한 오늘날의 최면사들이라면 이런 것들이 최면에 대한 오해에서 비롯되는 것이란 사실을 알기 때문에 최면을 시작하기 전에 '최면 사전 대화' 등을 통해 먼저 내담자가 가진 이런 종류의 오해들을 제거한 뒤 최면을 시작한다.

또한, 최면을 시작하면 내담자에게 최면을 체험하고 있다는 확신을 주기 위한 다양한 기법들을 적절한 시점에 잠입시킨다. 이렇게 잘 구조화된 최면상담을 진행하고 나면 내담자는 대게 자신이 최면이라는 것을 체험했음을 인정하게 된다.

또한, 앞에서 언급했듯이 내담자나 최면사가 무심결에 사용하는 '건다. 걸린다.'는 표현 자체가 이미 내담자들에게 이러한 최면에 대한 오해를 더욱 강화시키는 표현이 되기도 한다.

만약 최면 전에 이러한 오해를 충분히 제거해주기 어려운 무대최면이나 길거리최면 등의 상황이라면 어떻게 될까?

최면을 경험하기 위해 무대 위에 피험자로 자청하며 올라왔거나 길거리에서 가볍게 이런 체험을 즐기기 위한 상황에서, 시간을 소요해가며

최면사에게 최면에 대한 지루한 설명을 듣고 싶어 하는 관객들은 별로 없을 것이다.

이런 경우, 최면사들은 내담자의 의식이 확신을 가질 수 있도록 그들이 몸으로 직접 가벼운 반응들을 '체험'할 수 있는 체험 위주의 상황들을 만들어준다. (무대최면의 경우 그 특성상 피험자의 의식적인 생각에 대해서는 개의치 않기도 한다.)

이렇게 하는 이유는 내담자의 의식이 가진 비판력(크리티컬 팩터) 때문이다.

최면에 대한 정규적인 교육을 받은 전문가라면 대게 인간이 가진 의식을 강제로 뚫고 들어가서 무력화시킬 수 있다고 생각하는 사람은 없을 것이다. 적어도 현대적인 최면에서는 최면은 상호 간의 작용이며 내담자의 '허용' 여부에 달려있다고 보고 있기 때문이다.

필자의 개인적인 최면 선생님들 중 한 분인 칼 베니언 박사의 경우, 의식뿐만 아니라 무의식이라 불리는 영역에도 앞서 말한 '비판력 or 크리티컬 팩터'와 유사한 기능을 가진 부분을 언급하고 있는데, 이를 전문용어로 '암시반응성의 경계'라고 부른다. (실제로는 세 가지를 언급하고 있지만 쉬운 설명을 위해 두 가지로 축약하여 설명한다.)

무의식수준에서 작동하는 '암시반응성의 경계'는 의식이 가진 '비판력 or 크리티컬 팩터'에 비해 훨씬 낮은 수준의 저항력을 갖고 있다. 따라서 의식을 굴복시키기는 어렵지만, 무의식수준의 '암시반응성의 경계'를 넘어간다면 최면적인 변화는 일어날 수 있다.

이런 경우 내담자의 의식수준에서는 최면에 들었었다는 것을 인정하지 않지만, 무의식수준에서는 의미 있는 변화가 일어날 수 있다. 물론 의식이 체험 자체를 받아들이게 된다면 더없이 좋은 상황일 것이다.

최면을 처음 접하는 독자들에게 약간 어렵게 느껴진다면 간단한 예를 하나 들어보겠다.

눈을 감고 상상을 해보는 것이다. 지금까지 살아오면서 맛보았던 가장 신 음식, 예컨대 레몬조각 같은 것을 떠올려보자. 꼭 레몬이 아니어도 좋다. 그 레몬조각의 색깔을 느껴 보고 어떻게 생겼는지도 느껴 보자. 어떤 향이 있는지도 느껴 보고 수분이 얼마나 많은지도 느껴 보자. 이번에는 상상으로 그 레몬조각을 집어서 입속에 넣은 다음 알갱이들이 터져서 즙이 나오도록 씹어보자.

만약 위의 내용을 리얼하게 상상한 독자라면 아마도 입에 침이 고이거나 침을 삼켰을 것이다. 침이 나오는 반응은 신체적인 자동반응으로, 현재의식수준의 반응이 아닌 무의식수준의 반응이다. 방금 여러분은 최면에 유도된 상태가 아니라 각성 상태 또는 가벼운 상상 또는 몰입 상태였을 것이다. 그러나 이미 무의식은 영향을 받고 '반응'이란 것을 보인 것이다. 이렇게 무의식수준에 영향을 미치기는 아주 쉽다.

이에 반해 의식이 가진 저항의 장벽은 매우 높다.

깊은 최면(또는 트루 섬냄뷸리즘) 상태에서는 즉각적이고 매우 강력한 최면적 반응을 보일 수 있기 때문에 대부분 내담자 자신이 최면을 겪고 있다는 사실을 인정할 수밖에 없다. 이런 상태에서는 "눈을 뜨면 당신의 다리가 파란색으로 보일 것입니다."라는 식의 환각 암시가 작동하거나 유도자가 주는 암시에 의해 마취 또는 건망 반응 등이 일어날 수 있기 때문에 이러한 것을 체험했을 때 대부분의 내담자는 자신이 최면을 체험하고 있다는 것을 인정한다.

그러나 보다 가벼운 상태들에서는, 심지어 눈꺼풀이 붙어 떠지지 않거나 팔이 굳는다거나 하는 암시가 작동하는 것을 체험하더라도 그것을 최면 상태로 받아들이지 않는 경우도 많다. 그것은 의식이 가진 저항 기능이 매우 높기 때문이다. (※ 암시에 의한 눈꺼풀이나 팔의 경직반응은 가벼운 최면반응에 속한다.)

최면은 얕은 상태에서 깊은 상태까지 다양한 수준의 깊이가 있다. 이 글을 읽고 있는 독자가 앞서 언급한 환각 암시가 작동할 정도 이상의, 의식이 인정할 수밖에 없는 깊은 수준만의 반응 상태를 '최면'이라고 생각한다면, 아마도 현재 많은 최면전문가들이 행하는 많은 수의 최면작업들이 최면이 아닌 것이 되어버릴 것이다. (※ 여러 가지 이유로, 많은 최면사들이 행하는 일반적인 최면작업은 그러한 수준의 깊은 상태를 사용하지 않거나, 할 수 없는 경우가 많다.)

이 경우 20세기 위대한 최면가들 중 한 명인 '밀턴 에릭슨'이라는 최면 대가가 만들어냈던 수많은 기적 같은 최면치료들 역시도 더 이상 최면이 아닌 것이 되어버린다. 밀턴 에릭슨 박사는 실제로 대부분 내담자의 상황에 맞추어 가벼운 최면이나 중간 상태의 최면을 적극 활용하여 놀라운 결과들을 이끌었기 때문이다.

다행스럽게도 오늘날까지 최면기술들이 눈부시게 발전하면서 현재의식에게 확신을 주거나, 의식의 이러한 높은 장벽을 우회하거나 놓을 수 있도록 하는 다양한 테크닉과 지침들이 개발되어왔다. 그 결과 오늘날의 최면사들은 피험자와 일어날 수 있는 다양한 상황에 대처할 수 있게 되었으며 "최면에 걸렸다. 걸리지 않았다." 등의 자칫 유치해 보이는 언쟁이 벌어지는 상황들은 점차 줄어들고 있다.

최면이 변성의식 상태인가?

트랜스가 변성의식 상태인가, 변성의식 상태가 아닌가에 대해서는 여전히 많은 학자들과 전문가들 사이에 다양한 주장들이 있다. 사실, 어디까지가 변성의식이고 어떤 것을 트랜스로 규정하는가, 어떤 것을 최면으로 규정하는가에 따라 이것에 대한 이해와 설명은 달라질 것이다. 그 '규정'에 따라 새로운 관점이 생길 것이기 때문이다.

이 글을 읽는 중에도 독자들의 머릿속에서는 끊임없이 떠오르는 내면의 생각들과 느낌들이 있을 것이다. 그렇다면 지금 느끼는 이것도 트랜스일까? 어떤 독자들은 요즘 우울감을 느끼고 있을지 모른다. 그렇다면, 그 독자는 '우울'이라는 트랜스 속에 있는 것일까?

반면 요즘 나날이 행복감을 느끼고 있는 독자가 있을지도 모른다. 그렇다면 그는 지금 '행복감'이라는 트랜스 속에 있는 것일까?

만약 변성의식이 곧 트랜스라면 이들은 트랜스에 해당되지 않을까?

어디까지가 변성의식이라 부를 수 있을까?

아니면, 변성의식이란 것 자체가 존재하지 않는 것일까?

변성의식이란 것은 최면이나 트랜스와는 관계없는 것인가?

최면이라는 현상에는 반드시 트랜스가 수반되는 것인가?

아니면 그것의 수반 여부와 무관한 것인가?

앞부분에서 언급했듯이 클락 헐 박사는 그가 남긴 책에서 '트랜스라고 생각되는 모든 것들이 트랜스 상태를 이끈다!' 라는 유명한 말을 남겼다. 어떤 사람들은 이렇게 말할 수 있다. "저는 트랜스를 사용하는 게 아니라, 내담자에게 그냥 점진적으로 이완하게 하는 기법을 쓰고 있는데요?" 또는 "저는 트랜스를 사용하지 않고, 그냥 내담자에게 상상을 통한 시각화를 시키는데요?"

그러나 클락 헐 박사는 이에 대해 일단 '트랜스로 간주되는 모든 것들'이라고 표현함으로써, 그런 것들 모두를 트랜스에 포함된다고 보았다.

20세기의 최면 거장 중 한 명인 밀턴 에릭슨 박사는 이 클락 헐 박사가 했던 최면에 대한 연구에 많은 영향을 받은 사람으로, 그의 초기연구를 클락 헐 박사와 함께 했었다. 에릭슨 박사는 훗날 트랜스에 대해 "트랜스로 가는 것을 배우는 것이 곧 트랜스"라고 말하기도 했다.

하지만 그 모든 학습의 과정들이 또한 트랜스라면 어떻게 하겠는가?

잠시 생각의 시간을 가진 후 다음으로 넘어가자….

일상에서의 최면과 형식을 갖춘 최면

앞서 언급한 것처럼 최면과 트랜스에 대한 다양한 의견들과 주장들이 있음에도 불구하고 대부분의 최면사나 학자들이 동의하는 최면에 대한 중요한 사실은 '암시에 대한 반응 정도가 높아지는 마음의 상태'라는 것이다.

따라서 이러한 마음의 상태는 꼭 형식적인 최면유도가 없더라도 얼마든지 일어날 수 있다. 심지어 트랜스라는 규정과 별개의 의미로 일어날 수도 있다.

사회적인 관계 속에서, 인간관계 속에서, 일상적인 대화 속에서 최면은 자연스럽게 일어나는 현상이다. 밀턴 에릭슨이라는 최면 대가에 의해 크게 성장한 '간접최면' 분야나 '회화최면' 분야에서는 특정한 형식적인 유도 없이 대화 중에 자연스레 최면적 원리를 사용하여 상대방의 내적 상태를 특정한 변화로 이끌기도 하며, 데이브 엘먼이라는 최면 대가역시 특정 유도형식을 사용하는 직접최면과는 별개로, 평상시의 눈을 뜨고 있는 일반적인 각성 상태에서 행하는 '각성최면'을 사용하기도 했다.

각성최면과 앞서 언급한 간접최면은 분류기준 자체가 다른, 다소 다른 개념과 분류이지만, 특정한 유도형식이 없는 최면이라는 점에서 함께 언급하겠다.

일정한 형식과 유도 없이도 일어나는 것이 최면현상이라면, 굳이 최면사가 내담자와 상담하기 위해 형식적인 최면유도를 사용할 필요가 없지 않을까?

어떤 면에서는 맞기도 하고 어떤 면에서는 맞지 않기도 하다.

데이브 엘먼 선생은 이것에 대해 '각성최면은 추가적인 하나의 도구이므로, 각성최면을 트랜스 상태를 대신해서 사용하려고 하지 말라.'라고 분명하게 선을 그었다.

앞서 언급했던 에릭소니안(에릭슨 학파)의 오리지널 기법은 일반적으로 깊은 최면현상을 유도하지는 못한다. 왜냐하면, 트랜스 깊이를 목적으로 하는 경우, 직접적이고 권위적인 방법이 더욱 효과적이기 때문이다. 1년에 한 번 미국 서부에서 나오는 에릭슨 박사에 관한 정기적인 한 논문(인덕션과 심화 트랜스 현상에 관한)에서 그 저자들 중 한 명은 깊은 트랜스 현상을 시도할 때마다 간접최면이 아닌, 보다 직접적인 방식의 최면기법을 사용한다고 말하기도 했다.

이와 같이 특정한 유도형식 없이 일상에서 각성최면이나 간접최면, 회화최면 등의 최면 효과들이 일어날 수 있다 하더라도, 그것의 가치가 눈을 감기고 특정형식을 사용하는 직접적인 트랜스 유도의 가치와 충돌하지는 않을 것이다.

최면이라는 동일한 맥락이지만, 이는 다른 상황에서 다른 목적과 방식으로, 그리고 다른 수준으로 적용되는 접근법과 도구로서의 차이일 뿐이다.

최면 상태에서는 어떤 암시라도 무비판적으로 받아들이는가?

앞서 최면은 암시에 잘 반응하는 상태라는 것에 대해 이야기했었다.

그렇다면 이런 최면 상태에 든 사람은 유도자가 주는 어떠한 암시라도 무비판적으로 받아들일까? 즉, 보다 쉽게 말해서 최면에 든 피험자를 꼭두각시처럼 어떤 명령이든 따르도록 할 수 있느냐는 말이다.

결론부터 말하자면 '그렇지 않다.'이다. 최면에 든 피험자들은 최면 중에 자신이 합리적이라고 생각하거나 자신을 기쁘게 하거나 도움이 되는 암시나 제안에만 반응할 것이다. 최면은 사고활동 자체를 못하게 되는 상태가 아니며, 단지 비판적 기능만 우회되는 것이다.

그렇다면, 무대최면이나 쇼최면 등에서 최면에 든 피험자가 유도자가 시키는 대로 바닥에 엎드려 개가 짖는 흉내를 낸다거나 짓궂은 암시를 받고 이상한 행동을 하는 것을 본 적이 있는데 '이것은 어떻게 된 일일까!'라는 의문을 가질지도 모른다.

무대최면

암시로 주어진 그러한 행동이 이상해 보이건 그렇지 않건 간에 그것은 해당 피험자에게 받아들여도 되는, 또는 받아들였을 때 즐거움을 주는 행위였을 것이다. 대부분의 피험자들은 각성 상태에서 따르지 않을 만한 행위들이라면 최면 상태에서도 행하지 않는다.

무대최면을 보러왔거나 무대에 오르는 사람들은 심각한 심리문제를 해결하고자 온 사람들이 아니다. 무대최면이라는 상황은 애초에 여가와 레크리에이션을 위해 모인 자리이며, 무대에 선별되는 사람들은 대부분 평상시에도 타인에게 집중받기 좋아하거나 돋보이기를 좋아하는 사람이 우선적으로 고려된다. 그래야 짓궂은 암시가 주어진다 하더라도 사람들 앞에서 그 암시를 별 무리 없이 따를 것이기 때문이다.

미국의 어느 무대최면 공연 중에 일어났던 일이다. 한 무대최면사가 최면 상태에 든 중년의 여성에게 "당신은 지금부터 개가 됩니다."라는 암시를 주자 잠시 후 그 여성은 손발을 바닥에 대고 엎드려 개 짖는 소리를 내기도 하며 심지어 개가하는 행동들을 흉내 내기 시작했다. 그 모습에 관객들은 배꼽이 빠져라 웃었고, 그 무대는 매우 즐거운 분위기였다.

마지막 피날레가 다가오자 무대최면사는 무대 위에 있던 그 여성에게 "잠시 후에 음악이 나오게 되면, 당신은 신나게 춤을 출 것입니다."라고 말했다. 그리고 최면사의 큐 신호와 함께 무대 위로 신나는 음악이 흘러나오기 시작했다. 그런데 그 최면사와 관객들의 기대와는 달리 그 여성은 꼿꼿한 자세를 유지한 채 무대 위에 서서 꼼짝도 하지 않았다. 무대최면사는 그 여성에게 재차 동일한 암시를 주었지만, 그 여성은 아무런 반응도 보이지 않았다.

공연이 끝난 뒤 무대최면사는 개인적으로 그 여성이 마지막에 아무런 반응도 보이지 않았던 이유가 궁금했고, 그 여성에게 다가가 이렇게 물었다.

"그런데, 한 가지만 물어볼게요. 오늘 공연에서 당신은 여러 가지 멋진 반응들을 보여줬는데요, 마지막에 음악이 나오면 춤을 추라는 암시에는 왜 반응하지 않았나요?"

그러자 그 여성은 이렇게 답했다.

"그 암시는 따르기 싫었어요. 그것은 제 종교적인 신념에 위배되는 행동이었으니까요."

최면은 피험자에게 영향을 줄 수 있지만, 피험자를 통제하는 도구가 아니다.

최면상황에서 언제나 모든 선택권과 주도권은 피험자에게 있으며 자신의 깊은 신념과 합리성에 위배된다면 언제든 암시를 거부할 수 있다. 만약 악의적인 목적으로 이를 이용해 피험자를 속이는 행위가 일어난다면 이는 최면가가 아닌 사기꾼에 불과한 것이며, 이런 사기 행위는 비단 최면적인 상황이라서가 아니라 각성 상태에서도 얼마든지 일어날 수 있는 사기 사건들과 다르지 않을 것이다.

최면적 래포(Rapport)란 무엇인가?

일반적으로 래포 또는 라포르(Rapport)라고 부르는 이것은 상담 등의 분야에서 필수적인 요소로 생각한다. 이것은 사람과 사람사이의 신뢰관계를 말하는 용어로 서로 간에 감정적인 이해나 이성적인 이해를 기반으로 속마음이 통한다거나 개인적인 부분을 터놓고 말할 수 있거나 하는 상호작용을 뜻한다.

당연히 최면이 아닌, 심리학이나 NLP(Neuro-Linguistic Programming : 신경언어 프로그래밍) 등의 상담분야에서도 이 래포를 상담사와 내담자 사이의 상담적 관계에서 기본이며 매우 중요한 요소로 여긴다.

NLP 등의 분야에서는 내담자와 이러한 무의식적 동질감인 '래포'를 얻기 위해 내담자가 사용하는 언어나 동작, 자세 등을 의도적으로 일치시키거나 하는 기법들을 사용한다.

내담자는 상담사와 이야기하는 도중 무의식적으로 '아… 이 사람은 나와 비슷한 사람이구나.' '이 사람은 나를 충분히 이해하고 있구나!' 등의 느낌을 갖게 되면서, 마음속 깊은 이야기들을 상담사와 공유하게 하는 기반을 만드는 것이다.

최면에서도 이 '래포'라는 용어를 매우 중요하게 생각하는데, '최면적인 래포'는 내담자가 최면사의 암시에 반응하는 '암시감응성'을 뜻하는 용어이다. 이것은 위에서 말한 일반적인 래포의 의미와는 다소 다른 것을 뜻하며, 최면에서 이것은 최면 전 준비단계에서 일어나는 과정을 의미하지 않는다.

데이브 엘먼 선생은 그의 저서에서 래포에 대해 이렇게 언급했다. 그에 따르면 래포는 최면유도자와 피험자 사이에 형성되는 것뿐만 아니라, 피험자는 자기 자신과도 래포가 형성되어 있으며 나아가 세상 전체와도 래포가 형성되어 있다는 것이다.

따라서 이전 글에서 언급한 바와 같이 피험자는 누가 말하는 암시이든 그것이 합당하고 즐겁게 느껴진다면 해당 암시를 수용할 것이다. 그러나 분명한 것은 피험자가 암시에 잘 따른다고 해서 어느 누구도 피험자를 마음대로 통제할 수 있는 것은 아니라는 점이다.

최면의 기본 프레임

이것을 다른 말로 '~하는 척하기' 또는 '척하기 프레임'이라고 부르기도 한다.

이것은 데이브 엘먼 선생뿐만 아니라 오늘날 최면과 관련한 다양한 메이저 협회들이 말하고 있는 최면의 기본 프레임이기도 하다. 이것을 이해하기 위해서는 먼저 앞서 언급했던 최면의 정의를 충분히 이해해야 한다.

당신은 현실에서는 결코 일어날 수 없는 판타지 세상이 펼쳐지고, 로봇이 날아다니고, 슈퍼히어로들이 온갖 초능력을 부리는 영화를 본 적이 있는가? 만약 이런 영화 속의 장면들을 누군가가 자신이 직접 보거나 경험했다고 주장하거나 장황하게 늘어놓는다면 당신은 어떤 반응을 보일 것인지 잠시 생각해 보자.

아마 대개의 사람들은 "웃기는 소리 하고 있네!"라고 말할 것이고 일부 매너 좋은 사람들의 경우라면, 겉으로는 귀담아듣는 체하지만, 마음 속으로는 자동적으로 반감이 올라올 것이다.

그러나 현실에서는 그런 반응을 보인 사람들조차 극장에 앉아 영화를 보고 있을 때는 시간이 지남에 따라 흥미진진하게 몰입하며 함께 웃고, 울고, 즐기는 모드로 바뀌게 된다.

우리는 '저건 영화니까 영화 속에선 가능할 수 있어!'라는 전제를 자기 자신에게 주게 됨으로써, 자신이 영화라는 맥락 속에서 가능하다고 여기는 전제에서 크게 벗어나지 않는다면, 그 영화 속에 젖어드는 것이다.

'척하기 프레임'은 바로 이와 비슷한 맥락으로 설명할 수 있다.

"눈을 감고 뜰 수 없는 척 해보세요. 계속 그런 척하는 겁니다. 눈을 뜰 수 없는 척하면서 눈을 뜨려고 해보세요."

이것은 데이브 엘먼 선생이 실제로 최면에서 즐겨 사용했던 형식들 중 하나이다.

이 말에 눈을 뜬 피험자라면, '척하기'를 그만두고 스스로 마음을 바꿔서 자신의 의지로 눈을 뜬 것이다. 그러나 이 말에 눈을 뜰 수 없는 피험자는 유도자의 지시에 따랐고, 자신의 판단력을 특정한 행동에 대해서만큼 유보시킨 것이다.

그러나 이것만으로 곧 최면이 되는 것은 아니다. 이것은 시작 프레임에 불과하며 부가적으로 '선택적 사고'가 확립되어야만, 비로소 '최면'이라는 것에 도달한 것이 된다.

'선택적 사고'란 어떤 것을 전적으로 믿는 것이며, 조그만 의심이라도 새어 들어온다면 그것은 즉시 사라진다.

이는 오늘날의 최면을 배우는 사람들이 이해해야 할 가장 기본이 되는 최면의 프레임이다.

왜 패러다임이 중요한가?

오늘날의 최면사들은 대부분 20세기의 전설적인 두 사람 즉, 데이브 엘먼 선생이나 밀턴 에릭슨 박사의 최면 패러다임에 직·간접적인 영향을 받고 있다고 해도 과언이 아니다. 그들은 고전적인 최면의 패러다임에서 탈피하여 각각 20세기의 새로운 최면 패러다임을 제시한 인물들이기도 하다. 오늘날의 최면사들에게 최면 패러다임 즉, 최면을 바라보는 관점과 방식은 대단히 중요한 것이지만, 의외로 이를 인식하는 사람들은 많지 않은 듯하다. 최면사나 최면상담사가 최면에 대해 어떤 패러다임을 갖고 있는가에 따라 내담자를 대하는 방식과 접근법, 심지어 결과까지도 완전히 달라질 수 있기 때문에 이것을 인식하는 것은 대단히 중요한 요소이다.

엘먼과 에릭슨이라는 두 최면 대가가 모두 '모든 최면은 자기최면이다'라고 처음 주장했던 사람들 중 하나이다. 이들 중 특히 데이브 엘먼 선생은 최면사가 피험자에게 최면을 거는 것이 아니며, 피험자 스스로 최면에 들게 하는 것이란 점을 강조하며, 최면사가 피험자에게 특정한 '힘'

을 행사할 수 없다는 점을 강조했다.

그에 따르면 피험자가 최면사의 지시에 제대로 따르기만 한다면 모든 사람이 최면에 유도될 수 있으며, 누군가가 최면에 들기를 거부한다는 것은 단지 피험자가 자신의 크리티컬 팩터를 우회하기를 거부한 것이며 그렇게 함으로써 선택적 사고가 마음속에 뿌리내리는 것을 불가능하게 한 것일 뿐이다. 이것은 그 피험자가 최면에 들 수 없다는 것을 뜻하는 것이 아니라, 단순히 지시사항을 따르기를 거부한 것일 뿐인 것이다.

즉, 엘먼 선생의 접근법은 피험자에게 최면에 들게 하는 '책임'을 부여하고 있다. 여전히 일부 이에 동의하지 않는 최면사들이 존재함에도 불구하고, 이러한 관점은 오늘날 최면계의 주요한 관점으로 자리 잡았다.

02. 최면기법의 눈부신 발전 그리고 퇴보

 현대의 발전된 최면 테크닉들

현대의 최면유도 기술과 최면상담 기술은 많은 부분에서 눈부신 발전을 이루었다.

그러나 최면유도의 기술이나 결과만을 볼 때 오히려 그 반대의 요소들도 존재하는 것이 사실이다. 분명 이론적인 부분과 세부적인 테크닉들은 세분화되고 정교해졌지만, 결과적인 현상들은 많은 부분에서 메즈머리즘이나 초기 최면의 시대와 비교했을 때 뒤떨어지거나 재현이 거의 힘들어진 부분들이 존재하기 때문이다.

이것의 원인으로 최면 자체에 대한 패러다임과 접근법의 변화, 그리고 무엇보다 '기술'적인 틀에서 고려되지 못한 항목들 등 다양한 요소를 생각할 수 있을 것이다.

이 장에서는 현대의 최면 패러다임을 기반으로 발전한 최면유도에 관한 이야기들을 하고자 한다.

이 책에서는 20세기 밀턴 에릭슨이라는 최면 거장에 의해 눈부신 발전과 성장을 이룩한 대화최면 또는 간접최면이라는 영역은 제외하고, 주로 내담자의 동의하에 특정 목표를 공유하며 트랜스 유도를 진행하는 '직접최면'이라는 영역에 대해 언급할 것이다.

최면의 깊이와 테스트

피험자가 경험하고 있는 최면의 깊이는 유도자의 입장에서 반드시 계측되어야만 한다. 그래야만 최면사가 자신이 적용하기 원하는 변화 기법을 적절한 시점에 효과적으로 해당 피험자에게 적용할 수 있기 때문이다.

'흠…. 이 정도면 제법 깊어졌겠지.', '내담자가 축 늘어져 있으니 분명 깊은 상태일 거야.'라고 내담자의 외관으로 판단하고 기법을 적용하는 것은 너무나 막연한 접근이며 전문적인 접근 또한 아니다.

해당 기법이 적용될 수 있는 충분한 깊이가 확보되지 않은 상태에서, 해당 기법을 적용한다면 효과적인 진행과 반응을 기대할 수 없다. 특정한 개입기법들은 그 기법이 효과적으로 적용되고 최면적 반응을 끌어내기 위해 필수적으로 달성해야 할 최소한의 깊이가 있기 때문에, 최면의 깊이에 대한 세부항목들을 공부하고 그것을 평가하고 검증하는 여러 가지 신뢰할 수 있는 방법들을 익히는 것은 중요한 요소라 할 수 있다.

여러 최면단체들은 각자 하나의 기준으로서 표준화된 최면척도들을 사용한다.

이 책에서는 다양한 척도들 중에 필자가 속해있는 주요협회들 중 하나인 ABH(American Board of hypnotherapy : 미국 최면치료 협회)에서 사용하는 르크론-보르도 최면깊이 척도를 소개하겠다.

이 척도에서는 최면의 깊이를 아래와 같이 50단계의 세부항목으로 분류하고 있다.

최면깊이 측정을 위한
르크론-보르도(Lecron-bordeaux) 채점 체계

깊이	점수	나타나는 증상들과 현상
받아들이지 않음	0	피험자가 어떤 방식에도 반응하지 않음
힙노이들 (Hypnoidal)	1	신체 이완
	2	외견상 졸림
	3	눈꺼풀 떨림
	4	눈 감김
	5	의식 이완, 마음의 부분적 무기력 (기면)
	6	팔다리 무거움
얕은 트랜스	7	눈 카탈렙시
	8	부분적인 팔다리 카탈렙시
	9	작은 근육군의 활동 억제
	10	느리고 깊은 호흡, 맥박 저하
	11	심한 무기력 (움직이고 말하거나 생각하거나 행동하고 싶지 않음)
	12	도입과정 동안 입이나 턱의 경련
	13	피험자와 유도자 간의 래포
	14	간단한 후 최면 암시들
	15	자각하는 무의식적인 눈 경련을 시작함
	16	인격 변환
	17	몸 전체의 무거운 느낌
	18	부분적으로 분리된 느낌
중간 트랜스	19	트랜스에 대한 인식 (묘사하기 어렵지만 분명하게 느낌)
	20	완전한 근육 억제 (신체감각적 착각)
	21	부분 망각
	22	장갑 마취
	23	촉각적 환각

중간 트랜스	24	미각적 환각
	25	후각적 환각
	26	대기의 상태에 대한 민감성 항진
	27	팔다리나 몸의 완전한 카탈렙시
깊은 또는 섬냄불리스틱 트랜스	28	트랜스에 영향을 주지 않고 눈을 뜨는 능력
	29	눈 떴을 때 고정된 응시: 동공확장
	30	섬냄불리즘
	31	완전 망각
	32	체계적인 후 최면 망각
	33	완전 마취
	34	후 최면 마취
	35	기이한 후 최면 암시들
	36	통제되지 않는 안구 움직임 – 눈 조정기능의 상실
	37	가벼운 감각, 부유감, 흔들림, 부풀거나 부은 느낌, 분리된 느낌
	38	근육 움직임과 반응이 경직되고 지연됨
	39	유도자의 목소리의 소리가 주기적으로 커졌다 사라졌다 함 (마치 라디오 방송이 점차 또렷해지거나 사라지는 것처럼)
	40	신체 장기 기능들의 통제 (심장박동, 혈압, 소화 등)
	41	잊어버린 기억 회상 (기억증진)
	42	연령역행
	43	후 최면 양성 환각 (시각)
	44	후 최면 음성 환각 (시각)
	45	후 최면 양성 환각 (청각)
	46	후 최면 음성 환각 (청각)
	47	꿈에 대한 자극 (트랜스에서 또는 후 최면으로 자연적 수면에서)
	48	지각 과민
	49	색 감각 체험
완전한 트랜스	50	모든 자발적인 활동이 억제되는 혼수상태
섬냄불리즘은 암시에 의해 그 효과가 발전될 수 있다		

본서는 본격적인 학습서가 아니기에 각 항목에 대한 구체적인 기술은 생략한다. 그러나 독자들은 위의 도표를 통해 최면의 깊이에 대한 전체적인 흐름을 파악하고 최면에서 암시에 대한 감응 정도가 어느 정도까지 발전할 수 있는지에 대해 인식할 수 있을 것이다.

최면의 깊이를 계측하는 테스트의 형식은 크게 두 종류가 있는데, 한 가지는 '숨겨진 형식' / '잠입된 형식'의 기법이며, 다른 한 가지는 '공개된 형식'/ '드러난 or 노출된 형식'의 기법이다.

'숨겨진 형식'은 유도자 입장에서는 최면의 깊이를 가늠하는 깊이 테스트 역할을 하지만, 피험자 입장에서는 자신이 테스트받고 있다는 사실을 인지하지 못한다. 이 형식은 실패했을 때 내담자가 가질 수 있는 후속적인 암시에 대한 부정적인 영향력을 차단한다는 측면에서 유용할 수 있지만, 특정레벨의 테스트에 국한되어 있다.

'공개된 형식'은 피험자가 자신이 테스트를 받고 있으며 합격 불합격 여부를 즉석에서 인지하게 되는 기법들을 지칭한다.

최면을 통해 특히 상담 작업을 하는 최면사들에게는 두 가지 테스트 중 한 가지 이상은 반드시 사용하도록 권고된다.

그렇지만 이 두 종류의 테스트 형식은 각기 장단점이 존재하므로 어떤 유형을 사용할 것인가는 최면작업이 이루어지는 목적에 따라 달리 결정되어야 한다.

최면작업의 기본구성과 유도법의 종류

최면작업의 전체적인 절차는 매우 단순하다.

먼저 비판력이 우회되는 특정한 마음 상태(상담이라면 최면사가 적용하고
자 하는 해당 기법이 작동할 수 있는 목표가 되는 특정 깊이)로 내담자를 유도한 뒤,
내담자에게 필요한 '선택적 사고(주로 암시나 제안의 형태)'를 받아들이게 하
는 것이다.

그러나 앞서 아무리 깊은 최면 상태라 하더라도 내담자의 의식작용이
멈추는 것이 아니라고 말했기에, 전문적인 최면치료사나 최면상담사라
면 최면깊이를 유도하고 단순히 일방적으로 암시를 주는 것을 넘어, 내
담자가 원하는 선택적 사고를 취할 수 있도록 촉진하는 적절한 개입 기
법들이 필요할 수 있다.

직접최면을 분류하는, 또는 직접최면과 간접최면을 통합해서 분류하
는 다양한 기준과 방식이 있지만, 아래의 '속도에 따른 분류'를 참고한다
면 독자들의 이해에 도움이 될 것이다.

최면유도법의 종류 (유도시간에 따른 분류)

• **일반 도입** : 깊이 달성 여부와 관계없이 10~20분 이상의 시간을 요하는
유도법
• **급속 도입** : 2~5분 안에 '섬냄불리즘의 경계' 수준에 도달할 수 있는 유도법
• **순간 도입** : 4초~1분 이내의 짧은 시간에 '섬냄불리즘의 경계 수준'에 도
달할 수 있는유도법

※ 첨언 : 위의 분류에서 '섬냄뷸리즘의 경계'라고 지칭한 부분은 앞에서 언급한 르크론-보르도 척도에서 '중간최면'의 범주에 속한다. 이는 엘먼 선생의 척도와 르크론 척도 간의 분류기준점에서 오는 차이이므로 혼동하지 않기를 바란다.

이제 직접적인 최면유도가 어떤 절차로 이루어지는지 그 세부적인 절차를 살펴보겠다.

사전 대화와 사전 인터뷰

최면 전 준비 절차에는 다양한 항목들이 포함된다. 이들 중 사전 대화나 최면 전 인터뷰는 간과할 수 없는 매우 중요한 절차이며 본 최면절차 전체를 좌지우지할 수 있는 항목이다.

많은 최면전문가들은 이 부분에 대해 다양한 자신만의 비전적인 노하우를 갖고 있는 경우가 많다. 최면상담사라면 상담실에서 사용할 수 있는 노하우들을 갖고 있고 무대최면사나 길거리 최면사들은 무대상황이나 길거리 상황에서 활용하는 다른 방식의 노하우들을 가진다. 즉, 최면이 어떤 목적으로 이루어지는가에 따라서 본격적인 최면 전에 행해야 하는 절차들의 형식이나 모습이 완전히 달라지게 되는 것이다.

따라서 많은 초보 상담가들이나 공연최면가들이 실제로 이 부분만 제대로 훈련받더라도 최면작업의 성공률이 획기적으로 올라가게 되는 경우가 많다.

특히 이 과정은 최면이라는 도구로 상담을 진행하는 최면상담사에게는 더더욱 매우 중요한 시간이다. 왜냐하면, 무대나 공연 최면에서는 무대 위에서 피험자가 좋은 반응을 보여주지 않으면 그냥 자리로 들여보내거나 다른 청중을 피험자로 고르면 되지만(물론 집단 역동을 이용해 해당 피험자를 반응하는 피험자로 바꾸는 방법도 있다.), 최면상담의 경우에는 선택의 여지가 없이 방문한 해당 내담자와 작업하여 좋은 결과를 만들어내야만 하기 때문이다.

이 시간을 통해 최면상담사는 내담자를 최면에 매우 잘 반응할 수 있는 이상적인 내담자로 만들도록 최선을 다해야하며 동시에 작업할 목표점과 좌표를 분명하게 설정해야 한다.

즉, 이것은 활을 쏘기 위해 과녁에 살을 조준하는 것과 같은 것이다. 명확한 조준과 계획이 명확한 결과를 만들어낸다.

데이브 엘먼 선생은 성공적인 최면유도를 위해 다음의 4가지 전제조건을 말했고, 사전 대화는 이런 조건하에 이뤄져야 한다. 그의 관점에서, 이미 도입과정을 하기 이전에 최면에 관한 대부분의 작업은 끝이 나는 것이다.

최면을 위한 필수조건 – 데이브 엘먼

1. **피험자의 동의** – 피험자는 최면에 드는 것에 대해 동의 해야 한다.
2. **최면가와 피험자 사이의 의사소통** – 최면가와 피험자 사이에는 반드시 의사소통되어야만 한다.
3. **두려움으로부터의 자유** – 내담자는 최면에 드는 과정이나 일어날 일들에 대한 어떠한 두려움도 느끼지 않아야 한다.
4. **저항(거부감)으로부터의 자유** – 억지로 한다는 느낌을 가지면 안 되며, 내담자는 최면가를 신뢰해야 하고 최면가의 의도 역시 신뢰해야 한다.

암시감응성 테스트와 최면유도를 위한 세팅

이 과정은 위의 과정의 연장선에서 진행될 수 있다.

본격적인 최면유도 이전의 준비 작업에서는 다양한 방식으로 내담자의 순응도를 확인하거나 끌어내는 절차가 포함되는데, 이를 '순응도'나 '컴플라이언스' 등의 별도의 용어로 지칭하기도 한다. 이 작업에서 최면사는 유도자의 언어나 환경, 또는 상황적 요건을 활용할 수도 있다.

필자에게 큰 영향을 준 선생들 중 한 명인 칼 베니언 선생은 이런 '순응도'와 '암시감응성'에 대해 이 둘은 분명히 다른 것임을 강조했다.

'순응도'라는 것은 말 그대로 유도자가 주는 언어적, 비언어적 지시에 단순히 따르는 것일 뿐이다. 이것 자체로는 '최면'이라 할 수 없다. 유도자의 지시에 '순응'하는 것과 유도자의 암시에 '반응'하는 것은 다른 것이기 때문이다.

최면유도자가 내담자에게 "이리 앉으세요."라고 말하고 내담자가 별다른 의심 없이 유도자가 가리킨 자리에 앉는 것 즉, 최면유도자가 어떠한 지시를 주고 피험자가 의식적 또는 무의식적으로 따르는 것과 최면유도자가 피험자에게 "잠시 후 눈을 뜨면 당신의 다리가 파란색으로 보일 것입니다."라고 암시하고 피험자가 눈을 뜬 후 실제로 피험자의 뇌가 자신의 다리를 파란색으로 인식하는 것은 완전히 다른 현상인 것이다.

최면은 '순응도'가 아니라 '암시감응성'을 지칭한다. '순응도'라는 개념은 주로 암시감응성 이전의 준비단계에 포함되는 것으로, 필자가 만났던 다양한 최면 선생들 모두 각자의 독특한 방식의 노하우를 갖고 있었다.

최면사에 따라 이를 별도로 '순응도'라는 개념으로 개념화하거나 단일 기법화해서 설명하는 경우도 있고, 또 다른 최면사들은 이를 최면 준비 절차나 암시감응성 훈련과정 등에 포함시켜 설명하기도 한다.

그렇다면 암시감응성 테스트란 무엇인가?

이것은 '최면 감수성 테스트'나 '암시반응성 테스트' 등의 이름으로 불리기도 한다. 이것에 대해 처음 접하는 독자들을 위해 아래에 다양한 종류들 중 하나인 손 벌리기 테스트의 예제 문구를 실었으므로 참고하기 바란다.

손 벌리기 테스트 예제

"양손을 이렇게 앞으로 내밀어 합장해 주십시오. 이제 손과 손 사이에 원하는 색깔의 풍선을 하나 상상해 주세요. 그 풍선 아래에 바람을 넣는 펌프의 호스가 연결되어있습니다. 이제 옆에 있는 펌프를 통해 바람이 들어간다고 상상하세요. 점점 더 바람이 들어갑니다. 풍선이 점점 부풀어 오릅니다. 커져가는 풍선과 함께 손과 손은 점점 더 옆으로 벌어집니다…."

전통적으로 많은 최면사들이 최면 전에 이러한 테스트들을 사용해왔고 또 권장하고 있다.

어떤 최면사들은 이것으로 내담자의 최면능력(?)을 판단하기도 한다. 즉, 위의 예제와 같은 암시에 내담자의 팔이 크게 벌어지게 되면 최면능력이 뛰어나다는 것이고, 조금만 움직인다면 최면능력이 낮다고 판정하는 것이다.

그러나 암시감응성 테스트의 오류에 대해 연구된 많은 논문들이 나와 있으며, 이것에 대한 오늘날의 주요관점은 이런 테스트의 통과 여부와 내담자가 최면에 깊이 들 수 있는 능력이 비례하지 않는다는 것이다.

데이브 엘먼 선생의 경우, 이런 기법들 자체를 자신의 강의에서 가르치지 않았다.

그는 모든 정상적인 사람들은 암시를 받을 수 있기 때문에 암시 가능성을 테스트할 필요가 없다고 말했다.

믿을만한 테스트라면 내담자의 비판기능을 우회하게 할 수 있어야 하고 최면의 입구까지 내담자를 인도해야 하지만, 암시감응성 테스트는 그런 요구조건을 만족시키지 못하며, 내담자가 암시감응성 테스트를 통과하더라도 실제 최면을 받아들이는 것을 거부할 수도 있다는 것이다.

이 테스트들의 기원은 무대최면가들에게서 나온 것이며, 무대최면에서는 공연을 인상 깊게 만들어주는 효과를 위해 이것을 유용하게 활용해왔다.

그렇다면 이것을 사용해야 하는가? 사용하지 말아야 하는가?

비록 이런 기법들이 암시감응성과 비례하지 않는다고 여겨지더라도 많은 최면전문가들이나 단체들은 이것을 사용하는 것에 대한 입장이 엇갈린다. 암시반응성 테스트를 선호하는 최면사들은 래포를 만들기 위하여 이 기법을 사용하기도 하며, 내담자가 주로 권위적/허용적 접근 중 어떤 접근에 빠르게 반응하는지 판단하기 위해서 사용한다고 말하기도 한다.

반면 이런 테스트들은 그것을 선호하는 사람들의 주장만큼 유용하지 않으며 심지어 어떤 경우에는 오히려 최면작업의 성공을 방해할 수 있다는 견해도 있다. 따라서 이런 관점을 가진 단체나 개인들은 이런 테스트의 사용을 권장하지 않으며 심지어 금지하기도 한다.

이와 별개로 오늘날 최면기법의 다양한 발전 속에, 내담자가 권위적/허용적 유도에 반응을 잘하는지 파악할 필요가 없는 다양하고 효과적인 급속, 순간 도입기법들이 개발됨으로써 이를 암시감응성 테스트 목적으로 사용하는 최면사들의 수는 점차 줄어들고 있다.

필자의 여러 선생님들 역시 이 부분에 대한 의견이 달랐다. 다양한 이견에도 불구하고 오늘날 이것을 사용하는 최면사들의 한 가지 공통되고 분명한 입장은 이것을 더 이상 암시감응성을 '테스트'하는 목적으로는 사용하지 않는다는 사실이다.

현재 필자는 개인적으로 내담자와 하고자 하는 최면작업이 어떤 것을 목표로 하는가에 따라, 이 기법을 사용할 때와 그렇지 않을 경우를 구분하여 적용하고 있다. 이것은 물론 결코 '테스트'의 목적이 아니다. 이미 많은 최면사들이 이것을 사용하는 경우, 다른 목적으로 특화하여 사용하고 있다.

최면도입의 대표적 유형들

비록 현대적인 최면은 대부분 '모든 최면은 자기최면'이라고 말하고 있지만, 그렇다고 해서 유도자가 아무것도 행하지 않음을 의미하는 것은 아니다. 최면유도자는 피험자가 제안하는 암시를 따르고 그것에 쉽게 반응할 수 있도록 안내자로서의 역할에 최선을 다해야 한다.

최면유도는 기본적으로 도입과 심화라는 두 가지 절차로 세분화된다. 최면 도입절차는 '인덕션(Induction)'이라는 용어로도 부르는데, 오늘날에는 정말로 다양한 수의 도입기법들이 존재한다. 절대적으로 좋은 유도법이 있거나 나쁜 유도법이 따로 있는 것은 아니다. 최면작업의 목적과 유도자 개인의 선호도에 따라 그 선택을 달리할 뿐이다. 최면적인 원리에만 맞게 적용된다면, 어떤 형태의 변형이나 어떤 형태의 기법이라도 자유롭게 최면유도기법으로 사용될 수 있다.

그러나 다양한 레퍼토리 자체가 중요한 것이 아니라 '최면도입' 과정으로써의 효과와 영향력을 창출했을 때만이 그 도입과정이 성공적이라 평가할 수 있을 것이다. 만약 도입과정이 최면적인 효과를 창출할 수 없다면 그 레퍼토리가 아무리 독특하거나 화려하게 보였더라도 그냥 눈을 감게 하는 것과 다를 바가 없기 때문이다.

최면의 '도입'과정에서 과연 우리가 하고자 하는 것이 무엇인지 명확하게 알아야만 한다.

오늘날 최면상담 분야에서 복합적이고 강력한 도구들 중 하나인 '파츠 테라피'의 개척자이며 큰 업적을 남겼던 찰스 티벳 선생은 최면을 유도하는 것에 대해 이렇게 언급했었다.

"의식이 가진 비판적인 활동성이 저하되는 찰나에, 순간적인 수동성이 발생하게 되는데 이 순간에 최면사는 피험자에게 크리티컬 팩터(or 비판적 요소)의 우회를 유발하는 암시들을 준다."

그는 최면도입을 6개의 기법적인 유형으로 분류했는데 모든 최면 도입기법들은 이 분류들 중 하나에 속하며, 한 가지 또는 그 이상의 유형들이 결합함으로써 성립된다고 말했다.

이 부분에서 이 책의 서두(1장)에서 언급했던 최면의 정의를 다시 되새겨보자.

'최면이란 사람들의 현재의식의 *비판력(critical faculty or factor)*을 *우회(bypass)*하여 *선택된 사고(selective thinking)*를 확보하도록 한마음의 상태(a state of mind)이다.'

기본적인 최면 도입과정의 목표는 바로 이러한 비판력 우회의 루트를 만들고 선택적 사고(암시나 제안)가 확보되도록 하는 작용인 것이다. 대부분의 직접최면에서 이런 과정들은 눈을 감고 진행하는 것이 일반적이지만, 이 과정은 당연히 눈을 뜨고도 진행될 수 있다.

최면 도입과정 중에 일반인들에게도 흔하게 알려진 기법들 중 하나는 '시선고정' 기법이다. 18세기 '최면'이란 용어를 만들었던 제임스 브레이드 박사에 의해 개발된 이 기법은 할리우드 영화에서 최면사가 나오는 장면에서 종종 등장하던 기법으로 피험자에게 촛불을 응시하게 하거나 벽에 한 점을 찍어두고 바라보게 하는 기법이다.

19세기에 널리 사용되며 인기를 끌었던 '고정응시' 기법 또한 '시선고정' 기법의 한 종류이다. 20세기에 들어 데이브 엘먼 선생은 짧게는 수분에서 길게는 십분 이상 소요되던 이 전통적인 기법을 10초 이내로 단축시키는 '급속유도' 기법으로 발전시키기도 했다.

이외에도 도입기법들은 이완(또는 신경계의 피로), 의식혼란, 성신적 오류, 균형상실, 신경계의 충격 등 다양한 형태와 그 형태들의 조합들로 사용될 수 있다.

 ## 심화기법의 유형과 중요성

같은 종류의 도입기법을 사용했다 하더라도 피험자가 도달하는 최면의 깊이는 각양각색이다. 따라서 심화기법들은 일반적으로 앞의 도입기법들에 덧붙여 후속적으로 사용된다.

최면전문가들은 자신이 하려고 하는 최면의 목적에 따라 피험자가 도달하기 원하는 최면의 깊이가 될 때까지 피험자의 깊이를 심화시키는 절차가 필요하다.

이는 주로 팔을 떨어뜨리거나 숫자를 세어나가며 점점 더 깊어지도록 암시를 준다거나, 내쉬는 호흡에 더욱 깊어지도록 암시를 주는 등의 다양한 형식들을 사용한다. 적절한 심화기법을 적용하고 복합암시를 사용하는 것은, 내담자로 하여금 변화작업에 필요한 최면적 반응을 끌어낼 수 있는 적절한 깊이를 성취하도록 할 것이다.

유도기법 못지않게 이 심화기법은 매우 중요하다.

형식적이고 기계적인 심화는 제대로 내담자를 더 깊어지도록 심화시킬 수 없고, 그 상태에 머물게 하거나 심지어 깊이를 더욱 얕아지게 하는 결과를 가져오기도 하기 때문이다. 이것이 매우 중요한 부분인 만큼 이 기법들에 대한 심오한 이해가 필요하며, 미국 등 해외의 경우 많은 최면사들이 자신들의 심화 노하우를 묶어 별도의 특강형식 수업을 진행하기도 한다. 아무래도 이 부분은 최면의 깊이를 중시하고 그에 관한 명확한 결과와 노하우들이 충분히 축적된 개인이나 단체에서 제공하는 기법들이 더 좋은 결과들을 가져올 수밖에 없을 것이다.

간단한 예로서, 심화기법들 중 '팔 떨어뜨리기'라는 심화기법이 있다. 피험자의 이완된 팔을 들었다 떨어뜨리면서 깊어지도록 암시를 주는 방식이다. 필자의 경우 과거에 동일한 '팔 떨어뜨리기' 심화기법을 해외의 여러 단체와 최면선생들로부터 중복해서 배웠었는데, 단순해 보이는 이 기법이 그것을 지도하는 선생들마다 그 세부사항들에서 차이점들이 존재했다. 그 작은 차이가 어떤 결과의 차이를 가져오는지 당시에는 미처 알지 못했다. 예를 들어 한 협회에서는 팔을 들어 올릴 때, 피험자의 엄지손가락을 잡아 올린 다음 좌우로 흔들며 다소 과격하게 떨어뜨리도록 가르치는데 이러한 동작은 긴장이나 부상을 유발할 수도 있고, 더욱 깊은 특정레벨로 심화시켜야 하는 상황에서는 오히려 심화에 방해될 수 있는 잘못된 동작이란 사실을 이후에야 체감하게 되었다.

최면의 깊이에 관심이 없거나 가벼운 최면만을 사용하는 최면사들에게는 이런 미세한 차이들이 크게 중요하게 느껴지지 않겠지만, 최면의 깊이확보에 관심 있거나 섬냄불리즘 이상의 깊은 최면유도를 목표로 하는 최면사들에게, 이런 심화기법을 적절하게 또 효과적으로 적용하는 방법을 체화하는 것은 수없이 강조해도 지나치지 않는 중요한 요소일 것이다. 작은 세부사항 하나가 결과 자체를 성공으로 이끌거나 반대로 망치게 할 수도 있기 때문이다.

컨빈서(Convincer)란 무엇인가?

최면전문가들이 사용하는 용어들 중에 '컨빈서(Convincer)'라는 용어가 있다. '컨빈서'라는 말의 사전적인 의미는 '납득 시키는 행위'라고 할 수 있는데 최면 분야에서는 이것을 최면 중에 내담자의 의식으로 하여금 자신이 최면을 경험하고 있음을 확신시키는 것을 의미한다.

이러한 기법들은 대게 재미와 마케팅 측면에서도 사용되지만, 이 기법을 경험하는 것 자체로 내담자가 경험하는 최면의 깊이를 심화시키는 측면이 있기 때문에 최면의 심화기법으로도 활용된다.

최면에서는 이것을 기법화시켜 적용하는 다양한 방식이 있다.

과거에 국내의 최면자료들에서는 이것을 지칭하는 통일된 용어가 대체로 사용되지 않았기에, 개인적으로 필자가 진행하는 최면교육에서는 오래전부터 이것을 그냥 해외에서 사용되는 '컨빈서'라는 외래어 표기 그대로 사용해오고 있다.

최면에서 사용하는 모든 최면깊이 테스트들은 동시에 컨빈서의 목적으로 사용될 수 있는데, 이것에는 장단점이 존재한다.

만약 유도자가 최면에 든 내담자에게 "당신의 눈꺼풀이 붙어서 뜰 수 없습니다."라고 가벼운 상태를 테스트하는 암시를 주었을 때, 내담자가 실제로 눈을 뜰 수 없다는 것을 체험한다면 그것 자체로 어떤 피험자들에게는 자신이 최면을 경험하고 있다는 작은 확신이 될 수 있다.

결론적으로 이 기법에 합격함으로써 매우 긍정적인 효과를 가져 오게 되고 다음 암시에 대한 허용 정도를 높임으로써 암시에 대한 감응 정도가 증대되는 것이다.

그러나 유도자가 제안하는 눈꺼풀이 붙는다는 암시에도 불구하고 눈을 번쩍 떠버린 내담자의 경우라면 어떨까?

일부 내담자들은 '아… 역시 난 최면에 들지 않아. 난 최면 상태가 아니야.'라는 생각을 강화시킴으로써 심한 경우, 유도자가 주는 후속적인 다른 암시들조차 거부하게 되는 결과를 초래할 수도 있다.

잘못된 컨빈서나 적절치 못한 테스트의 사용은 사용하지 않느니만 못한 결과를 가져올 경우도 있는 것이다. 초보최면사들 중에는 이러한 실패에 대한 두려움으로 인해 테스트나 컨빈서기법 자체의 사용을 꺼리거나 포기하는 경우들도 있다.

능숙한 최면사들의 경우 이것을 적절히 사용할 수 있는 많은 노하우들을 가지고 있으며 최면상담 과정에 테스트와 컨빈서들을 잠입시켜 보다 완성도 높은 상담을 조직화한다. 특히 최면깊이 테스트와 컨빈서기법은 별개의 목적으로 각각 분리되어 적용될 수 있으며, 권위적인 방식과 허용적인 방식의 상반된 접근이 모두 가능하다.

권위적 접근의 대가 에스터브룩

조지 에스터브룩(George Estabrooks, 1895-1973), 그는 권위적, 지시적 최면의 대가였으며 후세대 사람들은 우스갯소리로 그를 '최면계의 람보'로 부르기도 한다.

그는 캐나다 콜게이트 대학의 교수였는데 당시 미국 CIA와 FBI 그리고 군 정보부를 도와 일했었다. 그는 자신의 책에서 미국 정부를 위해 일했던 자신의 실험들에 대해 밝히고 있는데 그것은 바로 2차 세계대전 중 작전상 활용을 위해 엄선된 피험자를 대상으로 다중인격을 이용한 이중첩자를 만드는 작업이었다.

당시의 미국은 전쟁을 위한 수요를 이유로 약물, 전기충격, 최면 등을 총동원하여 세뇌와 관련된 다양한 비이성적인 시도들을 했었는데 이러한 프로젝트 중 하나로 직접최면의 권위자였던 에스터브룩 박사가 연관되기도 했었다.

필자가 속해있는 협회들 중 하나인 ABH에서는 세 가지 최면적인 접근법에 큰 중심을 두고 있는데, 밀턴 에릭슨식 접근법과 데이브 엘먼식 접근법, 그리고 나머지 하나가 바로 에스터브룩식 접근법이다.

ABH의 회장인 테드 제임스 박사는 최면을 익히기 시작할 때 에릭슨식 접근으로 시작했고 이후 엘먼식 접근을 배웠다고 한다.

에릭슨식 접근은 느리고 깊은 현상으로 가기 어렵지만, 매우 우회적인 방법이기에 저항이 많은 내담자에게 유용하다. 엘먼식 접근은 허용적, 권위적 방식을 모두 사용하며 일정 깊이를 확보하는데 매우 빠른 속도를 자랑한다. 그러나 에스터브룩식 접근은 매우 직접적이고 권위적인 방식을 취하며 앞의 접근법 중 가장 깊은 깊이를 확보하는 데 유용한 것이 특징이다. 그것이 테드 제임스 박사가 이 접근을 익힌 이유이기도 하다.

다음은 에스터브룩 박사가 사용했던 점진적 테스트 유도법의 개략적인 구성요소들이다.

1 눈 감기기
2 눈꺼풀 붙이기
3 팔 굳히기
4 무력한 다리
5 자동 움직임
6 수면 중 대화
7 수면 중 걷기
8 시각적 환각

에스터브룩 박사의 최면유도과정을 살펴보면 일련의 점진적인 테스트 형식을 취하고 있다. 컨빈서를 활용하며 얕은 수준의 트랜스 반응으로 시작해서 점점 깊은 수준의 트랜스 반응으로 확장해나가는 방식이다.

권위적이고 직접적인 접근이 꼭 필요한 상황이 아니라면 반드시 이러한 접근을 익힐 필요는 없지만, 이 접근은 재미있는 구조를 가지고 있으며 특정 상황에서 매우 유용할 수 있다.

급속최면 유도와 '데이브 엘먼의 3분 루틴'

오늘날 급속최면 기법을 행하는 많은 사람들이 있지만, 이 급속 유도법은 20세기 초반, 데이브 엘먼 선생이 눈부시게 발전시킨 분야들 중 하나이다.

엘먼 선생이 했던 말에 따르면 당시에는 무대최면 분야에서도 이러한 급속 인덕션을 사용하는 사람들은 거의 없었다고 한다.

엘먼 선생은 당시 의사들에게 최면을 가르치고 있었고, 이후 그들의 요청에 의해 무대최면계에서 은퇴하게 된다. 그가 무대최면을 행하던 당시 그에게는 해결해야 할 숙제가 있었다.

그것은 바로 '시간'과의 싸움이었다. 유도시간이 길어지고 공연이 지루해지게 되면 관객들이 떠나게 되고, 그렇게 되면 그는 보드 빌 극장에서 차비도 받지 못한 채 쫓겨나야 하는 최악의 상황이 생길 수도 있었다.

그래서 그는 당시 관련된 최면에 대한 서적들을 독파하며 책 속의 기법들을 검증해보았고 불필요하거나 작동하지 않는 것들을 과감히 삭제하면서 새로운 유도법들을 고안하게 되었다.

그뿐만 아니라 그의 유도법에는 단순히 레퍼토리만을 담은 것이 아니라, 당대로서는 다소 파격적이고 획기적이라 할 수 있었던, 최면에 대한 새로운 패러다임을 적용시켰다.

그 결과 그는 현대의 최면사들에게 잘 알려져있는 '3분 루틴'이라는 절차를 포함한 다양한 급속 유도법들을 개발했고, 특히 '3분 루틴'이라는 절차는 오늘날 많은 전문가들에게 '데이브 엘먼 유도법' 등의 이름으로 알려져 있다.

그러나 이것이 실제로 3분 동안 도입절차가 이루어지는 것을 뜻하는 것은 아니다. '3분 루틴'에서 실제 도입(인덕션)절차는 몇 초안에 끝이 나며, 나머지는 모두 심화와 테스트 기법들이 결합되어 있는 형태이다. 여기서 말하는 3분의 의미는 3분 정도의 짧은 시간에 내담자를 섬냄뷸리즘(깊은 최면)의 경계 영역에 진입시키는 것을 뜻한다. 그렇지만 실제로 당시 데이브 엘먼 선생의 경우 많은 피험자들을 3분은커녕 1분 이내에 이러한 상태로 이끌었었다. 이는 현대적인 의미의 '순간최면'을 뜻한다.

2012년은 이 '3분 루틴'이 개발된 지 100주년이 된 해였다. 100년이 지난 오늘날에도 이 기법은 많은 전문가들에게 인기 있는 기법으로 남아있다. 급속 유도법을 익히려 하는 오늘날의 수많은 최면전문가들은 대부분 가장 먼저 그가 만들었던 이 기법을 배우고, 그 원리들을 활용 및 응용하고 있다.

3분 루틴의 구조를 간단히 살펴본다면, 이 유도법은 크게 두 부분으로 이루어져 있다. 전반부(1~4번)는 신체의 이완이고, 후반부(5번)는 의식의 이완이다.

그 세부적인 절차는 다음과 같다.

1 눈 감기기
2 눈꺼풀 붙이기
3 눈 떴다 감기기 (3회 이상)

4 팔 떨어뜨리기

5 숫자 망각

이 책은 세부적인 학습서가 아니기에 본서에서 더 깊은 설명들은 생략하지만, 내용을 궁금해하는 독자들을 위해 3분 루틴의 원래 형식으로 간단한 스크립트를 소개하니 참고하기 바란다.

데이브 엘먼의 3분 루틴 샘플

자, 호흡을 깊이 들이마시고… 잠시 멈춥니다.

이제 호흡을 길게 내쉬면서 편안하게 눈을 감으세요.

온몸의 긴장을 모두 풀어버리고 그냥 최대한 온몸을 이완하세요.

이제 눈의 근육에 의식을 두세요. 그리고 눈꺼풀이 더 이상 움직이지 않을 정도로 그냥 눈 주위의 힘을 빼는 것입니다. 이 이완을 유지하는 동안에 두 눈꺼풀이 충분히 이완되었다는 확신이 들 때, 그 이완을 유지하면서 눈꺼풀이 움직이지 않는다는 걸 확인하는 시험을 해보세요. **(확인 후)**

자, 이제 눈꺼풀의 편안히 이완된 느낌을 온몸 전체에 퍼뜨려 이완할 것입니다.

그래서 이런 편안함을 머리에서 발 끝까지 흘려보내세요.

이제, 우리는 이런 이완된 느낌을 더욱더 깊어지게 할 수 있습니다. 잠시 후에, 저는 당신의 눈을 떴다가 감으라고 할 것입니다. 당신이 눈을 감는 것은 지금의 이완이 10배로 더 깊어진다는 신호입니다. 당신이 할 일은 그냥 스스로 그렇게 되기를 원하는 것 뿐입니다. 그러면 스스로 아주 쉽게 그렇게 할 수 있습니다. 좋습니다. 이제, 눈을 뜹니다… 이제 눈을 감으세요. 그러면서 몸 전체가 이완되고 더 깊이 이완되는 것을 느껴 보세요. 마치 온몸이 따뜻하고 편안한 담요로 싸여있는 것처럼 말이죠. **(수차례 반복)**

잠시 후에, 저는 당신의 (오른쪽 or 왼쪽) 팔을 살짝 들었다가 떨어뜨릴 것입니다. 지금까지 저의 말을 이해했다면, 그 팔은 매우 편안해져서 물에 젖은 행주처럼 축 늘어져 있을 것입니다. 저를 도우려고 하지 마세요… 그 팔은 그냥 털썩 떨어질 것입니다. 그리고 당신은 더욱 깊이 이완됩니다. **(팔을 들었다 떨어뜨린다)** 더욱 깊어집니다. **(양팔에 적용)**

이제, 당신의 몸은 충분히 이완되었습니다. 당신은 방금 몸을 이완하는 방법을 체험했습니다. 이제 의식의 이완을 경험할 수 있도록 도와드리겠습니다.

잠시 후에, 저는 당신에게 큰소리로 천천히 숫자를 100부터 거꾸로 세어 내려가라고 요청할 것입니다. 여기에 의식 이완의 비밀이 있습니다. 당신이 숫자를 말할 때마다, 의식이 두 배씩 이완됩니다. 숫자를 말할 때마다 마음도 두 배로 이완되게 하세요.

98을 셀 때쯤에… 또는 이미 그 전에 당신의 마음이 이완되어 98 다음의 숫자가 떠오르지 않을 것입니다. 이제 당신이 해야 하는 것은 이것입니다. 제가 대신해드릴 수는 없습니다. 스스로 놓아버리면 그 숫자들은 사라질 것입니다. 이제 제가 말한 대로 숫자를 세어주세요. 쉽게 마음에서 숫자가 사라지도록 할 수 있을 것입니다.

자 첫 번째 숫자 100을 말하세요. 그리고 두 배로 깊이 이완하세요.

(피험자: "100") 더 깊이… 편안하게… 이제 의식을 두 배로 이완하고 그것들이 사라지도록 내버려두세요….

(피험자: "99") 더 깊이 이완합니다….

두 배로 이완하세요. 그것들을 떠나가도록 내버려두세요. 원하면 사라질 겁니다.

(피험자: "98") 더 깊이 이완됩니다. 편안하게….

자, 그것들은 사라집니다. 그것들을 없앱니다. 그렇게 되길 원하면, 스스로 그렇게 할 수 있습니다. 모두 내보냅니다. 모두 사라졌나요? **(대답을 확인한다.)**

위에서 3분 루틴을 원래 형식의 맥락에서 가급적 큰 변형 없이 소개했지만, 본서의 서두에서 언급했듯이 이 기법은 특히나 스크립트와 문구 자체가 핵심이 아니다. 실제로 데이브 엘먼 선생은 이것을 스크립트로 생각하지 않았다. 정확한 원리와 사용법을 숙지했을 때 이것은 제대로 작동될 것이다. 단지 누군가가 번역하거나 수정해놓은 스크립트의 순서만을 따르다 이내 "이건 해보니까 작동하지도 않아."라든지, "숫자가 사라지지 않아.", "이 기법은 외국 사람들에게만 잘 작동해."라는 식의 오해만 쌓여 포기해버리거나 그 내용을 바꾸어버리는 우는 범하지 않기를 바란다.

100년이 지난 현대에도 이 기법은 대부분 상황에서 여전히 높은 확률로 잘 작동하며, 모든 급속타입 유도법들의 기반으로 사용할 수 있는 중요한 기법이다. 단지 세월의 흐름과 사회의 변화에 수반되어 사회 구성원들의 심적인 상태가 엘먼 선생의 당시 피험자들의 경우와 동일한 조건이 아니기에, 필자는 개인적으로 엘먼식 기법에 정통한 몇몇 대가들의 조언을 얻어 엘먼 선생이 제시한 큰 원리와 핵심은 그대로 둔 채로, 보다 효과적으로 작동하도록 약간의 세부적인 포인트들만을 수정하여 적용하고 있다.

 순간최면 유도

독자들은 한두 번쯤 흔히들 순간최면이라고 부르는 것을 TV나 인터넷 등에서 보거나 들어본 적이 있을 것이다. 유튜브 등의 인터넷 동영상 채널을 보면 이것과 관련된 다양한 사람들이 올려놓은 영상들이 넘쳐난다.

이 기술은 이름 그대로, 순간적으로 피험자를 유도하는 기술이다. 순간최면을 행하는 장면들을 보면 최면사의 간단한 말이나 행동에 피험자가 고개를 푹 숙이거나 서 있던 피험자가 힘없이 바닥에 쓰러지거나 하는 장면들을 볼 수 있다. 이런 장면을 처음 보는 사람들은 순식간에 뭔가가 행해지는 듯한 모습에 감탄하며 놀라게 된다.

"우와~ 저 사람 순간적으로 정신을 잃은 거 아냐?"
"헉… 저 사람 순간적으로 최면에 걸렸어."

그러나 앞에서 최면에 대해 언급했던 필자의 말을 이해한 독자라면, 이 상태에서 실제 일어나는 일은 보이는 겉모습과는 많은 면에서 다르다는 사실을 이미 알고 있을 것이다.

당연히 피험자는 의식이 또렷하게 있으며, 단지 유도자의 말에 순응하면서 암시반응 정도나 감응 정도가 높아지게 되는 것이다.

필자는 과거 이런 기법들을 배우기 위해 해외의 다양한 선생님들을 만났고 다양한 패러다임에 기반한 각기 다른 스타일의 기법들을 배웠다. 물론 이것에 대해서는 이미 초보 시절 받았던 협회 차원의 기본교육에 몇몇 기법들이 포함되어 있었지만, 무대 상황에서 적용할 때, 상담 상황에서 적용할 때, 길거리 등의 특수 상황에서 적용할 때 등 자신만의 오랜 경력과 전문성을 가진 전문인들이 사용하는 갖가지 다양한 상황에서의 노하우와 비전들이 궁금했었다. 이 과정에서 같은 계열의 기법이라도 상황에 따라 매우 다양한 스타일로 이것이 진행됨을 알 수 있었고, 그 형태 또한 독특하게 변형됨을 알 수 있었다.

순간 인덕션, 흔히들 '순간최면'이라고 부르는 이 기법에는 다양한 형태가 존재한다.

　피험자와 서서 행하는 기법, 앉아서 행하는 기법, 바닥에 쓰러뜨리듯 누이는 기법, 말없이 행하는 기법, 응시와 빛을 사용하는 기법, 특정 파장의 소리만을 활용하는 기법, 동작만으로 행하는 기법, 마그네티즘의 활용, 강한 동작과 약한 동작의 적용 등 매우 다양한 종류의 접근법들이 있다.

　그러나 최면도입의 분류기준에 따라 많은 최면사들이 흔히 '순간최면'이라고 부르며 사용하는 많은 기법들 중 상당수가 그 범주에서 제외되기도 한다.

　예를 들어 이전 글에서 언급했던 4초~1분 이내에 '섬냄뷸리즘'의 문턱에 도달하게 하는, '시간'과 '섬냄뷸리즘의 경계' 수준 이상을 성취하는 것을 순간최면으로 정의하는 기준 하에서는, 많은 최면사들이 순간최면이라 주장하는 수많은 기법들이 그 분류에서 제외될 것이다. 겉보기에는 뭔가가 일어나고 빠른 것처럼 보이는 기법이지만, 사실상 그 깊이가 카탈렙시(경직) 정도가 일어나는 가벼운 수준에 그친다면, 위에서 말한 순간최면의 기준에는 미흡하기에 자연적으로 '순간최면(순간 인덕션)'의 범주에서 탈락되기 때문이다.

　주로 에릭슨 타입의 순간최면이라고 알려진 몇몇 기법들이 여기에 해당된다. 실제로 많은 급속 유도법들은 '순간최면'이라 불리는 특정한 절차를 행하지 않더라도 유도와 동시에 '카탈렙시(근육경직)' 정도의 가벼운 반응들이 즉각적으로 일어나는 경우가 흔하다.

　사실상 '순간최면'에서 피험자가 고개를 푹 숙이거나 바닥에 누웠다고 해서 그것이 곧 순간최면이 제대로 작동했다고 할 수는 없다. 왜냐하면, 실제적으로 그것이 얕은 최면이나 중간최면에 머무는 경우가 많기 때문이다.

단순히 최면가의 지시에 순응하며 따르는 것과 최면적인 반응을 창조해내는 것은 분명 다른 것이라는 점을 앞의 글에서도 언급했었다. 그에 합당하는 암시반응 정도와 기준에 합당한 최면적인 반응이 나와 주어야 그것이 성공임을 알 수 있다.

쉽게 말해, 순간최면이라는 화려한 이름으로 포장했지만, 실제적인 속도와 깊이는 일반적인 유도와 별 차이가 없거나, 심지어 단순히 눈을 감기고 각성암시들을 주는 것과 별 차이가 없는 경우도 있으므로 순간최면의 범주를 명확히 해 둘 필요가 있다.

앞서 언급한 가볍게 유도되는 상황들까지 모두 순간최면이라고 지칭한다면, 사실상 대부분의 일반적인 유도기법들이나 급속 유도법들 모두 순간최면에 해당할 수도 있으며 이런 행위들이 굳이 '순간최면' 등의 특별한 이름으로 불리거나 분류되긴 어려울 것이다.

따라서 순간최면을 순간최면답게 사용하기 위해서는 먼저 앞서 소개한 급속도입의 원리를 정확히 이해하는 것이 중요하다.

카탈렙시(근육경직) 타입의 유도법들을 제외하고 많은 전문가들이 사용하는 순간최면 기술들 중 한 가지는 '혼란'과 '쇼크'를 이용하는 유도법이 있다. 이외에도 심리적인 긴장과 이완을 적절히 활용하는 유도법이나 다양한 변형 도입법들이 있고, 앞서 언급했듯이 심지어 언어가 사용되지 않는 비언어를 통한 순간최면도 있다. 이는 주로 심리적, 생리적

기전을 이용하여 암시반응성으로 연결시키는 방식들인데, 시연상황이나 분위기에 따라 다양한 형태로 적용이 가능하다.

동일한 기법이라도 관객이나 제3자가 보기에 다소 과격해 보이는 방식을 취하는 권위적이고 '강한' 방식으로 사용할 수도 있고, 반대로 아주 신사적이고 부드럽게 보이는 '부드러운' 방식을 사용할 수도 있다. 주로 무대시연이나 청중 앞에서의 시연에서는 전시효과가 큰 '강한' 방식이나 몸을 사용하는 방식을 많이 사용한다. 최면사는 심지어 피험자를 의도적으로 쓰러트리거나 바닥에 눕히기도 한다. 이는 '바닥'이라는 이점을 활용하기 위함이다.

순간최면을 학습할 때 역시 첫 번째로… 눈을 바라봅니다. 두 번째로… 슬립이라고 말하면서 살짝 당깁니다… 라는 식의 기계적인 동작만을 따라서는 곤란하다. 이는 일반 유도법에서도 동일하게 적용된다. 기법을 적용하기 전 먼저 설정되어야 할 요소들이 있고 그 원리를 이해했을 때 비로소 이것을 자유자재로 사용할 수 있게 될 것이다.

따라서 필자는 수강생들에게 순간최면 기법을 익히기 이전에 '급속 인덕션(도입)'들의 원리에 대해 충분히 이해하고 체화하는 시간을 가지기를 권고하고 있다. 어떤 의미로 순간최면은 급속최면의 연장선상에 있기 때문이다.

이런 기법들을 행할 때 실수이든 사고이든 이 과정에서 피험자가 상해를 입게 된다면, 모든 것이 유도자의 책임이므로 모든 안전과 대비가 고려되고 유도자가 컨트롤할 수 있는 상황에서만 이런 방식을 사용한다. 숙련된 전문가의 경우 의도적으로 움직임과 반응이 커 보이는 상황을 만들어내기도 하지만, 초보자들이나 일반인들이 서서 행하는 입식 타입 기법을 비디오나 영상만을 보고 흉내를 내다가 종종 상해사고를 일으키기도 하니 주의해야 할 부분이다.

이러한 기법들을 사용하는 전문가들은 이미 세부적인 주의사항을 충분히 숙지하고 있으며, 자신의 몸과 타인의 몸을 다루고 통제하는 방법과 예기치 못한 상황에 대한 대비책을 충분히 배우고 익힌 사람들임에 유의하기 바란다.

최면 중의 언어 사용

앞의 글 '최면적 래포(Rapport)란 무엇인가?'에서 최면에서 래포는 최면 유도자와 피험자 사이에 뿐만 아니라, 피험자는 자기 자신과도, 나아가 세상 전체와도 래포가 형성되어 있다고 언급했다. 따라서 최면 시에 유도자는 언어 사용에 대해 주의할 필요가 있고, 유도자뿐만 아니라 주위에 있는 사람들이 무심결에 내뱉는 언어 또한 관리해야 할 필요가 있다.

이에 관해 데이브 엘먼 선생의 아들인 래리 엘먼 선생이 무대최면을 할 때 겪었던 실제 일화가 있다.

래리 엘먼 선생이 어느 중학교에서 무대최면 공연을 했을 때였다. 그 자리에 참석했던 사람이 래리 엘먼 선생에게 스스로 최면에 들어서 마취 상태를 만들 수 있느냐고 물어보았다. 그래서 그는 그 자리에서 스스로 자기최면에 들어 자신의 귓불을 마취 상태로 만들었다.

마취 상태를 시험하기 위해 그의 주위로 어린 학생들이 몰려들었고 예리한 도구로 귓불을 마구 찔러보았다. 그런데 그때 옆에서 지켜보고 있던 어떤 학생이 "어떻게 해! 피가 줄줄 흐르고 난리네… 콜라 잔에도 피가 흘렀어…."라고 말했다. 그 얘기를 듣는 순간, 그는 즉각 최면에서 돌아 나왔고, 갑자기 귀에 통증을 느끼기 시작했다.

여기에서 알 수 있듯이 최면을 받는 사람이 주위에서 하는 말들을 인지하지 못하거나 못 들을 것으로 생각하는 것은 오산이다. 유도자는 또한 주위 사람들이 무슨 말을 하는지 주의를 기울이거나 아니라면 그 장소에 있는 모든 사람들에게 조용히 할 것을 다짐받는 것이 좋다. 특히나 이것이 마취수술을 진행하는 수술실이라는 환경이라면 더욱이 반복 확인해야 하는 중요한 사항이다. 이런 상황에서 주변인들이 내뱉게 되는 '통증'이나 부정적인 것을 연상할 수 있는 단어들은 반드시 통제되어야 한다.

데이브 엘먼 선생 역시도 생전에 의사들을 대상으로 한 그의 수업 중에 이 부분을 강조하곤 했는데, 그 얘기를 듣던 한 의사가 "제가 환자를 마취 상태로 유도했을 때 주위사람들이 여러 이야기들을 했었는데 그 환자는 아무것도 모르던걸요?"라고 말했다.

그 얘기를 들은 엘먼 선생은 다음 수업에서 해당 환자를 부르게 했고, 그 환자를 깊은 최면으로 유도한 뒤, 시간을 역행시켜 환자가 마취를 경험했던 당시의 상황으로 돌아가도록 했다.

그러자 아무것도 기억하지 못한다고 했던 그 환자는 주위 사람들이 주고받았던 말 하나하나를 모두 기억해 냈다. 심지어 그 의사가 실수한 부분까지 포함해서 말이다.

그 이야기를 들은 의사의 얼굴은 흙빛이 되었고, 다른 의사들은 모두들 "오~~!!"하면서 크게 놀랐다고 한다.

또 한 번은 그의 수업 중에 다른 의사가 엘먼 선생에게 "약으로 마취된 사람은 그렇게 기억 못 할 텐데요?"라고 말하자, 그는 약으로 마취되어 아무 기억이 없다고 말하던 한 환자를 불러 동일한 작업을 반복했고 그 환자 역시 화학적인 전신마취로 의식이 없었던 동안 일어난 모든 일을 기억해 냈다.

결론적으로 마취 상태의 사람이든 깊은 최면 상태의 사람이든 그들이 의식적으로 기억하지 못한다고 말했더라도 그들의 내면은 무슨 일이 일어났는지 모두 알고 있다. 따라서 최면사는 사용하는 단어 하나, 하나에 유의해야 하고 무심결에 행하는 행동 또한 유의해야 한다.

 암시는 우리에게 어떤 방식으로 작동하는가?

우리가 누군가와 대화하며 커뮤니케이션을 하고 있는 이상, 우리는 어떤 식으로든 상대방의 내면에 영향을 미치지 않을 수 없다. 참고로 NLP(신경 언어 프로그래밍)라는 분야에서는 이것을 '내적표상'이라고 부른다. 내가 상대방에게 말을 하는 찰나의 순간, 상대방의 내면 즉, 내적표상은 즉시 영향을 받으며 순간순간 변하게 되는 것이다.

그런데 재미있는 것은 암시는 꼭 언어만이 아니라는 것이다.

전체 커뮤니케이션에서 '언어'가 차지하는 비중은 극히 일부분이라는 점을 생각한다면, 최면에서 또한 언어적인 암시뿐 아니라 그 밖의 모든 요소들이 비중 있게 고려되어야 함을 알 수 있을 것이다.

이것은 우리가 구사하는 '언어'뿐 아니라, 목소리의 높낮이, 속도, 표정, 몸짓, 자세… 심지어 우리의 정서나 기분 상태까지도 '암시'로 작용할 수 있다는 말이다.

암시는 언제 어디에서나 작동한다. 심지어 우리가 암시라는 것을 인식하지 못하는 순간에도 말이다.

따라서 최면작업은 꼭 눈을 감고 유도자가 유도문을 말하는 순간에만 일어나는 것이 아니라 이미 상대와 커뮤니케이션이 시작되는 순간부터 진행되고 있는 것이다.

그렇다면 암시라는 것은 어떻게 우리에게 영향을 줄까?

암시는 우리의 삶을 움직이는 연쇄반응의 시작점에 있다고 해도 과언이 아니다. 우리의 내면으로 진입한 암시들은 믿음이나 신념을 형성하고 그것은 느낌을 만든다. 그리고 그것은 자세나 태도에 반영되어 나아가 행동으로 나타난다. 그러한 행동은 결국 성공과 실패를 결정짓는 요인이 될 수도 있다.

그리고 그러한 우리의 행동은 우리 자신이 인식하건 하지 않건, 긍정적이건 부정적이건 강화되거나 촉진될 수 있다. 우리는 종종 무의식적으로 습관을 강화시키는 행위를 하는데 그것이 역효과를 가져오는 경우가 있다. 예를 들어 밤늦은 시간에 TV를 시청한다거나 일과 후에 술을 마시러 가거나 다이어트에 대한 보상으로 자신에게 달콤한 치즈케이크를 상으로 주는 것 등이다.

이 책을 읽고 있는 독자들 스스로 평상시의 삶 속에서 자신이 무의식적으로 어떤 종류의 암시들에 노출되어 있는지 잠시 생각해 보자.

내가 보고 듣고 체험하는 주위의 환경이나 심지어 내가 스스로에게 나도 모르게 늘 되뇌는 말들, 심지어 내 자신이 나를 바라보는 이미지와 생각 또한 큰 영향을 줄 수 있다. 실제로 많은 육체적, 정신적, 감정적인 만성문제들이 이것과 밀접하게 연관된 경우가 적지 않다.

 ## 트리거와 앵커링

어떤 중년의 남성이 길을 걷고 있었다. 그는 어느 가게 앞을 지나다가 그 가게에서 흘러나오는 20여 년 전에 유행하던 추억의 노래를 듣게 된다. 그 음악에 젖어드는 순간 그는 가슴속 한켠에서 올라오는 찢어지는 듯한 아픔을 느낀다. 그는 그 노래를 즐겨듣던 과거의 당시에 짝사랑하던 여성으로부터 혹독한 마음고생을 했었던 것이다. 20여 년의 세월이 지나면서 내 안에서 이미 사라졌다고 생각했던 그 느낌과 감정들이 그 노래로 인해 되살아난 것이다.

이것은 누구나 생활 속에서 흔히 경험할 수 있는 일이다. 이러한 조건반응은 대게 무의식적으로 만들어지지만, 학습을 통해 의도적으로 만들거나 덮어쓸 수도 있다. 최면 분야에서 이것을 말할 때 흔히 '앵커링(anchoring)'과 '트리거(trigger)'라는 용어를 언급한다.

두 용어 사이에서 약간의 혼란이 있을 수 있지만, 독자들의 이해를 돕기 위해 다음과 같이 간략하게 정리할 수 있다. '앵커링'이 컴퓨터 프로그램을 설치하는 것이라면, '트리거'는 컴퓨터 프로그램을 실행하는 '실행버튼'에 비유될 수 있다.

즉, 위에서 언급한 사람의 경우, 과거 첫사랑의 가슴앓이 때 겪었던 감정과 느낌이 무의식적으로 당시 즐겨 부르던 특정한 노래에 연결된 것이고 해당 노래가 바로 '트리거'가 되는 것이다. 그 노래를 부르거나 들을 때 바로 프로그램의 '실행버튼'을 누르는 것과 같은 역할을 하고 그는 이내 그 노래와 연결된 당시의 느낌들에 접속되는 것이다.

우리가 보고, 듣고, 느끼고, 냄새 맡고, 맛볼 수 있는 모든 대상은 그것과 연관된 기억, 태도, 욕구, 감정 그리고 신체적 반응을 활성화하는 '트리거'로써 작동할 수 있다.

내담자들이 바뀌었으면 하고 바라는 습관들은 대개 이러한 트리거에 의해 활성화되기 때문에 최면상담사들은 적어도 그것들이 무엇인지에 대한 기본적인 이해를 하고 있을 필요가 있다.

그럼 여기에서 간략히 몇 종류의 트리거에 대해 살펴보겠다.

그 첫 번째는 습관에 대한 트리거이다.

우리는 종종 별생각 없이 무의식적으로 움직이는 경우가 많다. 운전하다가 빨간불을 보고 자동적으로 브레이크를 밟는다.

자동이 아닌 수동기어로 된 차를 모는 사람들은 더욱 복잡한 작업을 한다. 수동기어를 조작하며 액셀과 브레이크 사이를 오가면서 유격을 조절하고 빨간불에 자동적으로 멈춘다. 그리고 내비게이션을 조작하거나 옆 사람과 이야기를 한다.

아침에 일어나 출근준비를 할 때 역시 머릿속으로 온통 회사 일을 생각하면서도 놀라울 정도로 정확하게 구두끈을 묶는다. 마치 이 모든 과정들을 자동적으로 다 해내는 것 같다.

이런 행동의 대부분은 학습된 습관의 결과이다. 우리가 특정 트리거에 자동적으로 반응하도록 학습하는 것은 우리에게 많은 효율성을 가져온다. 일상에서 일어나는 많은 일들을 깊이 생각하지 않고도 행할 수 있게 함으로써 우리는 보다 간편하게 다른 것들을 행할 수 있는 것이다.

그러나 이러한 트리거들이 항상 좋은 것만은 아니다. 우리 주위에는 원치 않는 트리거로 인해 힘들어하는 사람들도 있다.

어떤 흡연자는 종이컵을 집어 들 때마다 담배에 손이 가고, 또 다른 사람은 식사 후에 자동적으로 담뱃갑에 손이 간다. 습관의 트리거 자체를 습관적으로 반복하는 것은 그것을 더욱 무의식 깊이 정착되게 한다.

우리의 본성은 비어있는 것을 싫어하기 때문에 낡은 습관을 새로운 습관으로 대체하는 것도 이러한 원치 않는 앵커링을 해결하는 방법으로 사용할 수 있다.

예를 들어 휴식 중에 자동적으로 간식에 손이 가는 사람은 간식 대신 물을 마시는 것으로 그 대상을 대체한다거나, 흡연 트리거 대신 그것을 깊은 호흡으로 대체한다거나 하는 방법이다.

물론 트리거 자체를 지워 버리는 방법도 있지만, 그것은 전문가의 도움이 필요할 수 있으며, 만약 자신의 동기부여와 변화에 대한 욕구가 충분하다면 앞서 말한 습관을 대체하는 방법만으로도 쉽게 효과를 볼 수 있을 것이다. 그러나 관련된 기억과 감정, 태도가 습관으로 자리 잡혀있다면, 더 많은 노력이 필요하거나 다른 접근을 찾아야 할 것이다.

두 번째는 앵커된 기억의 형태이다.

우리가 살아오며 기쁘건, 슬프건, 불쾌하건, 중립적이건 해당 기억들은 그 기억들이 형성되었던 시기에 일어났던 일과 유사하게 느껴지는 특정 사건에 의해 트리거되어 되살아날 수 있다.

이것은 이글의 서두에서 언급한 예와 비슷한데, 특정한 노래가 특정 시기의 특정인에 대한 기억을 불러일으킨다거나 누군가에게서 풍기는 특정한 향수 냄새가 과거의 어떤 다른 사람에 대한 기억을 되살아나게 할 수도 있다. 특정한 트리거에 연결된 기억은 해당 기억들이 억압된 경우가 아니라면, 대게 의식수준에서 빠르게 떠오른다. 이러한 경우 대부분 어떤 감정들이 해당 기억에 연합된 경우가 많다.

세 번째는 태도와 욕구에 앵커된 경우이다.

앞의 것들과 마찬가지로 특정 기억에 연합된 태도는 그 기억이 유발될 때 우리의 의식적인 자각 속에 들어올 수 있다.

예를 들면 어떤 비흡연자가 과거에 예의가 없고 버릇없는 흡연자와 함께 근무했던 기분 나쁜 기억을 갖고 있는 경우, 이후 다른 사람이 담배를 피울 때마다 앞서 겪었던 흡연자에 대한 편견으로 반감을 가질 수도 있는 것이다.

욕구의 경우, 지나가는 사람이 마시는 커피를 본 직후에 커피를 마시고 싶은 충동을 느끼거나 단순히 커피숍을 지나가면서 쉽게 유발될 수 있다. 따라서 과식이나 흡연 등의 어떤 습관이 있는 사람이 이것을 의식적으로 참으려 하더라도 다른 것에 의해 쉽게 영향을 받을 수 있는 것이다.

네 번째는 **감정에 앵커**되는 경우이다.

우리의 감정적인 경험들은 매우 강력하다. 특정 사건과 감정적인 상태가 함께 무의식에서 앵커되면, 이후 우리의 무의식 속에서 동일한 사건을 상기시키는 특정 트리거에 의해 그와 같은 감정들이 쉽게 떠오를 수 있다. 반복된 사건들은 무의식의 민감화를 촉진하여 공포증과 같은 문제를 유발할 수도 있다. 꼭 공포증이 아니라 하더라도 이것은 특정 대상에 대한 반감을 가지게 할 수도 있는 것이다.

즉, 개에게 반복적으로 물린 경험으로 인해 개에 대한 공포증이 야기될 수도 있고 개에 대한 강한 반감이 생길 수도 있다.

트리거는 점차 시간이 흐르면서 기억들과 함께 점진적으로 앵커 될 수도 있고, 우리가 1회 학습이라 부르는 것처럼 특정한 감정적 사건과 함께 갑자기 앵커되는 경우도 있다.

대부분의 최면상담이 부정적인 앵커링에서 벗어나는 작업을 포함하고 있기 때문에 최면사 또는 최면상담사들은 이러한 개념과 친숙해지는 것이 좋다.

그리고 이것은 꼭 최면상담을 받는 특정한 상황에서가 아니라 실제 일상 속에서 누구에게나 의도적으로 또는 의도치 않게 일어난다는 것을 인식할 필요가 있다.

습관을 바꾸는 5가지 무의식의 진입로

무의식을 변화시키는 것은 습관을 바꾸기 위한 가장 효과적인 방법일 것이다.

우리의 무의식적 프로그램을 변화시키기 위해 무의식에 접근할 수 있는 5가지 방법(진입로)이 있는데, 아래에서 이 5가지에 대한 세부내용을 간략히 살펴볼 것이다.

참고로 여기서 간단히 소개하는 분류는 필자의 개인적인 최면선생님들 중 한 분인 로이 헌터 선생의 찰스 티벳식 접근으로부터 온 것이며 찰스 티벳 선생이 정리했던 분류이다.

아래의 것 중 하나의 요소만 독립적으로 사용하는 것은 그만큼 성공률을 떨어뜨릴 수 있다. 각 요소들에 대해 충분히 이해하고 해당 요소들을 조화롭게 사용하는 방법을 익힌다면 보다 효율적으로 우리의 무의식을 변화시킬 수 있을 것이다.

❶ 반복

첫 번째 요소는 바로 '반복'이다.

누구나 반복된 연습을 통해 새로운 습관을 형성할 수 있다. 어떤 기술이건 그것을 나의 무의식의 일부인 습관이 되도록 만들기 위해서는 연습과 반복이 필요하다.

이는 축구코치가 선수들에게 공을 다루는 훈련을 계속해서 반복시키고, 피아노 강사가 학생에게 피아노를 반복해서 치도록 연습시키는 것과 같다. 심지어 TV에서 나오는 광고에서조차 시청자들에게 특정 이미지나 메시지를 각인시키기 위해 해당 광고와 관련된 목표 시청자들이 많이 시청하는 시간대에 반복적으로 노출시킨다.

반복은 이렇게 매우 효과적인 방법이지만 마치 길을 천천히 걸어가는 것처럼 일반적으로 긴 시간이 소요된다. 그리고 소요시간은 개인의 기질과 능력, 내적인 믿음 등의 정도에 따라 달라질 수 있다.

이렇게 어렵게 우리의 무의식에 일단 자리 잡은 습관은 쉽게 사라지지 않는다.

아마도 많은 사람들이 특정 습관이 올라오는 상황 자체를 피함으로써, 자신의 오래된 습관을 없애려고 시도해본 경험이 있을 것이다. 그런 경험이 있었던 독자라면 그것이 좋은 결과를 가져왔었는지 돌아보기 바란다. 비슷한 경우로, 어떤 흡연자가 단지 흡연과 관련된 신호(트리거 또는 앵커)를 피해서 금연을 하려고 노력했지만, 그 흡연자의 무의식에 남아 있는 흡연습관으로 인해 다시 흡연을 시작하게 되는 경우들도 있을 것이다.

이는 오래된 무의식의 일부인 흡연 신호(트리거)들이 시간이 지남에 따라 강하게 무의식을 지배하고 있기 때문이다.

우리는 때때로 반복을 통해 오래된 습관을 새로운 습관으로 대체할 수 있다.

그러나 반복이 효과적인 방법이라 하더라도 남아있던 무의식적 패턴은 여전히 그것에 저항하려 할 것이기에 더욱 많은 반복이 필요할 수도 있다.

❷ 권위

두 번째 요소는 '권위'이다.

누군가가 하는 말은 우리를 복종하게 하거나 반대로 반항하고 싶게 만들 수 있다. 때때로 권위적 인물이 말하는 의견이나 암시가 곧바로 무의식에 침투되는 경우들이 있다. 그뿐만 아니라 권위적인 누군가에게서 배운 개념이나 생각들은 종종 우리의 무의식에 깊이 각인된다. 그리고 심지어 의식적으로 그것이 그 사람에게서 들었던 개념이나 생각이라는 사실을 잊고, 순수하게 자신의 생각이나 아이디어라고 생각하게 되는 경우 또한 적지 않다.

확인하고 싶다면, 우리가 지금 일상에서 또는 특정 분야에서 무심결에 사용하고 있는 말과 생각과 개념들, 단어들을 살펴보자. 물론 당신의 의식이 인지하지 못하는 경우도 있을 것이다.

권위자에 의한 암시를 쉽게 받아들이는 경향은 일반적으로 어른들보다 아이들의 경우에 더 잘 나타난다. 초등학교 저학년의 한 아이를 예로 들어 보겠다. 이 아이는 선생님이나 부모들이 말하는 대부분의 것들을 믿는다. 만약 선생님이 그 아이에게 수학을 잘한다고 말한다면, 그 아이는 정말 그렇게 되기 위하여 노력할 것이다. 반대로 문제아로 낙인찍힌 아이는 평생 동안 문제를 일으킬 수도 있을 것이다.

실제로 최면상담 중에도 이러한 암시의 각인이 문제가 되는 경우를 종종 보게 된다.

한 예로 필자가 상담했던 한 고등학교 여학생의 경우, 자신은 열심히 최선을 다해 공부하지만 늘 성적이 제대로 나오지 않는다고 투덜거렸다.

그런데 이 학생의 경우 '나는 머리가 나빠. 그래서 공부를 해도 이 나쁜 머리로는 한계가 있어.'라며 자신을 제한하는 신념을 가지고 있었다.

최면상담 중 그런 부정적인 믿음의 원인이 드러났는데, 그것은 바로 어린 시절 그 아이의 엄마와 학교 선생님이 무심결에 던졌던 암시들이었다. '머리 나쁜 아이'라는 그 암시는 이후로 아이가 의식적으로는 까맣게 잊고 있었지만, 고등학생으로 성장할 때까지 늘 그 아이의 무의식에 남아서 '그래. 난 머리가 나쁜 사람이야. 아무리 공부해도 한계가 있어.'라는 근거 없는 믿음을 만들어냈고, 그것이 실제 현실에서의 결과를 만들어낸 것이다.

상담과정을 거친 후 이 학생은 자신을 막고 있던 그 잘못된 신념을 긍정적이고 새로운 신념으로 바꿀 수 있었고 스스로도 매우 놀라워했다.

어른들의 경우, 선생님이나 부모가 내 인생을 대신할 수 없다는 사실을 인지하기 때문에 아이들에 비해 권위적 인물이 행하는 부정적인 암시들에 그렇게 취약하거나 민감한 편은 아니지만, 아이들은 다르다.

권위 있는 사람에게 들었던 어린 시절의 말 한마디가 그 아이의 인생을 좌우하거나 크게 영향을 미치는 사례들은 우리 주위에서 얼마든지 볼 수 있다. 어쩌면 이 글을 읽고 있는 독자들 중 현재 가정이나 특정 환경에서 한 아이에 대해 권위자의 위치에 있는 독자가 있을지도 모른다.

당신이 그러한 위치에 있다면, 과연 지금껏 권위자로서 아이에게 어떤 말과 단어를 사용해 왔는지, 지금껏 무의식적으로 아이에게 어떤 것을 프로그램하고 있었는지 자문해보기 바란다.

❸ 정체성(에고)에 대한 욕구

우리는 그것을 좋아하건, 좋아하지 않건 소속감과 지지, 인정과 사랑을 갈망하는 에고(ego, 자아)를 지니고 있다. 이것은 찰스 티벳 선생이 '정체성에 대한 욕구'라고 부르던 항목으로, 에고(자아)를 통해 무의식에 접근하는 여러 가지 문들을 열 수 있는 방법(진입로)이라 할 수 있다.

여기에는 다음의 몇 가지 종류들이 있다.

Ⅰ 동료집단 압력

동료집단으로부터 받는 압력은 우리가 어린 시절뿐만 아니라 어른이 되어서도 줄곧 겪어왔던 것이다.

아이들은 친구들 앞에서 대담함을 보이기 위한 것이거나 도전 등의 단순한 이유로 종종 높은 곳에서 뛰어내린다거나, 위험한 철로나 찻길을 건너는 등의 매우 비논리적이고 위험한 행동을 하기도 한다.

많은 흡연자들 또한 비슷한 동료집단의 압력으로 인해 흡연습관을 처음 시작하게 되는 경우도 많다. 친구들 때문에, 또는 어른스러워 보이기 위해, 보다 성숙해 보이기 위해 '흡연자'라는 정체성을 취하게 되는 경우도 있다. 그러나 이는 비단 어린이나 젊은 사람들만의 이야기가 아니다. 어른들 역시 무더운 여름날 특정한 모임이나 장소에 참석하기 위해 편리한 복장을 포기하고 정장이나 불편한 복장을 습관적으로 착용한다. 이것은 전통과 관습의 틀을 받아들이는 무의식 때문에 자신이 비록 불편함을 느낌에도 불구하고 그런 행동을 정당화시키는 것이다.

Ⅱ 멘토

우리는 알게 모르게 누군가를 동경하는 것을 좋아한다. 그것은 배우일 수도 있고, 가수일 수도, 스포츠 스타일 수도, 아니면 개인적인 멘토일 수도 있다.

재미있는 것은 그런 사람들을 동경하며 모방하려 할 때, 많은 사람들이 그들이 하는 습관과 버릇 중에서 쉽게 흉내 낼 수 있는 것들을 모방한다는 것이다. 그 사람의 표정이나 몸짓, 말투, 옷차림 등 의식적으로 새 행동을 좋아하건 하지 않건 무의식은 이미 멘토를 모방하고 있는 경우가 많다. 심지어 어떤 사람은 자신이 동경하는 배우가 담배를 심하게 피는 골초 배우였기 때문에 금연하는 것이 불가능한 경우도 있다.

물론 이것은 무의식적인 이유이다.

비즈니스에서도 마찬가지이다. 그 분야의 전문가를 존경하며, 같은 용어와 비슷한 말투로 그를 따라 하며 심지어 무의식중에 그 사람이 커피잔을 잡는 습관 또한 따라 하게 될 수도 있다.

이러한 모방의 이면에는 타인이 가진 것에 대한 칭송과 인식을 갈망하는 우리의 의식이 있다.

이것은 자신에게 필요한 면을 크게 발전시킬 수 있는 도구가 될 수 있는 긍정적인 면이 있지만, 반대로 무의식이 열리고 정제되지 않은 것들이 유입되어 영구적으로 자리 잡을 수 있는 가능성도 있기 때문에 주의할 필요도 있다.

Ⅲ 집단 정체성

사람들은 집단이나 그룹으로 사람을 식별하는 경향이 있다. 집단에 속한 사람들은 집단 구성원들끼리의 동질감을 느낀다. 집단에 속한 구성원은 해당 집단의 목표나 방법 및 개별참여 정도에 따라 무의식적인 프로그래밍에 영향을 받게 된다.

어떤 단체들은 종종 집단의 목표를 구성원들에게 인지시키고, 한 사람이 살아가는 삶의 방향을 결정하는데 영향을 주기도 한다.

집단 정체성의 극단적인 예로, 1978년에 미국에서 있었던 짐 존스의 사례를 들 수 있다.

그는 종교단체의 구성원들에게 자살을 부추겨 약 1,000명의 사람들이 집단 자살을 하게 만들었다. 이 소식에 많은 사람들이 충격을 받았고 어떻게 이런 일이 가능한지 의아해했다.

자살한 사람들은 특정 종교단체의 집단 정체성의 일부가 되고자 하는 강한 욕망을 갖고 있었고 지도자의 말에 강한 영향을 받았던 것이다. 이와 유사한 사례들은 세계각지에 다양하게 존재해왔다. 이것은 비단 광신도 집단에만 해당되는 것은 아니다.

집단에 속하고자 하는 열망은 동료집단의 압력으로 인해 일어나기도 하지만 대게 누구나 가지고 있다. 특히 자아 존중감이 낮은 사람들의 경우 더욱 집단에 소속되고자 하는 열망이 큰 경우들이 있는데, 어떤 단체들은 이러한 사람들의 욕구를 이용하여 사람들을 모아 집단을 형성하기도 한다. 광신도 사이비 종교 집단의 경우 신을 빙자하여 '동료집단의 압력'과 '집단 정체성'을 혼합하여 권위를 내세우기도 한다.

집단 정체성에는 장단점이 있지만, 자신의 인생에 있어 집단의 열망에 따라 그대로 살아가는 것이 아니라 자신에게 결정권이 있음을 잊지 말아야 할 것이다. 무분별한 흡수는 결국 분별력을 잃게 하여 선입견을 갖게 만들거나 타인의 의견을 무시하는 결과를 초래할 수 있다.

Ⅳ 인식 (인정과 보상)

우리의 내면은 마치 아이처럼 인정받고 보상받는 것을 좋아한다. 많은 영업회사들은 높은 판매실적을 보상하는 다양한 프로그램들을 운영하면서 직원들의 자아(에고) 인식을 활용한다.

사업, 정치, 스포츠 등 다양한 분야에 걸쳐 어떤 이는 실제로 금전적인 보상보다는 오히려 인정받고 싶은 보상 때문에 열심히 일하기도 하며, 심지어 개인적인 희생을 크게 감수하면서까지 남들에게 인정을 받으려 하는 경우들도 있다.

많은 사람들이 타인의 인식이나 인정을 위해 살아가고 있지만, 그들 중 일부는 남의 시선 속에서 자기 자신을 찾을 수도 있다. 이러한 사람들은 타인의 노예가 되는 것이 아니라 자신의 삶에 긍정적인 동기부여를 찾으려 노력한다.

목표를 이루기 위해 노력할 때 자신에게 단기적인 보상이나 장기적인 보상을 계획하는 것은 긍정적인 영향을 줄 수 있다. '칭찬은 고래도 춤추게 한다'는 말이 있다. 우리의 대부분은 비판보다는 칭찬 듣기를 갈망하며, 이것은 우리가 최선을 다하도록 하는 데 도움을 줄 것이다.

❹ 최면 / 자기최면

우리가 최면에 들면 우리의 무의식은 새로운 프로그래밍에 보다 수용적인 자세가 된다.

앞서 언급했던 것처럼, 현대적인 최면 패러다임에서 모든 최면은 자기최면이며, 타인최면 또한 유도된 자기최면이라 할 수 있다.

최면이라는 단어에 대해 여전히 오해가 남아있는 독자라면 그것을 '유도된 명상'이나 '유도된 상상' 등으로 부르더라도 무방하다.

상상이라는 것은 무의식의 언어이다. 최면은 타인에 의해, 또는 스스로 그 상상력을 사용하는 것을 촉진시키는 행위가 포함된다.

무의식의 입장에서 그 상상력이라는 언어의 원천이 외부에서 오는 것인지, 내부에서 오는 것인지는 중요하지 않다. 레몬을 실제로 씹지 않더라도 리얼하게 레몬을 씹는 상상을 하는 것만으로 입안에서 침이 분비되는 것처럼 단지 우리의 무의식은 우리가 상상하는 자체에 반응한다.

때로는 내 스스로 상상력을 통제할 수도 있겠지만, 누군가가 유도해주는 최면에서는 이러한 작업이 더욱 쉬워진다.

우리가 자기최면 등으로 뭔가를 하려 할 때, 고통스럽거나 피하고 싶은 문제를 생각하기보다는 이루고자 하는 목표를 상상하는 것이 좋다.

만약 체중을 줄이고 싶은데 맛있는 음식들을 더 많이 상상한다면, 우리의 무의식은 단순히 자주 상상한 것을 받아들일 것이다.

예를 들어 '맛있는 음식을 안 먹어야지. 안 먹어야지….' 라고 상상하는 것이다. 이런 사람들은 최면에서 돌아 나왔을 때 오히려 맛있는 음식들이 더욱 생각난다는 사실을 발견하게 된다.

최면을 통한 접근은 무의식의 진입로를 향해 고속도로 위에서 자동차로 주행하는 것과 같지만, 항상 운전석에 앉아있는 것은 자기 자신임을 인식해야 하고 내가 옳은 방향으로 주행하고 있는지 확인해야 한다.

❺ 감정

감정은 마음의 원동력이라고도 할 수 있다. 이것은 우리의 무의식에 영향을 줄 수 있는 가장 강력한 진입로이다.

이것은 이 길을 걸어서 통과하는 것이 아니라, 마치 제트기를 타고 날아서 빠르게 통과하는 것에 비유할 수 있다. 단, 너무 빨리 날아가는 제트기 속에 있는 만큼 우리는 그 길 위에 있는 중요한 장소들을 놓치고 지나가 버릴 수도 있다.

이렇듯 감정은 5가지 무의식의 진입로들 중 가장 강력한 방법이라 할 수 있다.

많은 사람들은 어린 시절에 겪었던 1분 이내의 짧고 강렬했던 감정 때문에 개 공포, 물 공포, 폐쇄 공포 등 수십 년간 지속되는 다양한 거부 반응이나 공포증 등이 생기기도 한다.

우리가 감정적인 내면 상태에 들어갈 때마다, 무의식은 매우 영향을 받기 쉽게 된다. 나아가 그 감정이 더욱 강렬해질 때, 그 감정적인 에너지가 무의식 속에 더욱 깊이 각인될 수 있다.

반복적이고 지속적인 공포나 슬픔, 분노를 경험하는 것은 위험할 수 있다. 그러한 감정이 극도로 치달을 경우, 그 사람은 깊은 우울 상태에 빠질 수도 있고 통제력을 잃어버릴 수도 있다.

깊은 감정적 고통으로 인해 생긴 외상 후 스트레스 장애(PTSD)를 극복하기 위해서 몇 달 아니 몇 년이 걸리면서까지 전문가의 도움을 받는 경우들도 있다. 이런 상처를 치유하기 위해서는 많은 시간과 노력이 필요할 수도 있다는 것이다.

이것은 우리가 감정을 느끼지 말아야 된다는 뜻이 아니다. 어떤 의미로 우리에게 '나쁜 감정'이란 없다, 다만 '오해된 감정'만 있을 뿐이다. 이 부분에 대해서는 뒤에서 다시 한 번 별도로 언급하겠다.

무조건 자신의 감정을 통제하려 하는 것보다는 언제 어떻게 그 감정을 표현하는지를 익히는 것이 우리에게 더욱 중요할 수 있다. 감정은 우리에게 성공의 원천이 되기도 하며 반대로 실패의 요인이 되기도 한다. 따라서 우리에게는 항상 균형이 필요하다.

긍정적인 감정이라 해서 반드시 좋은 결과를 가져오는 것이 아니며, 반면 부정적인 감정이라고 해서 항상 나쁜 결과를 만드는 것도 아니다.

타인을 조작하고 통제하려는 일부 불순한 나쁜 의도를 가진 특정인들은 수시로 사람들의 긍정적인 감정뿐만 아니라 죄책감과 공포심 등의 감정들을 이용하려 하는 경우가 많다.

우리는 늘 뭔가에 영향을 받고 조작되는 세상에 살고 있지만, 긍정적인 감정에 트리거 하거나 부정적인 것에 트리거 하는 행위에 대한 책임을 져야 한다.

죄책감 등의 감정을 통해 누군가를 이용하려 하는 이는 그것으로 인해 생기는 결과의 위험을 감수해야 할 것이다.

03. 상담 및 힐링의 도구, 최면

 최면상담사를 위해 필요한 도구들

　최면을 사용하면서 가장 보람을 느낄 수 있는 분야 중의 하나가 바로 '최면상담' 분야일 것이다. 최면을 통한 상담은 현대인들이 가진 다양한 스트레스들을 해소하는 데 도움을 줄 수 있다. 최면으로 상담을 행하기 위해서는 단순히 유도기법뿐만 아니라 내담자의 변화를 도울 수 있는 다양한 추가적인 개입기법들을 익혀야 한다.

　모든 최면사들에게 '직접암시'라는 기법은 최면에서 가장 기초가 되는 기본적인 작업이다. 이것은 단순히 내담자가 원하는 것을 긍정적인 암시문이나 이미지 연상 형태로 만들어 관련 문장들과 함께 제안하는 형식으로, 간단한 예를 들자면, 자신감이 없는 사람에게 최면 상태에서 "이제 당신은 매사에 자신감이 넘칩니다."는 식으로 암시를 반복하거나, 자신감 증진과 관련한 문장들을 암시나 제안 또는 이미지 연상 형태로 읽어주는 것이다. 이 기법은 배우기가 쉽고 사용하기에도 단순하며 때때로 즉각적인 효과를 줄 수 있다는 장점이 있다.

　그러나 기법이 적용된 최면의 깊이, 문제의 정도나 복합성, 저항의 존재 여부에 따라 그 효과 면에서 일시적이거나 단기적이 될 수 있고, 강화를 위해 수차례 반복적인 작업이 필요할 수 있기 때문에 임상적인 최면상담이나 최면치료 상황에서 이런 도구만을 주요기법으로 사용하는 것은 최면 상담가에게 상담상황에서 많은 한계를 갖게 만들 것이다.

자신의 문제를 해결하기 위해 최면상담을 받았던 경험이 있는 사람들 중에 최면상담이나 최면치료가 일시적인 효과만 있다고 말하는 사람들이 있는데 이는 대부분 직접암시 작업만을 반복적으로 받았거나 적절하지 못한 기법을 적용받은 경우들이다.

불행하게도 최면상담사가 되려는 많은 초보 지망생들 또한 이러한 기본적인 수업만을 수강하고서 최면상담 분야로 뛰어드는 경우가 있지만, 이는 매우 섣부른 생각이다. 최면 파츠 테라피(Parts Therapy) 분야의 선구자였던 찰스 티벳 선생은 이러한 접근을 일시적인 임시방편의 접근이라는 의미에서 '반창고 테라피'라고 불렀다.

앞서 언급한 것처럼 내담자가 원하는 것에 대한 동기부여가 충분히 강하다면, 적절한 최면 암시와 이미지 연상(최면 스크립트)만으로도 내담자가 목표를 달성하도록 도울 수 있다.

그러나 강한 욕구가 없거나 내적인 저항이 있을 경우, 유입되는 암시들이 내담자의 의식이나 무의식에 의해 쉽게 차단될 수 있다. 이러한 사실은 최면에 든 사람이 최면사의 통제하에 있지 않다는 여러 증거들 중 하나이기도 하다.

이런 경우, 추가적인 다른 구조화된 개입들이 필요하다. 다른 접근이 필요한 상황에서 그것들을 적절히 적용시키지 못했다면 내담자는 일시적인 효과밖에 보지 못하게 될 것이다.

현대사회를 살아가는 우리들은 각종 스트레스와 마음의 문제들을 안고 살아간다. 시대가 흐를수록 내면의 자유를 추구하는 사람들이 늘어나고 있으며, 고민하는 문제들 또한 여러 가지 깊고 복합적인 감정문제들이 주류를 이룬다.

따라서 직업적인 최면상담사에게는 이러한 내담자의 고민을 다루기 위해 연령역행 테크닉과 용서 치유, 파츠 테라피 등의 더욱 발전되고 강력한 결과들을 가져오는 접근법들을 배우고 익혀야 할 필요가 있다. 필요한 상황에서 적절한 기법의 적용과 구조화된 접근은 내담자의 장기적인 변화를 만들고 효과가 지속되도록 할 것이다.

최면분석을 위해 사용하는 연령역행 기법과 파츠 테라피 기법은 최면상담이나 최면치료분야에서의 백미라 할 만큼 내담자의 장기적인 또는 영구적인 변화를 가져오는 데 효과적이고 강력한 기법이다. 이 기법을 제대로 알고 능숙히 다룬다면 종종 믿기지 않을 만큼 놀라운 효과들을 발휘할 것이다. 최면상담사로서 최면분석과 파츠 테라피 등의 올바른 접근법을 습득한다면 앞서 언급한 '직접암시' 기법 또한 그 효과를 정착시키는 방법에 대해 이해하게 되며, 이를 능숙하게 사용하게 된다면 내담자의 복잡 다양한 감정과 인식 차원의 다양한 문제들을 해결하도록 도울 수 있을 것이다.

'최면'을 하는 것과 '최면상담'을 하는 것의 차이

내담자 중심 최면이란 것을 들어 본 적이 있는가?

내담자 중심 최면에서 최면상담사는 능숙하게 최면상담 기법들을 사용해 내담자 스스로 답을 찾도록 만든다. 이러한 내담자 중심의 최면을 익히기 위해서는 심오한 깊이의 최면상담 훈련이 필요하다.

반면 상담사/치료사가 주도하는 최면은 세계적으로 가장 흔하게 사용되는 방법이며, 국내외를 막론하고 많은 최면사들 사이에서 흔히 사용되던 접근법이다. 이것은 내담자 중심 최면에 비하여 비교적 배우기 쉽고 훈련 기간이 짧은 것이 특징이다.

그 이유는 최면상담사나 최면치료사가 생각했을 때 내담자에게 가장 적합할 것 같은 해결방안을 결정하기 때문이다. 최면치료사는 며칠 간의 비교적 짧고 간단한 훈련을 받은 후 단순히 스크립트 책에서 내담자의 문제나 고민에 적합한 스크립트만 발췌해서 사용하면 된다.

이러한 보편적인 최면 스크립트는 일부 사람들에게 도움될 수는 있지만, 모두에게 적용시키기는 어렵다.

고급 최면상담은 단순히 유도자의 추측 또는 가정에 의한 판단과 생각을 내담자에게 강요하는 것이 아니다. 최면사가 무슨 권한으로 타인의 문제나 인생에 대해 그러한 결정이나 영향력을 행사할 수 있단 말인가?

최면사 스스로가 자신이 내담자의 문제에 대한 모든 답을 갖고 있다거나, 암시 스크립트 책자 속에 내담자의 문제의 답이 있다고 생각하고,

그 생각을 암시로 주면 그뿐이라고 생각하는 것은 최면상담을 망치는 지름길이 될 것이다.

이러한 접근은 실제로 내담자 내면의 한 파트(또는 분아)에 의해 쉽게 거부당할 수 있으며 효과의 지속기간 또한 길지 않은 경우가 대부분이다. 문제의 답이 내담자의 내면으로부터 나왔을 때, 내담자의 내면이 그것을 훨씬 쉽게 받아들이게 될 것이다.

그것이 바로 단순히 '최면'을 하는 것과 '최면상담'을 하는 것의 큰 차이점이다.

중요한 언급

현대최면의 패러다임 하에서 어느 누구도 자기 의지를 거슬러서 최면에 따르게 할 수는 없다. 그리고 타인을 변화시키기 위해서 최면을 사용하고자 하는 사람이라면 먼저 **자신이 가진 현재사고가 유일한 사고가 아님**을 반드시 인식하고 있어야 한다. 자신의 현재사고를 벗어날 수 있어야 한다. 이는 최면을 행하는 모든 사람들의 기본바탕이 되어야 할 것이다.

 ## 최면분석과 연령역행

최면분석(Hypnoanalysis)은 직업적인 최면상담사들에게 반드시 익히도록 권장되는, 문제의 원인을 해결하는 유용한 기법이다. 최면분석에서는 흔히들 '연령퇴행'이나 '연령역행', '에이지 리그레션' 등으로 부르는 기법을 활용한다.

한 가지 독자들이 오해할 수 있는 부분에 대해 덧붙이자면, 앞에서 소개했던 '르크론-보르도 최면깊이 척도'의 42번 항목에 나오는 '연령역행'은 일반적으로 최면사들이 가볍게 다루는 기억회상이나 연령역행, 전생역행이라고 부르는 작업과는 다른 것을 지칭하므로 주의하기 바란다.

아마도 많은 사람들이 영화나 TV 속의 최면장면에서 최면사가 내담자에게 최면을 유도해서 내담자가 상상 속에서 어린 시절이나 과거의 기억 속으로 되돌아가서 눈물을 흘리거나 문제의 원인을 찾게 되는 장면을 한 번쯤은 본 적이 있을 것이다.

내담자의 문제의 원인을 찾아 중화시키기 위해 과거로 되돌아가는 기법을 '리그레션(Regression)'이라고 부른다면, '프로그레션(Progression)'은 미래로 전진하는 기법이라 할 수 있다.

그러나 최면에서 말하는 '연령역행' 기법은 심리학에서 방어기제의 하나로서 프로이트 이후 학술용어로 사용했던 '퇴행'이라는 단어와는 다른 의미이다.

최면에서의 연령역행은 최면 상태에서 내담자가 가진 문제를 유발한 근본원인을 찾아 무의식에 저장되어 있는 과거의 경험으로 되돌아가서 그 사건을 재경험하는 절차이다.

이런 과정 동안에 때로는 내담자가 의식적으로는 잊고 있었거나 기억하지 못했던 과거의 사건들이 의식수준으로 떠오르기도 한다.

최면상담사는 이런 과정을 통해 현재 문제에 영향을 주고 있었던 문제의 원인을 밝혀내고 그것을 해소시킴으로써 내담자의 무의식적 패턴을 바꾸게 하는 것이다. 이것은 문제의 원인이 과거에서 비롯되었을 경우 매우 강력한 해결수단이 될 수 있다.

우리 내부의 부정적 프로그램들

그런데 재미있는 것은 의외로 문제를 겪고 있는 많은 사람들이 자신의 문제가 과거에 지나갔던 기억이나 사건과 어떤 연관성이 있는지 인식하지 못하는 경우가 많다는 것이다.

우리의 무의식은 의외로 단순하게 형성된 수많은 패턴들을 가지고 있다. 그 예로서 간단한 '개 공포증' 사례를 들어 보자. 5세 아이가 개에게 물렸다고 가정해보자. 그 경험으로 인해 그 아이의 무의식이라는 컴퓨터는 '개'라는 대상을 위험군으로 분류해 버렸다. 그 사건으로부터 45년이 흘러 50세의 성인이 되었지만 50세의 어른은 여전히 '개'라는 동물을 위험군으로 인식하고 있는 것이다.

어느 날 50세의 그 어른은 길을 걷다 산책 나온 작은 강아지 한 마리를 만났다. 순간, 우리 내면의 고성능 컴퓨터가 반응한다. '적색경보!!!'

위험한 상황이라는 느낌이 온몸을 지배하면서 심장이 쿵쾅, 쿵쾅 뛰기 시작하고 손발에서는 땀이 나기 시작한다. 도망가기엔 늦었다는 생각이 드는 순간, 그는 그 자리에 얼어서 꼼짝도 할 수 없다. 그 사이 강아지는 그에게는 아무 관심도 없다는 듯 유유히 그를 지나쳐 제 갈 길을 간다. 50세의 이 어른은 앞에 작은 강아지가 있고 자신이 더 강하다는 사실을 논리적인 머리로는 이해하고 있음에도 불구하고 그 강아지 앞에서 극도의 '공포감'이라는 반응을 일으켰던 것이다. 이 순간에는 모든 이성적인 판단이 무의식적 느낌과 반응 앞에서 무용지물이 되어버린다.

이것이 생성되었던 5살 당시에 우리의 무의식이라는 컴퓨터는 이 사람을 보호하려는 '긍정적인 의도'가 있었을 것이다. 그러나 45년이 지난 지금, 이 사람은 더 이상 그럴 필요가 없는 현 상황에도 불구하고 그 패턴을 계속해서 유지하고 있는 것이다.

이것은 비단 특정한 공포반응뿐만 아니라 많은 수의 감정적, 심리적 문제들과 심지어 육체적 문제들의 경우에도 해당될 수 있다. 꼭 거창하게 '문제'까지는 아니라 하더라도 우리 내부에는 과거의 다양한 경험과 체험들을 통해 만들어진 무의식적 프로그램(패턴)들이 존재한다. 그러한 무의식적 프로그램들은 우리의 자동적인 선택, 감정과 사고, 믿음 심지어 신체에 이르기까지 폭넓게 영향을 주고 있다.

이렇게 이미 각인된 프로그램들을 의식적으로 '노력'해서 수정한다는 것은 대단히 어려운 일이며 어느 정도 그것이 가능하더라도 많은 시간이 소요될 수 있다. 실제로 오랜 시간이 지나면서 수많은 의식적인 노력을 해왔음에도 여전히 문제패턴들이 개선되지 않거나 미미한 개선으로 그치는 경우가 많음을 알 수 있다.

최면분석이나 연령역행을 사용하는 것은 이러한 내적인 스트레스 에너지와 각종 불합리한 프로그램들을 비교적 짧은 시간에 효과적이고 능률적으로 수정하는 데 도움이 된다.

나쁜 감정은 없다. 오해된 감정만 있을 뿐이다!

고급 최면상담에서 '감정'이라는 키워드는 대단히 중요하게 여겨지는 항목이다.

일반적으로 사람들은 슬픔, 분노, 불안… 등의 감정 자체를 '나쁜 감정'이라고 치부하는 경향이 있다. 이에 대해 칼 베니언 선생은 "나쁜 감정은 없습니다. 오해된 감정만 있을 뿐입니다."라고 말했다.

만약 자신이 평생을 사랑해온 누군가가 갑자기 세상을 떠났다고 해보자. 우리는 어떤 감정을 느끼게 될까? 아마도 대부분 '슬픔'이라는 감정을 느끼게 될 것이다. 만약 누군가에게 매우 불공정하고 부당한 대우를 받았다면, 대부분 '화'라는 감정을 느끼게 된다.

이것이 잘못된 감정일까? 이런 자극에 이런 반응이 나오는 것은 결코 잘못된 반응이 아니다. 즉, 이것은 모든 것을 초월한 '도인'이 아니라는 가정하에, 건강한 뇌를 가지고 있는 일반적인 사람들에게는 당연한 반응이다.

갑자기 사랑하는 사람이 죽었는데 "흐흐흐~ 야호~!"하고 웃거나 신이 난다면, 또는 부당한 대우라고 느껴지는 상황에서 너무나 행복감을 느낀다면, 그것이 오히려 문제가 있는 반응일 수 있다.

최면치료나 상담에서 우리가 다루는 것은 그러한 정당하고 합리적인 감정이 아니다.

비록 많은 시간이 흘러갔다 하더라도 우리의 내부에는 수많은 '오해된' 감정들이 에너지 형태로 존재하고 있으며, 이러한 감정들은 현재 자신의 감정과 신념, 판단과 행동 등에 무의식적으로 영향을 끼치고 있다.

이러한 내적 '오해'를 바로잡는 것은 고급 최면상담 분야에서 핵심요소들 중 하나라고 할 수 있다. 이것은 자신의 무의식으로부터 나오는 부정적인 영향력을 중화시키는 것이며, 또 다른 표현으로 내면의 에너지를 '정화'하는 것이라 부를 수도 있다.

무의식을 재정렬하는 '아하! 프로세스'

우리가 어떤 사실을 깨닫게 되거나 알게 될 때, 우리는 '아~하!!'라는 감탄사를 말한다. 최면분석은 바로 '아하!! 프로세스' 라고 할 수 있다. 즉, 최면분석이나 연령역행을 통한 접근의 치유원리는 '통찰'이라는 내적 과정에 기반하고 있다.

간혹 일부 최면사들이 내담자에게 "문제의 원인으로 돌아갑니다."라고 암시를 준 다음 문제가 될 만한 어떤 기억이나 장면이 떠오르면 "이제 그 장면을 다른 장면으로 바꾸십시오." "이제 당신의 문제는 사라졌습니다."라고 선언하고 작업을 마무리하는 경우들이 있는데, 이것은 과거를 떠올린다는 점에서 부분적으로 연령역행의 형식을 취하고 있긴 하지만, 최면분석이나 연령역행 상담으로 볼 수 없는 작업이다.

왜냐하면, 그러한 접근은 원인으로 확정할 수 있는 근거도 부족할 뿐 아니라 '통찰' 프로세스가 아닌, 단순히 일방적인 직접암시 작업일 뿐이기 때문이다. 이것은 문제를 일시적으로 덮는 미봉책이 될 수 있으며, 잘 훈련된 최면상담사들이 최면분석이나 연령역행 프로세스를 다루는 방식 또한 아니다.

최면에서의 '통찰' 프로세스는 무의식을 재정렬시키고 변화를 영구적으로 이끄는 강력한 작업이다.

일반적으로 이 테크닉은 경험과 전문성을 요하는 기법이므로 미국에서 진행하는 대부분의 협회주관 교육들에서는 간단히만 언급하거나 약식으로 다루는 경우가 많다. 따라서 최면전문가 과정을 이수했고 최면전문가 자격을 갖추었다고 해서 이 분야의 전문가를 지칭하는 것은 아니다. 보다 전문적인 최면상담사가 최면치료사 되기를 희망하는 최면사들은 대부분 이를 배우고 익히기 위해 별도의 특화된 고급과정들을 추가로 배우게 된다. 왜냐하면, 연령역행 테라피라는 분야 자체가 단편적인 접근으로는 완성도를 높이기 어려운 분야이고, 기술적으로도 정교한 프로세스를 요하며, 또한 깊이 있는 통찰을 요하는 분야이기 때문이다.

또한, 우리가 TV 등에서 흔히 접하거나 보았던 '전생역행' 등의 작업은 대부분 이러한 '연령역행'을 대체할 수 없다는 점을 미리 말해두고자 한다. 이에 대해서는 뒤에 다시 언급하겠다.

기억의 회상 vs 조작된 기억

법 최면이라고 들어 본 적이 있는가? 최면을 사용해서 범죄의 목격자나 피해자 등에게 법적인 용도로 특정한 사건을 회상시키려 한다면, 그것을 다루는 최면사는 반드시 이것에 관한 별도의 적절하고 전문적인 훈련을 받아야 한다.

미국의 경우, 이 분야는 법 최면수사를 진행하기 위한 특정한 법률을 따라야 하고 윤리의식 또한 뒤 따라야 하므로, 많은 주에서 법정 최면과정을 진행하기 위한 특정 지시들을 따르지 않고 최면을 진행한 경우, 최면으로 재생된 기억이나 증언은 법적인 효력을 인정받지 못한다.

이것에 대한 개념이 없거나 별도로 훈련되지 않은 최면사들이 이러한 작업을 진행하다가 피험자에게 거짓 기억을 작화하게 만들거나 심지어 상상으로 만들어진 거짓 기억을 피험자의 진짜 기억이라고 확신시키게 되는 경우도 있기 때문이다.

이 장에서는 여전히 많은 최면사들이 자신의 행동을 인식하지 못한 채 무의식적으로 행하고 있는 최면 상태에서의 '리딩(이끌기)'이라는 개념에 대해 언급하고자 한다.

특히 개인적으로 그동안 출간된 국내 서적 등에서는 이 부분에 대해 상세히 설명하는 책들을 본 경우가 없었고 일부의 최면사들이 여전히 무의식적으로 또는 의도적으로 부적절하게 유도 암시를 남용하는 사례를 본 적이 있기에 이 장을 통해 이를 분명히 하고자 한다.

특히, 이것은 앞서 언급한 기억재생이나 연령역행을 사용하는 최면분석 작업 등에서 종종 일어나는 일이다. 연령역행을 통한 최면분석은 오늘날 가장 가치 있는 최면상담 기법들 중 하나로 평가받고 있다.

그러나 오늘날 최면의 선진국이라고 불리는 미국에서도 아직 이것에 대한 논쟁거리들이 존재하는데, 이는 사실상 최면을 사용하는 심리치료사나 최면치료사 또는 최면상담사가 이것에 대한 추가적인 전문 트레이닝을 받지 않고 임의적으로 연령역행을 시도했기 때문이다. 실제로 그 결과 수년에 걸쳐 거짓 기억이 발생한 많은 사례들이 보고되기도 했었다.

2015년에 '리그레션(Regression)'이라는 제목의 영화가 개봉되었다. 이 영화는 1990년에 있었던 실제 사건을 영화로 재구성한 것이다.

그 대략적인 줄거리는 이렇다. 한 조용한 마을에 한 소녀가 아버지를 성폭행으로 고소하는 사건이 발생하고 아버지는 혐의를 인정했지만, 아무것도 기억나지 않는다고 말한다. 소녀는 성폭행을 당하고 할머니가 자신을 악마 숭배의식에 끌고 갔다고 말한다.

그 과정에서 한 심리학자가 최면을 사용한 '연령역행' 기법을 통해 아버지의 기억을 되살려내는데, 그 기억 속에서 딸의 아버지는 악마 숭배의식을 목격하고 용의자를 지목하게 된다. (중략, 세부 스토리는 영화를 참고하기 바란다.) 그런데 결론적으로 아버지가 떠올린 이것은 그 심리학자가 유도한 작화된 기억이었고, 영화의 마지막에는 '오늘날 리그레션 테라피는 거짓 기억의 생성으로 인정받지 못하고 있다.'라며 리그레션 요법을 다소 부정적으로 묘사하는 자막과 함께 끝을 맺고 있다.

실제로 이 영화 속의 심리학자는 아버지에게 역행을 유도하며 작위적인 암시를 통해 기억을 떠올리도록 한다. 만약 그 영화 속의 세부묘사들이 실화라는 전제하에 본다면 영화 속의 심리학자는 '최면역행'에 대해 전문적인 훈련을 받지 않은 사람임이 분명하다.

이것은 명백히 제대로 훈련되지 못한 해당 심리학자의 문제이며, 이것으로 '연령역행' 기법 자체에 대한 가치가 손상되지 않는다.

우리 내면의 기억은 최면이 아닌 각성 상황에서도 왜곡될 수 있고 또 누군가의 말에 영향받을 수 있다. 실제로 미국에서 한 탁아원 원장이 성추행 혐의로 언론의 집중을 받은 사건이 있었다. 한 치료사가 아동에게 질문을 하는 과정에서 "원장님 손이 어디 어디를 만졌니?"라고 유도 질문을 했던 것이다. 그 탁아원 원장은 소아 성추행 혐의로 언론의 집중과 주위의 모진 비난을 받았다. 결국, 나중에 혐의가 없다는 것이 밝혀지고 아동의 대답이 심리치료사의 유도 질문에 의한 것이었음이 밝혀졌지만, 이미 그 탁아원은 문을 닫고 그는 모든 것을 잃어버린 후였다.

최면 상태에서 올라오는 기억 또한 얼마든지 왜곡의 가능성이 존재한다. 최면의 깊이에 따라 그 결과에 영향을 받기도 하며, 유도자의 유도 질문이 영향을 주기도 한다.

한번 생각해 보자. 최면은 내담자의 암시에 대한 반응도가 높아진 상태이다. 만약 이 상황에서 유도자가 내담자에게 특정한 방향으로 이끄는 '이끌기(이하 리딩)'를 사용한다면 어떤 일이 일어날까?
미국의 실제 사례들을 예를 들어 보겠다. 한국에서는 아직 이런 종류의 리딩을 본적이 없지만(물론 다른 종류의 리딩들은 흔히 목격된다.) 유사한 일들이 일어날 수 있으므로 예방 차원에서 아래 일화를 소개할까 한다.

혹시 외계인납치 사건에 대해 들어 본 적이 있는가? 한국에서도 UFO의 존재를 추적하고 UFO 납치사건 등에 심취해 있는 많은 사람들이 있는 것으로 알고 있다. 미국에서는 한국보다 훨씬 많은 수의 사람들이 UFO 납치 관련 이야기나 해당 분야에 심취해 있는데, 그중에는 최면을 행하는 전문가들도 있다.

외계인 납치사건들에 심취한 어느 최면사가 피험자에게 "당신이 가진 문제의 원인이 외계인납치와 연관 있을 수 있다."라고 각성암시들을 준 다음 피험자에게 최면을 유도했다. 피험자는 유도자의 유도에 따라 이내 어린 시절 전갈에게 물린 뒤 그날 밤 전갈의 독으로 인해 사경을 헤매던 경험으로 돌아갔다.

어린 피험자는 전갈의 독으로 인해 다리가 마비되었고 침대 위에서 농구공 크기의 빛나는 불빛을 보았다. 그 대목에서 유도자가 끼어들며 이렇게 말했다.

"좋아요. 빛 속으로 들어가서 그것이 비행접시인지 확인해보세요. 당신은 우주선을 탔나요?"

유도자는 내담자가 생각지도 못했던 우주선이나 비행접시 등을 암시하며 피험자에게 대답을 강요해 나갔다. 해당 최면사는 거기에서 그치지 않고 더 나아가, 피험자에게 '작은 키에 회색 피부의 까만 눈을 가진 외계인'을 보았는지 질문했다.

(※ 최면이 아닌 평상시의 각성 상태에서도 역시 만약 누군가가 나에게 "빨간 사과! 새빨간 사과 한 개! 절대로 떠올리지 마세요."라고 말하더라도 우리는 그 말을 이해하려는 과정에서 이미 머릿속에서 빨간 사과를 연상할 수밖에 없다. 이것 역시 언어적인 전제가 깔린 암시이다.)

결국, 그 경험은 피험자가 UFO에 납치되어 지구를 돌다가 풀려난 경험으로 마무리되었다. 해당 유도자는 최면 상태에서 피험자에게 너무나 많은 작위적인 유도 암시들을 준 것이다. 그 최면사는 자신이 그러한 리딩을 하고 있다는 사실을 인지하지 못한 채 그러한 방식으로 수많은 내담자들이 UFO 납치경험들을 떠올리게 만들었다.

필자는 UFO나 외계인의 존재 여부에 대해 모르지만, 개인적으로는 외계인이나 UFO의 존재 가능성을 열어두고 있다. 실제로 외계인이 존재하고 인간을 납치하는 사례에 대한 개연성은 충분히 있다고 생각한다. 열린 시각으로 본다면 충분히 있을 수 있는 일일 수 있다 하더라도 과연 최면 상태에서 위와 같은 방식으로 유도된 100건의 외계인 납치기억들이 있다면, 이들 중 몇 건이나 실제 사실에 근거한 것일까?

한 가지 분명한 것은 위의 최면사가 주장하는 것처럼 자신이 되살렸다고 말하는 수백 건의 외계인 납치기억들이 모두 실제 일어난 사건은 아닐 것이라는 사실이다. 최면적인 상태에서의 이러한 작위적인 리딩은 실제로는 경험하지 않은 엉뚱한 사건을 만들어내기도 하기 때문이다.

종종 이러한 부적절한 리딩은 '전생역행'을 주로 행하는 사람들 사이에서도 흔하게 발생한다. 특히 한국의 경우에는 UFO와 같은 형식이 아니라 전생역행의 형식으로 이런 일들이 많이 행해지고 있다. 말 그대로 내담자를 가이드(안내)하는 것이 아니라 리딩(이끌기)하는 것이다. 이것은 국내외 많은 나라들에서 최면으로 행하는 전생역행 워크샵에서도 흔히 목격되고 보고되고 있다.

이런 식의 리딩을 사용하는 전문가들의 경우 대부분은 연령역행(리그레션) 테라피 분야의 전문가가 아닌 경우가 많다. 물론 모든 전생 최면사들이 다 이에 해당되는 것은 아니다.

일부이긴 하지만 연령역행 분야의 전문교육을 받은 최면사로서 전생역행 또한 그 연장선에서 합리적인 방식으로 그것을 연구하는 최면사들도 있다.

최면 상태에서 이런 리딩에 의해 상상하도록 요청받은 암시는 결국 내담자가 의도된 결과를 만들어낼 가능성을 높여준다. 이런 종류의 전생역행은 거짓 기억을 포함하거나 완전한 공상을 만들어낼 가능성이 커지게 되는 것이다. 이것은 비단 '전생'의 형태가 아니라, 판타지의 형태도 가능하다.

예를 들어 평소에 판타지 게임에 심취해 있는 학생을 유도하는 동안 판타지소설 속의 스토리가 펼쳐지면서 판타지 속 갑옷을 입은 괴물들과 투구를 쓰고 무기를 든 주인공이 불을 뿜는 시조새를 타고 날아다니며 전쟁을 치르는 장면들이 펼쳐질 수 있는 것이다. 등장인물들의 이름, 캐릭터, 배경 등이 판타지 게임 등의 장면들과 일치하는 것이다.

몇몇 최면사들은 상담을 받으러 온 내담자들에게 "당신 문제의 원인이 전생에서 비롯된 것 같습니다. 이것을 전생요법으로 풀어봅시다."라고 강하게 각성암시를 준 다음, 최면 상태로 유도해서 "이 문제의 원인이 되는 당신의 전생으로 갑니다."라고 암시하며 전생으로 유도한다. 그리고 체험 중에도 수많은 리딩을 남발한다.

'연령역행'에 관한 정규적인 트레이닝들을 이수한 최면사라면, 이 대목에서 강한 의구심이 생길 것이다.

"저 최면사는 내담자의 문제의 원인이 전생에 있다는 것을 어떻게 확신하지?", "전생의 사건이 최초사건이라고 확정할 수 있는 근거는 뭐지?"

이런 식의 유도는 연령역행 작업의 기본적인 원칙에 어긋나는 것이다. 문제의 원인은 유도자가 아닌, 내담자의 잠재의식이 알고 있다.

특정 문제를 해결하러 온 내담자가 요청하지도 않았는데 유도자가 의도적으로 전생역행을 유도하는 것은 비윤리적인 행위이다. 만약 최면사가 내담자의 문제가 전생에서 비롯되었다고 믿는다고 해도, 내담자에게 최면을 하기 전에 미리 확정되지도 않은 것을 강요하는 것은 최면치료사나 최면상담사로서의 신뢰근간을 뒤흔드는 것이다.

또한, 연령역행은 아니지만, 일부 최면사들 사이에서 흔히 보게 되는 최면 리딩들 중 하나는 최면사가 심각한 표정을 지으면서 상담을 받으러 온 내담자에게 "당신 몸속에 빙의된 영혼이 붙어 있어서 그 문제를 일으키는 것 같습니다."라고 각성암시를 주는 것이다. 그리고 최면유도를 행하고 난 뒤 이런 식의 암시를 준다.

"당신 몸속에 자신이 아닌 다른 영적인 존재가 있다면, 이 손가락이 움직일 것입니다."

그리고 손가락이 움직이지 않는다면 이 암시를 수십 번이고 강조하며 반복한다.

이 암시가 내담자의 컨셉과 일치하거나, 혹은 일치하지 않더라도 반복과 강조를 통해 내담자에게 받아들여지기 시작하면 결국 내담자의 손가락은 반응하기 시작할 것이다.

이러한 기법을 최면에서 사용하는 전문용어로 '관념운동 반응' 또는 '이데오 모터 반응'이라고 부르는데, 원래 이러한 의도로 개발된 기법은 물론 아니다. 그리고 이어서 "당신은 남자입니까? 여자입니까?"

라는 질문을 한다. 이 질문은 이중구속(Double bind)에 해당되는, 전제(Presupposition)가 포함된 질문이다.

즉, '남자'이든 '여자'이든 어떤 정체성을 선택하든 그 대답은 암수로 구분되는 '사람' 또는 '동물'이 되는 것이다. 내담자 입장에서는 자신이 둘 중 하나의 답을 선택한다고 믿지만 어떤 답을 선택하더라도 답은 같은 범주에 들어가게 된다. 그런 다음 언어적인 대화를 유도해낸다면 훌륭한 '귀신과의 대화'가 시작되게 된다.

물론 받아들이기에 충분한 배경과 상황이라면 귀신뿐만 아니라 '외계인'이나 다른 '미지의 존재' 심지어 '특정 사물'과도 같은 방식의 대화 또한 가능할 수 있다.

이런 말을 들어 보았는가? "두드려라! 그러면 열릴 것이다!"

지금은 거의 사라졌지만, 과거 미국의 최면 컨퍼런스 등에서도 한때 '영혼의 최면치료' 등의 이름으로 유행처럼 이러한 강의들을 행하는 사람들이 있었다. 때때로 이것이 그 자체로 강력한 암시 효과들을 가져오기도 하지만, 이런 유의 기법은 제한된 상황에서 제한적으로 활용할 수 있다.

한국에서는 한때 '빙의치유' 기법으로 널리 알려져 일부 종교인들이나 최면사들에 의해 상업적으로 퇴색되어버리기도 한 이 기법은, 넓은 의미에서 '파츠 테라피(Parts Therapy : 분아 치유기법)'의 연장선으로 볼 수 있지만 '파츠 테라피'와는 달리 자신의 문제에 대한 책임을 외부로 돌리게 됨으로써 또 다른 저항을 만들거나 또 다른 문제를 야기하는 경우들도 있다. 무엇보다도 이러한 접근들은 '내담자 중심의 접근법'이 아니다.

우리의 무의식에는 상상할 수 없을 정도로 수많은 정보들이 저장되어 있고 그 무형의 정보들에 어떤 옷을 입히는가에 따라 다양한 역할이나 다양한 형태로 표현될 수 있다. 그것도 너무나 리얼하게 말이다.

최면 상태에서는 꼭 귀신이 아니라도 어떤 컨셉의 대상이건 리얼한 대화가 가능하다. 하다못해 집 안에 있는 강아지나 고양이 같은 동물이나 의자, 신발 등의 물건 같은 상상 속의 어떤 대상과도 대화할 수 있고 그 역할을 리얼하게 재현할 수도 있다. 그것이 내담자의 감정이나 생각, 느낌 등의 내적 자원과 결부될수록 몰입도와 리얼한 정도는 차이가 날 수 있다.

필자가 이것을 언급하는 이유는 빙의현상 자체를 부정하는 것이 아니라, 최면에 대해 전반적으로 이해도를 가지거나 훈련되지 않은 상황에서 이런 기법만을 배운 일부 초보자들이 빙의암시를 받아들이는 대부분의 내담자를 무차별적으로 빙의환자로 몰고 가는 경우들이 있기 때문이다. 물론 이러한 사례들은 소수의 사람들을 말하는 것이며, 대부분의 최면전문가들은 그렇지 않으며 이러한 접근을 꼭 필요한 상황에서 현명하게 사용하는 최면가들이 대다수일 것이라 믿는다.

연령역행을 통해 근본원인을 제거하거나 파트 워크를 통해 충분히 해결할 수 있는 경우임에도 필요 이상의 리딩을 통해 무리하게 최면빙의를 유발시켜 불필요한 관념을 심어주는 행위는 바람직하지 않은 행위이며, 최면전문가는 연령역행을 탐구하기 전에, '리딩과 가이딩(이끌기와 안내하기)' 간의 중요한 차이를 반드시 이해해야 한다.

해외에서는 일부 최면사들이 이런 기본적이고도 중요한 이해 없이 무모하게 연령역행을 추진하다가, "잘못된 기억 증후군" 등의 성가신 문제가 발생하여 결국 내담자들에게 고소를 당하는 잘못된 결과로까지 번진 사례들이 있기 때문이다.

훌륭한 최면상담사는 리딩을 사용해야 하는 경우와 사용하지 말아야 할 경우를 구별할 수 있어야 한다.

다음의 말을 기억하자.

"내담자를 기법에 맞추려 하지 말고 기법을 내담자에게 맞추어야 한다."

최면사가 내담자를 깊은 최면으로 유도할 때 내담자는 최면사와 '래포'가 확립된 상태이다. 충분히 깊은 상태라면, 피험자는 최면사를 기쁘게 해주려는 감정적인 욕구가 생길 수 있으며 어떤 대답이든 제공할 수 있다. 따라서 오직 내담자의 상상 속이나 심지어 최면사의 상상 속에서만 존재하는 것을 찾아내는 경우가 있을 수 있다.

또한, 암시반응성이 강화된 이러한 깊은 최면 상태에서는 최면사가 의식적으로, 심지어는 무의식적으로 행하는 요구사항에 민감하게 반응할 수 있다. 따라서 최면사가 어떤 일이 일어날 수 있다는 것에 대해 우회적으로 암시하거나 혹은 실수로 암시하게 되는 경우라 하더라도 최면 상태의 내담자는 최면가의 말을 그대로 받아들일 가능성이 있다.

최면가가 예상하는 믿음이나 짐작은 역행과정에서 쉽게 변질될 수 있고 엉뚱한 길로 인도할 수 있으며, 진짜 원인을 놓치게 만들 수 있으므로 최면 연령역행을 진행하는 상담사는 이 부분에 대한 명확한 인식을 가져야 하며, 자신이 하는 질문의 단어가 역행중인 내담자에게 어떻게 인식될 수 있는지를 고려하고 또 주의해야 한다.

최면상담사가 연령역행에서 다루는 기억이란?

이전의 언급으로 이 책을 읽는 독자들이 '최면에서의 거짓 기억들은 모두 잘못 다뤄진 역행 작업에서 비롯되는 것'이라 생각한다면 그것 또한 오산이다.

예를 들어 'UFO 인질이 되고 싶은 내담자'는 앞의 사례처럼 굳이 유도자가 리딩을 행하지 않더라도 쉽게 그럴듯한 스토리를 만들어낼 수도 있다. 무의식은 마치 사실인 것처럼 환상이나 수정된 기억에 반응하기 마련이다.

그뿐만 아니라 두 사람이 같은 일을 경험했다 하더라도 완벽한 정확성으로 그 사건을 기억하지는 못한다. 즉, 두 아이가 몇 분 전에 학교에서 싸움을 목격하고도 몇 분 후에 같은 일에 대해 다른 말을 할 수 있는 것이다. 그 이유는 감정이 사건의 인지를 바꿀 수 있기 때문이다.

정리하자면, 최면상담사가 역행기법을 통해 다루는 것은 '현실'이라

기보다 '인지(Perception)'를 다루는 일을 한다. 우리는 인지에 따라 사건을 기억하며 그것은 현실에서 비롯된 것일 수도 있고 픽션이나 공상에서 비롯된 것일 수도, 혹은 둘 다일 수도 있다.

　다만 연령역행 과정에서 최면유도자가 의도적으로 환상을 심어주는 경우, 내담자의 진짜 원인을 놓치게 됨으로써 결국 그 작업의 결과가 앞서 언급한 '반창고 테라피'에서 벗어날 수 없게 될 수 있다는 점에 반드시 유의해야 한다.

　필자는 개인적으로 전생자체를 부정하는 사람은 아니기에 독자들의 오해는 없기를 바란다. 개인적으로 전생이 존재하는지 하지 않는지는 알 수 없지만, 충분히 그러한 부분에 대한 가능성을 열어두고 있다. 그러나 여기에서 언급하고자 하는 바는 실제로 전생이 존재하는가 하지 않는가 하는 문제가 아니다. 전생 유무에 대해서 필자는 특정 결론을 내릴 수 없다.

　다만, 최면이라는 과정에서는 앞서 언급한 여러 가지 이유로, 누군가는 그럴듯한 전생역행을 그려내면서 과거의 유명인을 자신과 동일시하는 상황들이 쉽게 일어날 수 있음에 대해 언급하는 것이다. 그러나 최면 상담사로서 우리의 무의식이 때로는 마치 진실인 것처럼 다양한 판타지에 쉽게 반응할 수 있다는 사실을 명확히 인식하는 것은 중요한 것이다.

　최면이라는 작업은 기본적으로 리딩이 수반되는 작업이다. 따라서 리딩자체가 부정적인 것은 아니기에 독자들이 오해하는 경우는 없기를 바란다. 다만 최면분석이라는 접근에서는 그 작업의 원래 목적을 달성하고 최상의 결과를 위해 이러한 특성을 반드시 인식해야 한다.

앞서 언급한 사항들은 역행(리그레션) 테라피의 기본적인 사항이다. 오늘날에는 하루가 다르게 발전된 내용과 기법들이 소개되고 있고 전문인들의 수 또한 늘어가고 있다. 그동안 아무런 기준과 세부사항 없이 주먹구구식으로 이런 기법들이 남발되어 왔다면 이제는 스스로 변화의 움직임이 필요한 시점이다.

자아상과 만성적인 문제들

우리는 누구나 자기 자신에 대한 어떤 이미지를 갖고 있다. 이것을 '자아상'이라고도 부르는데 이것은 단지 생김새나 모습에 대한 이미지가 아니라 자기 자신에 대한 인식을 말하는 것이다.

우리의 내면은 누구나 자기 자신을 사랑하고 보호하는 것을 우선순위로 하지만, 그런 내면을 바라보는 표면의식은 그런 자신의 내면에 대해 다양한 이미지를 갖고 있다.

이 글을 읽고 있는 독자들은 자기 자신에 대해 어떻게 생각하는가? 가슴에 손을 얹고 질문해보기 바란다. 나는 나를 사랑하는가? 나는 이런 내 모습을 진심으로 받아들이고 안아줄 수 있는가?

이런 자신의 내면에 대한 인식은 우리의 육체적, 정신적, 심지어 그것을 통해 일어나는 현실 세계에까지 직접적인 영향을 미친다. 육체적으로 또는 정신적으로 깊고, 만성적인 문제들을 갖고 있는 사람들의 많은 수가 그 깊은 기저에 부정적인 자아상이나 부정적인 신념이 자리 잡고 있는 경우가 많다.

과거 『물은 답을 알고 있다』라는 제목의 책에서 책의 저자 에모토 마사루는 재미있는 실험에 대해 언급했다. 물이 담긴 컵에 각각 '감사합니다'와 '사랑합니다'라는 글씨를 붙이고 그것을 얼린 다음 그 물의 결정을 현미경으로 관찰했는데, 그 모양은 한눈에도 아름다운 육각의 결정 모양이었다. 그런데 '멍청한 놈'을 비롯한 온갖 부정적인 글씨를 붙인 물에서는 한눈에 보기에도 결정이 깨지고 조화롭지 않은 모양새가 나타났다.

즉, 이 책에서는 물은 우리의 말을 비롯한 의도나 파장에 쉽게 영향을 받으며, 70%가 물로 이루어진 우리의 몸 또한 영향을 받지 않을 수 없음을 말하고 있다. (자세한 내용은 책을 참고하기 바란다.)

조금만 더 찾아본다면 이와 유사한 다른 실험들도 쉽게 발견할 수 있다. 예를 들어 각각의 유리병에 쌀밥을 담아놓고 한쪽에는 '사랑해', '고마워', '멋져' 등의 긍정적인 말을 해주고, 다른 한쪽에는 '미워', '재수 없어', '짜증나' 등의 부정적인 말을 반복하면서 시간의 흐름에 따른 그 부패과정을 지켜보는 것이다. 이런 실험들 역시 두 샘플 사이에 부패속도가 확연히 차이가 났으며, 심지어 형성된 곰팡이의 종류 또한 극과 극이었다는 결과가 있다.

(물론 단지 물리적인 측면에서만 본다면 이러한 실험들에 관해 적지 않은 반론과 비판이 있을 수 있다는 것 또한 알고 있지만, 여기서 언급하고자 하는 초점은 그러한 측면이 아니다. 그러한 부분은 과학자들에게 맡기도록 하자. 우리는 양자세계에 살고 있다. 그러나 양자물리학 등의 분야 역시 비판론자들에 의한 다양한 비판이나 학문적인 저항이 존재한다. 최면이나 마음을 다루는 우리들에게 이러한 낡은 패러다임으로 세상을 바라보는 것은 많은 경험의 가능성을 제한하는 결과로 이어질 것이다.)

결국, 우리는 우리가 사용하는 언어에 알게 모르게 큰 영향을 받는다는 결론이다. 그러면 혹자는 단지 우리가 평소 사용하는 말만을 조심하면 될 것이라 생각할 수 있다.

그러나 더욱 무서운 것은 표면의식이 일시적으로 만들어내는 생각이나 파장이 아니라 무의식이 만성적으로 갖고 있는 자신을 향한 부정적인 생각(파장)이다. 이것은 오랜 시간을 거치면서 만들어져 온 것일 수 있으며, 평소에 내가 특별히 의식하지 않아도 무의식의 일부로부터 발산되는 파장이다. 그것은 앞서 언급한 자신에 대한 부정적인 자아상이나 깊은 곳에 있는 부정적인 신념일 수 있다.

의도하건 의도하지 않건 이러한 에너지를 자기 자신에게 발산하며 그것에 장기간 노출되었을 때 과연 우리의 몸에 어떤 영향력을 가져올까?

앞의 부정적인 에너지를 실었던 물이나 밥에 대한 실험과 같은 결과가 우리의 몸 안에서 벌어진다고 생각해 본다면 그 결과 또한 충분히 예상해 볼 수 있을 것이다.

만성화된 부정적인 생각과 자신을 향한 무의식수준의 부정적 파장은 몸과 마음을 병들게 한다. 예를 들어 오랜 세월 자신의 아픈 장기를 원망하고 자신의 몸을 원망하며 나아가 이런 자기 자신에 대한 원망과 분노를 갖고 있는 내담자가 있었다. 만성적인 문제로 장기간 고통받고 있었고 심지어 약물치료조차도 듣지 않는 경우가 많았다.

그러나 그러한 자신에 대한 원망과 분노 등이 해소되고 자신에 대한 이미지가 회복되고 나자 놀라운 변화가 찾아왔다. 감정적, 정신적으로도 생활 자체가 달라졌음은 물론이고 장기간 해결되지 않던 만성적인 신체적 문제 또한 의료적인 관점에서 설명하기 어려울 만큼 극적으로 개선된 것이다.

이러한 부정적인 자아상의 문제는 만성적인 증상이나 문제를 가진 특정 사람들에게만 국한되는 것만이 아니라 나 자신이나 우리 주위에서도 흔히 볼 수 있다.

필자와 상담했던 한 고등학생은 자신에 대해 어떻게 생각하느냐는 질문에 "저는 인간쓰레기예요."라고 대답했다. 자신을 '쓰레기'라고 규정짓고 있었던 이 학생은 그 '쓰레기'라는 모습에 적합한 신념과 가치관을 갖고 있었다. 늘 자신은 아무것도 할 수 없다고 생각하고 자신은 가치 없는 인간이라 생각했다. 살아있을 필요도 없다고 생각했고 다른 친구들과 동등한 능력 자체를 갖고 있지 않다고 느꼈다.

그러다 보니 실제 일상생활 속에서도 그러한 행동들밖에 발휘되지 않고, 늘 자신감 없고 무기력감 속에서 지냈다.

독자들은 이 아이의 현실이 어떨 것이라 생각하는가?

실제로 이 아이의 눈에 비친 모든 것들은 부정적으로 비쳤고, 타인들이 보는 객관적인 배경과는 별개로 그 아이만의 부정적인 환경과 현실을 경험하고 있었다.

자아상은 자아 존중감(자신을 존중하고 사랑하는 마음)과 밀접하게 연관된다.

자아 존중감 즉, 자존감은 대개 어린 시절에 형성되어 우리의 무의식 일부가 되며 성인이 되어서도 지속적인 영향을 미친다.

이는 흔히 말하는 자존심(타인과의 비교에서 지고 싶지 않은 마음)과는 다른 것이다. 자존심이 강한 사람이 '죽고 싶다'고 생각하거나 자살을 시도할 수는 있지만, 자존감이 높은 사람은 '죽고 싶다'거나 '난 살 가치가 없어'라고 생각하지 않는다.

즉, 자아상과 자존감이 높은 사람은 현실 속에서 고난과 역경에 맞닥뜨렸을 때 그것을 극복해나갈 수 있는 힘을 갖고 있으며, 이는 '심리적인 면역력'에 비유될 수 있다.

이러한 부정적인 자아상이나 낮은 자존감을 회복하는 것을 한두 번의 상담으로 끝내는 것은 거의 불가능하다. 그러나 깊은 최면작업을 활용한다면 비교적 짧은 시간에 어느 정도 회복의 길로 들어서도록 촉진하는 것이 가능할 수 있다.

즉, 최면상담은 단순히 원하는 해결책을 암시로 주는 것을 넘어서 내담자가 깊은 자신의 내면과 끊어졌던 내적 자아와 래포를 되찾고 연결되도록 하는 작업들을 포함한다.

꼭 최면작업이 아니라 하더라도 우리가 이러한 사실을 인식했다면 우리가 스스로를 바라보는 내적 이미지를 점검해보고, 먼저 일상에서 무의식중에 자신을 향해 내뱉어왔던 작은 내면 대화부터 바꾸어나가며 자신을 바라보는 이미지를 개선하는 노력을 해볼 수 있다.

20세기 직관의 최면 대가 밀턴 에릭슨 박사는 이렇게 말했다.

"환자는 자신의 무의식과의 래포가 결여되어 있기 때문에 환자이다. 환자들은 자신의 내적 자아와의 접촉을 잃어버린, 너무 많은 외부의 프로그래밍이 된 사람들이다."

내면의 갈등을 다루는 '파츠 테라피'

2015년에 개봉한 애니메이션 '인사이드 아웃'에는 주인공인 '라일리'라는 소녀의 머릿속에서 의인화된 다섯 가지 감정들 즉, '기쁨이', '슬픔이', '버럭이', '까칠이', '소심이'가 각각 독립적으로 활동하며 주인공인 라일리에게 영향을 끼치는 장면이 등장한다.

개인적으로 이 영화는 필자에게 매우 익숙하고도 흥미롭게 다가왔다. 왜냐하면, 그러한 설정이 마치 고급 최면상담인 '파츠 테라피'라는 접근에서 활용하는 '파트'라는 개념과 유사해 보였기 때문이었다.

실제로 '파트(분아)'라는 개념을 활용하는 최면작업에서는 우리 내면에서 '화'를 담당하고 있는 '버럭이'를 불러내어 대화를 시도하기도 하고 또 다른 파트를 불러내어 중재를 시도하기도 한다.

'파트'는 우리 내면의 성향이나 특정 부분을 객체화시킨 대상이라 할 수 있다. 심리학이나 일부 유사분야에서는 이를 '분아'나 '잠재인격', '소인격체', '자아 상태', '내면아이' 등 다양한 용어로 표현되기도 한다.

파트는 말 그대로 우리의 인격을 구성하고 있는 다양한 성향들의 일부라 할 수 있다.

예를 들어 우리의 내면에는 담배를 끊고 싶어 하는 마음도 있지만 반대로 흡연을 지속하고 싶어 하는 마음도 있을 수 있다. 때로는 담배를 피는 파트가 활성화되기도 하고 때로는 금연을 하고 싶어하는 파트가 활성화되기도 한다. 그리고 두 마음은 내면에서 갈등하게 된다. 이러한 내적인 갈등은 크든 작든 정상적인 사람들 누구나 갖고 있는 것이다.

파츠 테라피에서는 이러한 두 성향 사이에서 효과적인 중재를 통해 이상적인 결과에 도달하도록 한다. 즉, 이 기법을 간단히 말하자면 내면에서 갈등하는 마음의 성향들과 대화하여 최선의 답을 도출하여 하나의 마음으로 통합하는 기법이라 할 수 있다.

여기서 말하고 있는 우리 내면의 파트는 흔히 말하는 다중인격을 말하는 것이 아니다. 다중인격은 매우 소수의 사례에서 관찰된다. 대게 다중인격의 경우 인격이 교체되면서 이전의 인격이 무엇을 했는지 왜 그걸 하고 있었는지를 기억하지 못한다.

예를 들어 한 어린아이가 만성적인 학대를 지속적으로 겪으면서 내부의 파트들 간에 의사소통이 단절되게 된다. 따라서 다음날 학대받은 그 경험을 기억하지 못하게 되며, 나아가 학대받을 당시에 활성화된 파트가 경험한 일에 대해 현재의 파트가 기억하지 못하게 된다. 파트들 간의 의사소통이 분리되는 것이다. 그리고 점차 기억하지 않는 것에 익숙해진다.

정상적인 파트를 가진 사람들은 거실에 있다가 부엌으로 가서 냉장고를 열고는 '자… 내가 왜 여기 왔더라…?'하고 생각할 수 있다. 반면, 다중인격을 가진 사람은 냉장고 문을 열고 이렇게 생각할 수 있다.

'왜 내가 여기 있는 거지? 내가 언제부터 여기에 서 있었지? 조금 전엔 내가 어디서 무엇을 하고 있었지?'

이것은 명백히 파트들의 기능과는 다른 것이며 혼동되어서도 안 된다.

내담자와 상담상황에서 최면을 사용한 깊은 개입작업이 필요한 최면상담사들에게 파츠 테라피라는 기술은 앞서 언급했던 연령역행 기법과 함께 매우 유용한 기술이다.

파츠 테라피는 연령역행을 사용하는 최면분석에 비해 그 적용 가능 범위가 넓은 기술이지만 최면분석 기법과 보완적으로 사용될 수 있다. 따라서 이 기법을 학습하기 이전에 연령역행 과정을 선행 학습하고 체화해야 함은 선택이 아닌, 필수적인 요건이다.

수많은 파츠 테라피의 변형기법들이 존재하지만, 국내에는 NLP에 포함되어 있는 파트 통합이론(밴들러&그린더)이나 내면아이 작업(존 브래드쇼) 등이 대중들에게 많이 알려져 있다. NLP의 파트 통합이론은 게슈탈트 치료의 빈 의자 기법을 일부 포함하고 있는 '파츠 파티(버지니아 새티어)'를 포함하고 있다.

최면 분야에서 파츠 테라피는 찰스 티벳 선생에 의해 크게 발전되었다. 그는 폴 페던(Paul Federn)의 작업에 기반해 자신의 파츠 테라피를 완성했지만 이것을 내담자 중심의 접근법으로 발전시켰고 나아가 그 결과를 증폭시키기 위해 깊은 최면을 결합시켰다.

실제로 최면과 결합된 파츠 워크는 그 결과와 효과의 지속측면에서 비교할 수 없는 강력함을 자랑한다. 최면을 사용하지 않는 비 최면적 파트작업들 역시 효과적일 수 있지만, 표면적으로 활성화되지 않는 한 사람의 기저부에 있는 파트들은 최면이라는 도구를 통하지 않고서는 접근하기 어렵고 최면을 통해 그 변화작업을 보다 효과적으로 촉진할 수 있다.

찰스 티벳 선생의 임종 이후 그의 작업은 그의 제자인 로이 헌터라는 최면 대가에게 이어지며 그 원래 형식에서보다 보완되고 발전되어왔고 그 결과, 오늘날 최면계에서 널리 알려진 '내담자 중심 파츠 테라피'가 완성되었다.

로이 헌터 선생은 '내담자 중심 파츠 테라피'에 대한 독점적인 권한을 가진 유일한 사람이며, 현재 한국에서는 권동현 트레이너와 필자만이 이것을 가르칠 수 있도록 그에게 훈련받고 인증되었다.

파츠 테라피를 행하다 보면 우리 내면의 무의식의 파트들이 어떤 식으로 활동하며 우리의 현재의식에 어떻게 작용하는지 엿볼 수 있는 새로운 관점을 제공한다. 그리고 우리의 현재의식이 매 순간 자유의지로 주도적으로 선택한다고 생각하는 것이 과연 사실인지에 대해 다시 한 번 생각해보게 만든다.

복잡한 사례를 다루는 최면상담사의 자세

오늘날 현대인들이 가지는 스트레스들은 단일감정이나 단순한 원인만이 주가 되는 것은 아니다. 현대인들의 복잡 다양한 문제들은 적지 않은 경우에 다중 감정이나 다중적인 원인들이 연관되는 경우가 많다.

물론 최면분석을 통해서도 이러한 부분들(복합적이고 다중적인 감정 or 다중적인 원인) 역시 다룰 수 있지만, 이 부분에 대해 훈련받지 않은 최면사들에게는 엄두를 내기 힘든 어려운 과정일 수 있다.

따라서 역행을 다루는 상담사들은 먼저 감정이 어떻게 일어나고 과잉 행동이나 습관으로 연결되는지, 어떻게 2차, 3차 감정으로 발전되게 되는지 그 연관성에 대해 이해하면서 역행을 다루는 기본적인 프로세스를 정확히 익히고 체화한 뒤, 이를 기반으로 복합적인 감정과 복합 원인들을 다루는 방법들을 배우며 경험을 확장해나가는 것이 중요하다.

만약 내담자가 가진 특정 문제를 다루는 방법에 대해 충분히 훈련받지 않은 경우라면, 차라리 이 부분에 대해 충분히 훈련된 타 분야의 전문가에게 해당 내담자를 위임하는 것이 현명한 방법일 수 있다.

최면사는 만능 전문가가 아니며 개인의 전문성 또한 한계가 있으므로 이러한 공조체계는 장기적으로 해당 최면사에게 더욱 도움이 될 것이다. 그것은 그 최면사에게 결코 부끄러운 행위가 아니며, 자신이 훈련되지 않은 분야까지 덮어놓고 가능하다고 말하는 것이 오히려 부끄럽게 생각해야 할 행동이다. 미국의 최면전문가 그룹에서는 최면사 스스로 이러한 인식을 갖는 것이 일반화되어가는 추세이다.

이 책은 최면 입문자들을 위한 전반적인 소개와 이론을 다루고 있는 책이기에 이 지면에서 고급 연령역행에 대한 더욱 세부적이고 상세한 이야기들을 충분히 다룰 수 없음을 독자들께 양해를 구한다. 이러한 최면분석 기법들에 대해 전문적으로 공부하고 싶다면 최면분석이나 연령역행 기법에 대한 전문적인 코스를 통해 학습하길 권장한다.

'최면' 그 자체는 단순한 기술이라 할 수 있지만, '최면상담' 분야는 암시문 스크립트 몇 장으로 체화될 수 있는 것이 아니다. 이는 최면에 대한 이해뿐만 아니라 인간의 감정과 마음에 대한 더욱 깊은 이해와 전문성, 그리고 경험을 요구하는 분야이다.

오늘날 최면상담을 더욱 효과적으로 진행할 수 있는 새로운 기법들이 발명되고 낡은 기법들은 보완 및 업데이트되면서 최면상담과 최면치료 기법은 다양하게 증가하고 있다. 그러나 현존하는 어떠한 기법일지라도 전 세대, 모든 사람에게 적용할 수 있는 절대적인 기법은 아니라는 것을 명심하자. 새로이 개발되거나 발견된 모든 기법들을 다 알 수도 없고 다 알 필요도 없겠지만 능숙한 최면상담사가 되기 위해서는 넓고 심오한 훈련과정들이 필요함은 자명한 사실이다.

내게 맞는 최면상담사를 고를 때

만약 독자들 중 누군가가 자신의 개인적인 문제나 스트레스와 관련해 최면상담을 받기를 고려하는 내담자의 입장이라면, 지역과 비용 등을 고려하여 자신의 문제를 다루어줄 수 있는 믿을만한 최면상담사를 선택하면 된다. 단, 자신의 문제가 단순한 마음의 문제나 스트레스가 아닌, 의료적인 진단과 처방이 필요한 병적인 문제라 한다면 반드시 의료 전문가를 찾아야 한다. 최면상담이 만병통치약처럼 모든 문제에 답을 줄 수 없기 때문이다.

최면사들 역시 각자의 전문분야나 특기 분야들을 갖고 있다. 그러나 대부분의 잘 훈련된 전문가들은 그렇지 않겠지만, 만약 일부 사람들이 과장광고를 하거나 자신이 다룰 수 없는 부분이나 훈련받지 않은 부분에 대해서까지 언급하며 호언장담하고 최면을 신비적으로 포장하는 경우들을 발견한다면 주의해야 할 것이다.

예컨대 어떤 문제든지 무조건 해결 가능하다고 주장하거나 모든 문제들을 1회에 끝낸다고 주장하는 경우, 대부분 최면사의 자질이 부족한 경우라 할 수 있다.

내담자가 가진 문제가 어떤 종류의 문제인지 알지 못하는 상황에서 상담만 받으면 모든 문제를 해결할 수 있다는 식으로 말한다면 이 자체로 뭔가 문제가 있다는 것을 반증한다. 단순히 과장이라면 그나마 다행이지만 해당 최면사가 실제로 그렇게 믿고 있다면 제대로 훈련되지 않은 사람이거나 경험이나 자질이 부족할 가능성이 크다는 것을 뜻한다.

서두에 언급한 것처럼 때로는 내담자가 가진 문제가, 이러한 대화를 통한 상담으로 도움받을 수 있는 문제가 아닌 의료적인 진단과 처방이 필요한 문제이거나 구조적인 문제일 수도 있다. 이런 경우, 상담이 아닌 병원을 찾아가 의료 전문가에게 그 문제에 대한 정확한 진단과 처방을 받아야 한다. 상담이 진행된다 하더라도 마음의 평화와 스트레스 해소, 습관의 교정 등과 같은 부수적인 목적으로만 진행되어야 한다.

최면은 만병통치약이나 만능병원이 아니다. 분명히 최면이 다룰 수 없는 문제들이 존재하며 또 최면사가 다룰 수 없는 문제 또한 존재한다.

참고로, 한국에서는 아직 생소하지만 의료적인 문제를 다루면서 의료적인 진단, 처방과 함께 최면을 활용하는 일부 의사들이 있는데 이는 '의학 최면'이라는 영역으로 특화된 최면의 또 다른 영역이다. 이는 의료면허가 있는 의료인들에 의해 행해지며, 특정 질환에 대한 진단 및 약물의 사용 뿐만 아니라 최면적 접근을 병행할 수 있다.

모든 문제들을 1회 상담으로 끝낸다고 말하는 경우 또한 주의할 부분이다. 내담자가 가진 문제들은 매우 복잡, 다양하다. 때로는 단순양상의 문제를 갖고 오는 경우도 있을 수 있다. 이런 경우, 문제가 얼마나 오래 지속되었는지에 관계없이 1~2회의 짧은 회기에 해결되고 마무리될 수도 있다. 물론 이것은 적절한 기법이 적절하게 적용되어 결과물을 만들어냈을 때의 이야기이다.

그러나 모든 내담자들이 이렇게 단순한 양상의 문제들만을 갖고 있지는 않다. 현대인들은 그들이 겪는 다양한 스트레스의 종류만큼 복합적인 양상의 문제들을 갖고 오는 경우들 또한 많다. 그런 경우, 해당 작업은 끝이 나야 끝나는 것이다.

예를 하나 들어 보겠다. 한 내담자는 단순히 5살 때 개에게 물린 경험으로 인해 시간이 흘렀지만, 개를 보는 특정 상황에서 공포반응이 올라오는 단순양상을 가진 내담자이다.

또 다른 한 내담자는 겉으로는 단순히 폭식습관 때문에 왔지만, 그 이면에 어린 시절부터 학대를 당해오며 다양한 관련 감정들을 억압하고 있었고 부모에 대한 분노와 자기 자신에 대한 분노, 자신을 향한 수많은 부정적 감정들, 학창시절 왕따 경험과 외로움, 연인과의 결혼을 앞두고 파혼으로 인한 좌절과 상실감, 낙태로 인한 죄책감과 우울감, 형제자매 간의 불화 등 다양한 문제와 내적 스트레스 들이 그 폭식습관의 이면에 얽혀있는 문제를 갖고 있다.

자, 앞서 언급한 이 두 내담자의 문제들의 경우 결코 동일한 사례로 볼 수 없다.

전자의 경우 대부분 적절하고 간단한 접근을 사용해 1~2회의 짧은 회기에 좋은 결과를 만들어 낼 것이지만, 후자의 경우 복합적인 감정들과 다중적인 원인들을 찾아 해결하고, 나아가 무너진 자존감이나 자아상을 회복시키는 작업들을 하고자 한다면 아무리 최면이라는 빠른 도구를 접목한다 하더라도 한, 두 번의 상담으로는 해내기 어려운 일이다. 그리고 때로는 애초에 억압했던 기억을 떠올리는 것에 대한 무의식적 저항으로 인해 초기 상담에서 원인으로 접근할 수 없는 경우들도 있을 수 있다.

만약 이러한 모든 사례들을 짧은 한 번의 세션으로 취급한다고 한다면 십중팔구는 몇몇 결과 중심의 접근법을 사용하거나 직접암시 기법을 사용하려 할 것이다. (또 다른 일부는 이 문제를 빙의문제라고 암시하고 몸에서 그것을 분리시키는 암시를 주려 할지도 모른다.)

이러한 접근은 작동하더라도 단기적, 일시적인 효과 또는 부분적인 치유효과를 가져올 가능성이 크며, 내적인 저항에너지가 강할수록 아예 작동하지 않을 수도 있다.

이것은 찰스 티벳 선생이 말했던 '반창고 테라피'를 벗어날 수 없는 것이며, 문제들을 이런 수준으로 다룬다는 것 역시 대부분 해당 상담사가 기본적인 최면인증서 보유와 관계없이 '최면상담' 영역에 대해 충분히 훈련되지 못했거나 다중적인 감정과 원인들에 대한 인식이나 경험이 없다는 것을 반증하는 것이다. 비록 경험이 부족하다 하더라도 잘 훈련받은 최면상담사라면 최소한 그러한 방식으로 대처하지는 않을 것이다.

최면은 신뢰로 시작해서 신뢰로 끝나는 작업이다.

나의 문제를 함께 고민하고 다루어줄 최면상담사를 고르려 한다면 우선 해당 상담사에 대한 최소 몇몇 정보들을 참고하는 것이 좋다. 홈페이지 등에서 해당 상담사의 프로필이나 배경들을 살펴볼 수도 있다. 물론 프로필 상에 나와 있는 인증서들이 어느 곳에서 발급된 것이고 정확히 무엇을 뜻하는지 일반인의 입장에서 대부분 알기 어려울 것이며, 또한 그것이 그들의 상담능력을 보장하는 것도 아니다. (※ 인증서의 진위 여부는 그것을 발급한 협회의 홈페이지에 들어가면 조회하거나 확인할 수 있는 경우가 많다.)

하지만 그것을 통해 해당 상담사가 개략적으로 최면 분야에서 어떤 최소한의 배경을 갖고 최소한 어떤 부분들을 공부했는지 등에 대해 간략히 확인할 수 있다. 그리고 앞서 언급했듯이 이것은 단지 최소한의 배경을 확인하는 것뿐이다.

흔히들 단지 최면을 잘 '걸' 고, 깊이 '걸' 수 있으면 최면상담을 잘하는 것이 아니냐?라고 묻는 경향이 있다. 예컨대 이 책의 후반부에 다룰 울트라 뎁스® 프로세스라는 영역이 있다. 최면을 깊이, 잘 유도하는 측면으로만 본다면 울트라 뎁스® 전문가들이 단연코 으뜸일 것이다. 그럼에도 불구하고 그들이 개인적으로 최면분석이나 파츠 테라피 등의 개입 기법들을 별도로 배우고 적용하는 상담들을 해오지 않은 이상, 그러한 목적의 상담개입 분야의 전문가라 할 수 없다.

물론, 울트라 뎁스® 전문가들에게는 다른 최면전문가들이 다룰 수 없는, 해당 전문가 집단만의 강점을 가진 특화된 영역이 존재한다. 이와 같이 최면은 여러 특화된 영역들이 있고 최면상담 역시도 최면의 특화된 한 분야로 볼 수 있다.

내담자가 여성이거나 성적으로 민감한 문제를 다룰 때는 남자 상담사가 아닌 여성 특유의 상황이나 감성에 공감할 수 있는 여성 상담사가 더

유리할 수도 있다. 따라서 자신에게 적합한 상담사를 만나는 것도 중요한 요소이다. 데이브 엘먼 선생은 자신의 제자인 한 의사 아내의 문제를 해결하기 위해 최면분석을 시도했지만, 아무것도 알아낼 수 없었다. 그런데 재미있는 것은 그녀가 최면 직후 엘먼 선생의 아내인 폴린 여사에게 가서 살짝 그녀의 속마음을 이야기했다는 것이다. 이처럼 때로는 상담사의 기량과 명성보다는, 인간적으로 신뢰할 수 있고 나의 고민을 함께 나눌 수 있는 상담사가 자신에게 더욱 적합할 수 있다.

어쩌면 때로는 전문인이 아니라 하더라도 내 이야기를 들어주고 따뜻한 말 한마디를 진심 어리게 해줄 수 있는 누군가가 필요할지도 모른다. 아무리 객관적으로 훌륭한 상담사라도 마음에 조금의 거리낌이나 의심이 든다면, 자신의 마음에 닿는 사람을 선택하는 것이 좋다. 이것은 기계가 행하는 작업이 아니라 사람과 사람 사이의 관계에서 일어나는 소통에 기반을 두는 작업이기 때문이다.

 ## 최면과 접목할 수 있는 유용한 도구들

오늘날 최면 분야는 그 자체로 이론적인 면에서나 기법적인 면에서 눈부신 발전을 해왔지만, 오늘날의 최면사들은 최면 외의 다른 영역으로부터 최면에 접목하여 활용할 수 있는 많은 옵션들을 선택할 수 있는 환경에 살고 있다. 비록 최면의 고급 기법들을 훈련받지 않은 최면상담사라 하더라도, 유사분야의 다른 도구들을 능숙히 사용할 수 있다면 최면적 원리에 적절히 접목해서 그 약점을 보완할 수 있다. 다음은 다양한 도구들 중 대중에게 알려진 대표적인 몇몇 도구들을 간략히 소개하겠다.

❶ EFT (감정 자유 기법)

EFT는 미국의 게리 크레이그 선생이 고안한 Emotional Freedom Techniques(감정 자유 기법)의 약자로서 간단하면서도 매우 유용한 기법이다. EFT는 입으로 확언을 말하면서 두 손가락을 사용하여 인체의 경혈 부위를 가볍게 톡톡 두드리면서 진행하는 기법인데, 특히 이 기법은 그 자체로도 매우 뛰어난 효과를 가지지만 다른 기법이나 체계들과도 매우 호환성이 좋은 기법이기에 다양한 형태로 응용되거나 접목될 수 있다. 따라서 최면상담 전문가뿐 아니라 NLP 전문가나 심리치료사들에게도 많이 알려져 있는, 빠른 결과를 낼 수 있는 인기 있는 접근법이기도 하다.

필자 역시도 EFT의 강력함에 반해 오랫동안 EFT를 실제 상담현장에서 적용하면서 좋은 결과들을 만들어왔으며, EFT 워크샵을 진행하며 오랜 시간 동안 EFT 전도사로서 활동해 왔다.

개인적으로 필자에게 EFT는 최면과 함께 신뢰할 수 있는 탁월한 도구들 중 하나이며, 자기관리가 필요한 누구에게나 손쉽게 추천하고 싶은 뛰어난 기법이다. 몇몇 세부적인 항목들만 주의해서 적용한다면, 초보자라 하더라도 그 단순함에 비해 상당한 결과들을 경험할 수 있기 때문이다.

오늘날 EFT는 폭넓은 계층에서 활용되고 있는데, 실제로 일반인들이 기본적인 사용법을 배워서 자신의 가벼운 문제를 해결하거나 가족이나 주변인을 돕기 위해 활용하고 있으며, EFT 전문가들은 보다 전문적인 상담현장에 활용하기 위해, EFT에 대한 보다 세부적이고 전문적인 접근법을 익히고 훈련받기도 한다.

　이름에서 알 수 있듯이 이 기법은 우리의 무의식에 저장되어 있는 문제를 일으키는 감정들을 바로잡게 하는 것이 기본 개념이다.

　확언을 하고 '태핑(Tapping)'이라고 부르는, 인체의 몇몇 포인트들을 가볍게 두드리는 동작을 통해 문제가 되는 감정을 사라지게 한다. 단 몇 분간의 태핑으로 오랜 시간 특정 기억에 연합되어있던 특정 감정들이 거짓말처럼 사라지는 것은 EFT에서는 놀라운 일이 아니다.

　이렇게 부정적인 감정을 제거함으로써 그것과 관련되어 형성되었던, 문제가 되는 신념을 수정하기도 하고 심지어 종종 신체적인 문제가 함께 개선되거나 사라지기도 한다. 이것은 몸과 마음이 하나의 시스템 속에 있기 때문에 일어나는 부수적인 결과들 중 하나라 할 수 있다.

　최면 분야의 최면상담사들 중에서도 때때로 최면상담에 EFT를 결합하여 최면분석 중 EFT를 적극 활용하거나 EFT를 여러 가지 최면의 다른 기법들과 함께 접목하여 사용하여 보다 쉽고 빠른 결과를 만들어내는 전문가들도 있다.

　물론 EFT가 만들어질 때는 '최면' 분야와는 독립적으로 최면을 고려하지 않고 만들어졌지만, 그것의 고려 여부와는 관계없이 최면전문가의 입장에서 본다면 실제적으로 EFT에는 많은 최면적인 요소들이 녹아있음을 알 수 있다. 물론 반대로 EFT의 고유한 접근방식을 사용하면서 최면적인 요소를 녹여내는 것 또한 가능하다.

　EFT에 대해 관심 있는 독자라면 국내에도 이미 EFT와 관련된 몇몇 좋은 책들이 출간되어 있으므로 참고하기 바란다. 물론 더욱 전문적인 사용법과 팁들을 익히기 위해서는 경험 많고 숙련된 EFT 전문가들이 진행하는 EFT 관련 워크샵에 참가하는 것을 추천한다.

❷ NLP (신경 언어 프로그래밍)

NLP는 Neuro-Linguistic Programming(신경 언어 프로그래밍)의 약자이며, 1970년대 중반 리처드 밴들러와 존 그린더라는 공동 창시자에 의해 시작된 이래 전 세계적으로 다양한 형태로 분화, 발전되어 오면서 오늘날까지도 꾸준한 사랑을 받고 있다.

NLP는 간단히 말해 인간 행동의 긍정적인 변화를 이끌어내는 기법을 종합해 놓은 실용성을 중시하는 지식체계이며, 목표성취를 위한 커뮤니케이션을 비롯한 다양한 자기변화, 타인변화 기법들을 포함한다.

NLP는 인간의 탁월성에 관한 모델링(modeling : 본뜨기)을 기초로 한 학문이다. 즉, NLP는 20세기의 탁월한 심리치료사인 버지니아 새티어(가족치료)와 프릿츠 펄즈(게슈탈트 치료) 그리고 밀턴 에릭슨(간접최면)을 모델링했다.

여기에 나오는 밀턴 에릭슨 박사는 20세기의 최면 대가이며 간접최면의 발전에 크게 공헌했던 인물이다. 흔히들 NLP를 말하면서 최면을 함께 언급하게 되는데, 그 이유가 바로 이것 때문이다.

비록 대부분의 NLP 단체에서 직접적으로 트랜스의 깊이나 최면의 형식을 언급하고 있지는 않지만, NLP에는 그 태생적인 특성상 밀턴 에릭슨 박사가 사용했던 최면적인 원리들이 자연스레 녹아있을 수밖에 없다.

특히 NLP라는 이름이 붙여지기 이전의 연구단계에서 NLP의 창시자들은 최면적인 유도형식을 사용하지 않고 최면현상이 나타나게 하는 방법을 연구했었다. 따라서 NLP의 모습에는 최면의 일부인 간접적인 형식의 최면 원리들이 많은 부분 녹아있다.

만약 당신이 최면에 대해 알지 못한다면 NLP 안에서 최면적인 모습을 발견할 수 없을지도 모른다. 그러나 만약 당신이 최면에 대해 알고 있다면 NLP 곳곳에서 최면의 원리와 모습들을 발견할 수 있을 것이다.

오늘날 NLP는 다양한 모습들로 분화되고 특화되며 성장하고 있다. NLP 전문가들은 NLP에 녹아있는 최면에 대해 보다 깊이 이해하기 위해 최면을 별도로 공부하는 경우도 있고, 최면 분야에서 역시 많은 최면사들이 NLP의 원리를 활용하거나 적용하며, 최면 특유의 기법과 장점들에 NLP 기법을 보완적으로 사용하기도 한다. 심지어 NLP최면 등의 명칭으로 특화하여 이것을 활용하는 경우도 있다.

이 부분에 관심 있는 독자는 이미 출간되어 있는 NLP와 관련된 훌륭하고 다양한 번역서나 저서들을 참고하기 바란다.

❸ 그 밖의 접목

EFT나 NLP외에도 최면에 접목할 수 있는 수많은 기법들이 있다.

최면을 배운 심리치료사들이 자신들이 익힌 다양한 접근법들에 최면적 원리를 적용하여 효과를 높이는 경우도 있고, EMDR(Eye Movement Desensitization & Reprocessing : 안구 운동 민감 소실 및 재처리 요법)또는 기타 안구 움직임 계열의 테크닉들을 최면에 접목하는 경우도 있으며, 다양한 에너지 워크들과 최면이 여러 가지 형태로 결합되는 경우도 있다.

이렇듯 최면은 다양한 도구나 접근법들에 접목이 가능한 도구이며 무궁무진한 방식으로 다양한 분야에 적용이 가능하다.

몇 가지 최면상담 예제

최면상담을 하다 보면 극적이고 놀라운 수많은 사례들을 경험하게 된다. 상담사례만을 엮는다면 몇 권의 책으로도 부족할 만큼 극적이고 다양한 사례들이 많지만, 어렵고 복잡한, 깊은 문제를 다룬 사례들은 제외하였다. 이 책은 상담사례집이나 학술목적의 자료가 아니기에 간략히 일반적인 몇 가지 주제들에 대한 일부 사례만을 실었으며, 기술적인 세부사항이나 전문적인 과정들은 생략 또는 약식으로만 기재되었다.

아래 모든 사례들에 등장하는 인물들의 개인적인 인적사항이나 상황들은 내담자의 개인적인 부분인 만큼 일부 수정되고 각색되었지만, 상담내용은 실제 사례의 내용이 기반되었다.

❶ 기억재생 및 감정처리 사례

많은 사람들이 최면의 기억재생과 관련해서 관심을 가지고 있다. 먼저 기억이라는 것 자체가 왜곡될 소지가 있으며, 자신의 내부 필터에 의해, 또는 외부적인 암시에 의해 왜곡될 수 있음은 이 책의 앞부분에서 이미 설명했다.

우리가 기억을 다룬다고 하는 것은 객관적 사실 자체를 다루는 것이 아니라 우리 내부에 자원형태로 저장되어 있는 경험에 대한 '인지'를 다루는 것이다. 간혹 TV 프로그램에서 최면으로 행하는 기억재생 등을 주제로 방영되는 프로그램들이 있다. 그러나 이러한 프로그램에서는 단순히 최면에 걸린(?) 상태에서 기억이 올라왔다, 올라오지 않았다 만을 말하고 있을 뿐, 그 걸렸다는(?) 최면 상태가 정확히 어느 정도 깊이의 상태이고 어떤 방식을 사용했는지에 대해서는 아무런 기준이 없다.

주로 최면적 기억회상을 위해 연령역행 기법을 활용하는 경우가 많은데 앞서 언급했다시피 최면에는 다양한 깊이의 등급이 있고 연령역행 또한 다양한 등급에서 일어날 수 있다. 가벼운 상태에서는 특히 내담자의 의식적인 기대감이나 믿음, 신념 등이 반영될 확률이 높다.

그러나 내담자에 따라 보다 깊은 상태를 확보하게 하는 것은 일회성의 작업으로 불가능하거나 어려운 경우들도 많다.

이 책의 앞부분에서 언급했던 데이브 엘먼 선생의 의식이 없는 마취 수술 중의 놀라운 기억재생 사례들은 깊은 섬냄뷸리즘 상태나 데이브 엘먼 선생이 가장 깊은 상태라 말했던 '히프노 슬립(Hypno-sleep : 최면적인 수면 상태)' 상태에서 일어난 기록들이다.

따라서 그러한 방송 프로그램들처럼 일회성의 단순 실험만으로 최면에서의 기억재생에 대해 성급히 결론을 내릴 수는 없다.

가벼운 상태에서 올라오는 기억이나 체험에 대해서는 내담자가 그것에 대해 단순히 상상해서 지어낸 것인지 진짜 내 기억인지 확신을 못 하는 경우도 생길 수 있고, 내담자 스스로 그것이 자신의 진짜 기억이라고 확신을 가지는 경우라 하더라도, 그것이 실제로 왜곡된 것인지 아닌지 알 수 없다. 따라서 이러한 데이터는 참고사항일 뿐, 진실은 현실이나 결과만이 입증해줄 것이다.

이러한 배경지식을 바탕으로 기억재생과 관련한 실제 사례들 중 하나를 소개할까 한다.

기억재생 사례는 최면분석 기술이나 깊은 개입이 불필요하므로 비교적 단순한 사례라 할 수 있다.

• 사라진 기억 그리고 답답함

내담자는 중년의 여성분으로 처음 의뢰 목적은 과거 이틀간 경험했던 일들이 모두 기억에서 사라져서 최면적인 접근으로 그것을 되살려 보고자 하는 것이었다.

처음엔 단순한 기억재생 상담으로 생각하고 내담자분과 이야기를 나누다 보니 의외로 몇몇 얽힌 관련 문제들이 드러났다.

먼저 이분은 당시 어떤 제조업 작업장에서 일을 하고 계셨는데 어느 날 아침에 회사직원과 전화 통화를 나눈 직후 그 자리에 쓰러져서 구급차에 실려 갔다고 했다.

병원에서 깨어났을 때 그분은 간호사에게 "우리 아기를 보고 싶어요. 아기를 데려다주세요."라고 말했다고 한다. 상담 당시 이분의 자녀는 이미 성인이었지만, 이 분은 병원에서 깨어나면서 그분의 자녀를 출산했던 직후인 20여 년 전 시점을 현재로 인식한 것이었다. 말 그대로 기억이 엉켜버린 것처럼 혼란이 온 것이었다.

다행스럽게도 며칠간 병원에서 요양하며 차츰 사라졌던 그간의 기억들이 되돌아오기 시작했다. 그런데 다른 모든 기억은 제자리로 돌아왔지만, 몇 년 전 입사 이후의 현 직장과 관련한 기억은 모든 것들이 사라져버린 채로 돌아오지 않았다. 자신의 직장 동료들에 대한 기억은 물론 특정 회사에 입사했던 사실조차도 기억하지 못했고, 다른 이에게 전해 들은 후에야 비로소 본인이 어떤 일을 하고 있었는지 알게 되었다.

그런데 더욱 특이한 점은 몇 년간의 기억 모두가 사라진 것이 아니라 직장과 관련한 부분만 사라졌다는 것이다. 그녀는 실제로 같은 시기에 직장 이외의 집에 있었던 일이나 다른 활동에 관해서는 모두 기억하고 있었다. 그녀가 다른 사람에게 전해 들은 바에 의하면 쓰러진 전날 공장에서 작업 중 작은 사고로 다리에 부상을 입은 상태였으며 다음 날 아침 회사직원과 전화 통화를 끝낸 직후 갑자기 쓰러졌다고 했다. 이후 매일 잠만 자면 꿈속에서 그 회사직원과 통화를 하던 장면이 떠오르며 내면에서 '분노'의 감정이 치밀어 올랐고, 그런 고통스럽고 동일한 내용의 악몽은 매일같이 반복되며 자신을 괴롭히고 있다고 했다.

도대체 이틀간 무슨 일이 있었던 것인지, 왜 이렇게 밤마다 원인 모를 꿈으로 시달려야 하는지, 또 왜 몇 년간의 회사와 관련된 기억만 감쪽같이 사라져 버린 것인지 알고 싶다고 말했다.

그런데 이분과 이야기를 나누다 보니 적지 않은 우울 성향이 있었고 늘 죽고 싶은 생각에 매번 미수에 그쳤지만, 자살시도 또한 여러 번 시도한 경험이 있으며 늘 가슴이 답답해 왔다고 했다. 그렇지만 자식 때문에 어쩔 수 없이 살아간다고 말씀하셨다.

부정적인 자아상과 낮은 자존감을 가진 분이었다.

불의의 사고로 첫 번째 남편을 잃고 재혼한 남편의 반복된 폭력성향으로 이혼하게 되고 셋째 아이 또한 친척에게 양자로 빼앗겼다고 했다.

단순히 억압한 기억을 되찾는 문제를 떠나서 이분의 경우 이러한 마음의 스트레스 해소가 시급한 상황이었다.

본인 또한 그러한 부분에 대해 인식하고 있었고 기억을 재생하는 것과 함께 감정 해소 작업을 병행하는 것에 동의했다.

이분의 경우 급속유도로 짧은 시간에 쉽게 깊은 트랜스를 확보하고 곧바로 사건 당일 아침으로 돌아가서 그 상황을 재경험하는 데 성공하였다. 최면 상태에서 되살아난 사건의 전말은 이러했다.

사건 전날 현장 작업 중 물건에 발이 끼어 다친 상태로 약을 먹고 아침에 출근했는데 관리자라는 사람이 직원들을 모아놓고 "조금 다쳤다고 엄살 부리지 마라. 저 아줌마 진통제 맞혀서 현장에 투입시켜!"라고 명령했다고 한다.

관리자는 아파서 도저히 일할 수 없다는 내담자의 의견은 완전히 무시해버렸다. 그녀는 짐승보다 못한 취급을 받았다고 느끼며 분노와 억울함을 느끼게 되었고 그 직후 전화를 걸어 회사직원에게 그 문제에 대해 하소연하며 통화를 했다고 한다. 그런 직후 격한 스트레스에 의식을 잃으며 쓰러졌고 구급차에 실려 가게 된 것이다.

이것과 함께 이전의 다른 기억들 또한 함께 되살아났다. 내담자가 입사하던 초기에는 직장 동료들과 친하게 지내며 너무 행복하고 다른 사람들에게 친절하게 일을 가르쳐줄 만큼 여유도 있었다.

그러나 이후 어떤 사건이 생기면서 일부 동료들이 내담자를 모함하거나 음해하기 시작했고 그때부터 회사에서 늘 혼자서만 지내게 되었다고 한다. 사람들과 얘기하고 싶고, 맘도 터놓고 싶은데 전혀 그럴 기회가 없었고 급기야 어느 날 작업 중 높은 곳에서 떨어져 허리를 다쳐서 바닥에 쓰러져 있는 상황에서 동료들은 그녀를 외면하고 식사를 하러 가버렸다고 한다. 이후 내담자에게는 회사가 지옥이나 마찬가지로 느껴졌다.

자신이 투명 인간이 된 것 같고 오직 일하는 벌레 취급하는 회사에서 외롭지만, 자식을 뒷바라지하기 위해 버텨온 것이다.

그녀는 최면과정에서 지난 몇 년간의 회사와 관련된 모든 기억들이 되살아났다.

그리고 자신이 왜 유독 회사와 관련한 기억만을 무의식 아래로 억압하려 했는지 '통찰'하게 되었다. 내담자의 무의식은 꿈속에서나마 내담자에게 신호를 주고 있었던 것이다.

'해결되지 않은 문제가 있어! 이것 좀 해결해 줘!!'라고 말이다.

최면 속에서 그녀는 기억을 지워버리고 싶을 정도로 힘들어했던 과거 속의 자신을 마주하며 자신에 대한 미안함과 사죄, 처음으로 미워만 하던 자신을 안아주고 위로해주었다. 이 과정에서 그녀는 많은 눈물을 흘렸고 자신에 대한 새로운 자아상을 정립하기 시작했다.

또한, 자신 내면의 답답함과 관련한 추가적인 작업을 통해 자신을 돌아보고 묻어두었던 감정들을 해소하는 시간을 가졌다.

20대의 젊은 여성이 어린 아기를 안고 도로 가운데 서 있다. 경찰 한 명이 다가오고… 그 경찰은 남편이 사고로 사망했다고 말한다. 여자는 망연자실한 채… 길바닥에 누워버리고 만다.

남편과 나이 차가 많이 나는 철없던 젊은 아내는 늘 남편에게 투정하고 집안일도 하지 않았다. 그녀는 남편에게 밥 한 번 제대로 차려준 기억이 없다. 남편이 아침마다 밥을 해주었고 남편은 그녀의 모든 것을 받아 주었다. 그러나 결국 그 남편은 차를 타고 가던 중 갑작스러운 사고로 현장에서 즉사하게 된 것이다.

'이렇게 보낼 줄 알았다면 내가 좀 더 잘할걸… 따뜻한 밥 한 끼라도 해줬을걸….'

늘 미안하고 마지막 인사도 제대로 하지 못한 것이 가슴에 한이 되어 답답함으로 자리 잡았다. 그녀는 최면 속에서 먼저 보낸 남편을 만나서 묻어두었던 말들을 쏟아내고 서로 간에 가졌던 미안함과 사랑의 감정을 표현했다. 그동안 한 번도 아이 앞에서 눈물을 보일 수 없었다. 수도꼭지를 틀어놓고 조용히 혼자 흐느낄 뿐….

그녀는 이 작업을 통해 그 모든 것들을 눈물과 함께 쏟아내고 남편과 두 사람만의 굳은 약속을 했다.

그리고 그동안 오랫동안 가슴에서 붙잡고 있었던 남편을 놓아주기로 결심했다.

그녀가 남편을 놓아버리는 순간, 내담자의 표정은 상담실에 들어온 후 처음 보는 편안한 표정으로 바뀌었다. 그리고 가슴을 막고 있던 그녀의 답답함은 뻥~ 뚫린 듯 사라졌다.

그리고 그동안 그렇게 미워만 하고 힘들어했던 자신에게, 이제는 사랑한다라고 당당히 말할 수 있게 되었다. 이제 내 몸과 마음의 주인이 되겠다고… 내 인생의 주인이 되겠다고… 바로 지금이 그 시작점이라고… 그렇게 그녀는 새로운 미래에 대해 자신과 약속했다. 최면 속에서 체험한 그녀의 미래는 너무나 행복한 모습이었다. 더 이상 답답함도 우울함도 없었다.

상담이 종료된 후 그녀는 가슴이 뻥 뚫린 느낌이며 답답함을 찾을 수 없다며 너무나 좋아했고, 이와 함께 사라졌던 몇 년간의 기억이 모두 제 자리로 돌아왔다며 기뻐했다. 또한, 자신이 과거에 왜 자살을 생각했는지 모르겠고 자살은 이제 생각할 필요조차 없으며, 자식과 함께 행복한 삶을 만들어 가겠다고 말했다.

이 분의 경우 이 상담이 영구적인 변화를 위한 큰 계기가 될 수 있다 하더라도 이것은 치유의 시작일 뿐이며 끝이 아니다. 아직 해결해 나가야 할 부분이 산재할 수 있으며 이것은 단지 첫 번째 단추를 채운 것일 뿐이다. 자신을 받아들이고 사랑하기 시작하는 것이 그 치유의 시작점인 것이다.

이 분의 경우 애초의 목적이 기억을 복구하는 것 자체가 일 순위였고 먼 지방에서 오신 분이었기 때문에 이후에 연락을 주기로 하시고 감정 부분에 대한 상담은 약식으로 종료되었다. 수개월 뒤, 전화를 통해 밝은 모습으로 변화된 자신의 근황에 대한 소식을 전해주셨다. 돌아온 기억은 물론, 회사 측과도 모든 일이 원만하게 해결되었고 무엇보다 가벼워진 마음에 감사해 하셨다.

❷ 폭식충동과 다중감정의 처리

• 감정적 폭식습관 극복과 통제권 회복

병적인 원인이 아닌 폭식습관과 관련한 문제는 대부분 감정적인 문제가 많다.

먹는 것으로 내적인 감정에서 회피하거나 처리하려는 것이지만 사실

먹는 행위는 일시적인 관심 돌리기에 불과한 것이다.

이런 폭식습관을 가진 내담자들은 대게 여러 가지 감정들이 문제가 되는 경우가 많고 복합적인 경우들이 많다.

따라서 이러한 작업들은 직접암시 등을 사용한 일회성의 단순작업이 아니라 짧은 간격을 두고 피드백을 확인해가며 몇 차례로 나누어서 진행되는 경우가 대부분이다.

한 내담자는 의료분야에 종사하는 여성으로 극심한 폭식습관을 바로 잡고자 하는 것이 상담의 목적이었다.

잦은 군것질과 오바이트, 그로 인한 죄책감을 갖고 있었고 이와 함께 무기력과 의욕상실, 불안감, 우울감, 외로움의 감정들을 동반하고 있었다.

비록 자신의 직업이 환자들을 치료하는 의료인의 위치에 있었지만, 그녀는 마음과 무의식, 습관, 몸의 상관관계에 대해 잘 인식하고 있었고 이런 종류의 상담에 대해 열린 마음과 자발성을 갖고 있었다.

첫 번째 상담에서 급속 인덕션을 통해 최면상담에 적합한 충분한 깊이를 확보했고 이러한 문제들을 일으키는 핵심감정들을 찾아냈다. 그것은 외로움과 공허함이었다.

배는 부르지만, 음식을 남기면 안 된다는 생각에 음식에 손이 가고 먹는 순간 생각이 없어지면서 행복함을 느끼지만 허전하고 외로운 느낌은 늘 따라다녔다.

이 분의 경우 이와 연관된 어린 시절의 다양한 양상들이 있었고 불화가 있던 부모 사이에서 낮은 자존감과 자기비하의 씨앗을 찾을 수 있었다. 또한, 성인이 된 이후 오래 만나왔던 연인과 이루어지지 못함에서 오는 큰 감정 또한 큰 영향력으로서 한 자리를 차지하고 있었다.

마음 깊은 곳에서 일어나는 해소작업과 통찰작업들을 통해 많은 눈물과 함께 그 모든 부분들을 정리해나갔으며 그리고 자신의 몸에 대한 작업도 포함되었다.

첫 상담 이후로 일주일간 그녀에게 많은 변화가 일어났다. 매일같이 일어나던 폭식충동이 사라져 5일 이상 지속되었다. 그러나 이틀 전 어떤 꿈을 꾼 다음부터 약간의 충동과 무기력, 귀찮음 등이 올라온다고 말했다.

두 번째 작업에서는 남아있는 충동과 무기력 등의 부수감정들을 해체하는 데 초점을 두고 작업이 진행되었다. 이 분의 내면에서는 자신을 무가치한 존재로 느끼게 만드는 '오해'들이 존재했다. 물론 그러한 오해들을 하게 만든 나름의 '이유'들도 있었다.

이러한 오해들로부터 자유로워지고 몇몇 다중적인 문제들이 해소되고 나자 그녀는 자신에 대한 인식을 새로이 하기 시작했고 스스로 변화된 미래를 그릴 수 있었다.

몇 개월 후 전화 통화를 통해 반가운 소식을 전해 들을 수 있었다. 이후 수개월이 지났지만 폭식충동이 완전히 사라져서 재발되지 않았고, 이제는 간식에게 끌려가는 삶이 아닌 자신이 통제하는 삶을 살고 있다고 자신 있게 말했다.

비슷한 폭식습관에 대한 사례들 중 어떤 내담자의 경우에는 어린 시절 '내 것에 대한 집착'에서 비롯된 식탐과 집착을 내려놓게 되면서 연관이 있을 것이라고는 생각지도 못했던 고질적인 변비증상이 사라진 경우도 있었다. 이 내담자는 수년 동안 변비 개선을 위해 건강식품, 한약 등 시도해보지 않은 것이 없을 정도로 다양한 노력들을 해왔었지만 별다른 개선이 없었다고 했다.

물론 상담 중에 변비 자체에 대해서는 한 마디도 이야기한 적이 없었다. 그 내담자는 무의식 속에 있던 뭔가에 대한 집착이 자기도 모르게 이런 부분에까지 연결되어있었던 것 같다며 자신의 마음의 영향력에 대해 놀라워했다.

우리가 내안의 문제를 스스로 창조해냈듯이, 그것에서 벗어나는 것 또한 우리가 가진 능력들 중 하나이다.

❸ 발표불안의 극복

• 발표불안 극복과 꿈의 실현

우리 주위에는 발표에 대해 두려움이나 불안을 갖고 있는 사람들이 많다. 그런데 흥미로운 사실은, 이런 고민을 갖고 있는 많은 사람들의 주변인들은 정작 이렇게 사회생활 잘하고 호탕해 보이기까지 하는 이 사람이 그런 고민을 갖고 있을지 상상조차 못 하는 경우가 많더라는 것이다.

다음은 50대 중반의 어느 남성분의 사례이다.

이 분의 고민은 발표상황이나 사람들 앞에서 노래를 불러야 하는 자리, 누군가를 처음 만나는 자리, 특히 다른 사람과 분쟁이 일어날 때, 극도의 긴장과 함께 불안과 떨림을 느끼면서 심지어 속이 울렁거리기까지 한다고 말했다.

그는 최면 전에 나눈 면담에서 대학교 시절 이전의 일들은 전혀 기억나는 바가 없어 언제부터 이런 문제를 인식했는지조차 모르겠다고 말했다. 자신은 만약 이 상담을 통해 이 문제가 개선될 수 있다면, 사람들을 대할 때 평화롭고 담담하게, 그리고 자신 있게 발표를 잘하고 싶다고 말했다. 그분의 어릴 적 꿈들 중 하나는 남들 앞에 서서 강의를 하는 강사가 되는 것이었지만, 발표에 대한 불안 때문에 어쩔 수 없이 그 꿈을 제외시킬 수밖에 없었다고 한다.

이 문제가 해결된다면 늦은 나이지만 자신의 어릴 적 그 꿈에 도전해보고 싶다고 하셨다.

그렇게 말씀하시면서도 한편으로는 수십여 년 동안 지속되어온 문제가 몇 회기의 상담만으로 과연 해결될 수 있겠느냐고 반신반의하는 부분도 있었다.

이 분은 의식적으로 대학시절 이전기억은 없다고 말했지만, 최면 상태에서 대학시절 이전의 학창 시절과 유아기적 경험으로까지 순조롭게 거슬러 올라갔다.

유아기적의 엄한 아버지의 체벌과 관련한 경험들이 드러났고 그것이 중년의 나이인 지금까지 그분의 무의식에서 영향력을 행사하고 있음을 자각했으며 감정 해소작업과 영향력을 중화시키는 개입작업을 성공적으로 마무리했다. 이 상담 이후 일주일간 발표상황을 체험해보고 중간 결과를 전해 듣기로 했다.

일주일 후 만난 그는 개인적인 공부 모임에서 2번이나 발표를 했다며 기뻐했다. 극도로 올라오던 두려움과 긴장, 울렁거림의 반응은 거의 사라지고 불편하지 않을 정도의 미세한 떨림만이 남아있었다고 했다. 미세한 반응이라 할지라도 씨앗이 남아있을 가능성이 있고 굳이 남겨둘 필요가 없으므로 마무리작업에 동의하고 상담을 진행했다.

두 번째 상담에서는 아버지에 대한 꽁꽁 숨어있던 씨앗이 발견되면서 그 부분을 해결하는 추가적인 작업이 행해졌다. 그리고 그와 함께 어린 시절부터 내면에서 수십 년 동안 잡고 있었던 폭력적인 아버지를 비로소 용서하고 놓을 수 있었다.

그분의 미래에서, 그는 어린 시절 자신이 꿈꾸던 강사로서의 삶을 살고 있었다. 그리고 그런 자신에 대해 매우 자랑스러워했다.

상담이 끝난 뒤 그 내담자분은 이제 자신의 꿈을 이룰 수 있게 되었다며 연신 고마움을 표시하셨다.

한참의 시간이 지난 뒤 그분으로부터 연락을 받았다. 이후에 개인적인 모임 등에 참석하며 수차례 사람들 앞에서 성공적으로 발표하셨다며 이제 사람들 앞에서 이전의 반응은 일어나지 않으니 더 이상의 상담은 진행하지 않아도 되겠다며 고마워하셨다.

사실 진정한 고마움의 표현은 최면상담사가 아닌 자신의 잠재의식에게 해야 한다. 진정한 치유는 스스로의 잠재의식이 한 것이며 상담사는 그 과정을 도운 것일 뿐이다.

이러한 단순양상의 발표불안 사례의 경우 얼마나 오래 지속되어 왔는지 그 기간과는 관계없이 앞의 사례들처럼 1~2회의 짧은 회기로 종료되는 경우가 많다. 그러나 모든 사례가 이와 같다고는 생각하지 않는 것이 좋다. 같은 종류의 문제라 할지라도 모든 사람들이 가진 문제의 원인이 동일하지는 않으며, 복합적이고 더 많은 시간이 소요되어야 하는 복합양상이나 깊은 문제들도 있기 때문이다.

❹ 도벽 충동의 극복

• 무의식적 도벽 충동과 엄마에 대한 복수

어른이나 아이 할 것 없이 타인의 물건을 훔치려 하는 도벽 충동을 가진 사람들이 있다.

그들의 말을 들어 보면 의식적으로는 그것이 나쁜 행동인 줄 알고 있지만, 순간적이며 무의식적으로 물건을 훔치게 된다고 말한다.

이런 종류의 도벽 역시 내면의 특정한 태도나 감정과 연관되어 있는 경우가 많다.

다만 이런 종류의 상담 역시 본인이 이 문제를 해결하고자 하는 자발적인 참여 의지가 있을 경우에만 진행이 가능하다. 변화의 주체는 상담을 진행하는 상담사가 아니라 내담자 자신이기 때문이다.

말 못할 이런 종류의 고민을 갖고 있던 한 젊은 여성과의 상담에서, 그녀는 이런 습관으로 인해 어린 시절부터 줄곧 주위에서 말썽을 일으켜왔다고 말했다.

최면상담을 통해 드러난 사실은 이 무의식적 행동의 원인이 어린 시절 '엄마'와의 관계에서 시작되었다는 것이다.

어린 시절 엄마에 대해 갖고 있던 '분노'와 '원망'이, 어린아이였던 이 내담자로 하여금 남의 물건을 훔쳐서 큰 소동을 일으키게 만들었던 것이다. 왜냐하면, 그 소동으로 인해 매번 엄마가 학교에 불려 와서 뒷수습하며 곤란한 상황을 겪었기 때문이었다.

그것은 아이가 엄마에게 할 수 있는 최선의 복수였고, 그것이 반복되며 아이의 무의식 속에 하나의 패턴화 된 프로그램으로 자리 잡게 된 것이다.

문제는 성인이 되어서도 이 패턴이 지속되는 것이었다. 그나마 어린 시절에는 엄마가 나서서 어떻게 무마되고 넘어갈 수 있었지만, 자신의 행동에 책임을 져야 하는 성인이 된 이후 이러한 충동은 그녀의 발목을 잡으며 자칫 위험한 상황을 초래하기도 했고 급기야는 큰 사고를 치게 되었다. 최면상담 과정에서 그녀는 자신의 행동 원인에 대해 처음으로 이해하게 되었고, 20년 이상 묵은 내면의 오해와 감정들을 풀어냄으로써 비로소 자동적인 그 패턴에서 벗어날 수 있었다.

최면에서 돌아 나온 그녀는 그러한 자신의 내적인 마음에 대해 매우 놀라워했고 자신의 마음에 대해 이해할 수 있었다. 물론 이후 그 습관은 돌아오지 않고 완전히 사라졌다.

한국에서 활동 중인 ABH 최면 트레이너들 중 한 명인 권동현 트레이너에게서도 이와 유사한 패턴으로 진행된 도벽 상담사례가 있었다. 단, 그 내담자는 성인이 아닌 중학교에 다니는 여학생이었다.

그 여학생 역시 앞선 필자의 사례와 유사한 도벽 충동이 있었고 학교에서 수시로 소동을 일으켜 심지어 학교에서 강제전학을 권유받기도 했었다. 최면분석을 통해 드러난 그 원인 역시 어린 시절 엄마에 대한 복수심에서 비롯된 것이었다.

재미있는 것은 이 여학생의 경우, 최면상담을 받으러 오기 전 다른 최면선생님께 이 문제로 상담을 받은 경험이 있었다고 한다.

그런데 당시 그 선생님은 최면 전 사전상담에서 아이의 도벽 원인이 전생에 있으니 전생최면을 하자고 말했다고 한다. 필자가 앞서 언급했던 전형적인 '리딩'에 의한 작업인 것이다.

해당 여학생의 말에 의하면, 최면작업에서 그 아이의 전생은 양치기 소년으로 등장했다고 한다. 그리고 마치 전래동화에 나오는 이야기처럼 늑대가 나타난다는 거짓말을 많이 하다가 결국 죽게 되고, 그 삶을 마감하며 '착하게 살자'는 교훈을 얻었다고 한다.

그리고는 그 최면사로부터 이제 도벽습관은 없어졌으니 다시 상담받으러 오지 않아도 된다는 얘기를 들었다고 한다.

필자가 이 일화를 말하는 이유는 전생요법의 가치를 폄하하거나 해당 최면사를 비판하고자 함이 아니다.

이는 앞서 설명했던 '가이딩'에 의한 최면분석 작업과 '리딩'에 의한 일방적인 암시작업의 차이를 알게 하기 위한 것이다.

예상대로 그 여학생은 전생최면을 통한 상담이 끝난 며칠 만에, 또 한번 학교에서 친구의 새 휴대폰을 훔쳐 큰 소동을 일으켰고, 이후에도 문제를 해결하기 위해 여러 상담이나 치료들을 전전하게 되었다.

결국, 최면분석을 통해 정확한 원인을 만족시키고 나서야 최종적으로 그 충동은 멈추었다.

04. 최면과 잠 : 히프노 슬립

이번 장에서는 20세기의 최면거장 데이브 엘먼 선생의 '히프노 슬립 (Hypno-sleep)'에 관한 이야기를 중심으로 수면과 최면의 차이, 그리고 두 가지를 접목하는 접근들에 대한 이야기들을 소개할까 한다.

수면과 최면은 무엇이 다른가?

'최면(Hypnosis)'은 그 이름에서 드러나듯 많은 사람들에게 '잠'을 떠올리게 한다. 그러나 이것은 이 용어를 처음 만들었던 제임스 브레이드, 본인 스스로도 이 이름을 대체할 새로운 이름을 만들어 알리려 했듯이 애초에 적절하지 못한, 오해를 가져올만한 이름이었다.

초창기 최면의 연구자들은 최면을 경험적으로 연구하지 않았다. 그들은 직접 최면 상태를 체험하지도 않고 겉으로만 관찰되는 최면현상을 연구했기 때문에 잠이 최면의 일부라는 이런 잘못된 생각은 1841년 이후, 국제적으로 널리 퍼지게 되었었다.

최면에 든 사람을 관찰하면 마치 잠에 든 것처럼 보일 수 있지만 사실 잠을 자는 것은 아니다. 잘 훈련된 오늘날의 최면전문가들은 최면과 잠이라는 상태를 혼동하지 않는다.

때로는 최면에 든 사람이 눈을 크게 뜬 채로 평범한 의식 상태에 있는 것처럼 보여 질 수도 있다. 특히, 깊은 최면 즉, 섬냄뷸리즘 상태에 있는 사람은 최면을 유지하면서 눈을 뜨고 돌아다닐 수도 있다.

최면이 정상적인 수면과 다른 상태라는 것은 이미 수많은 학자들에 의해 언급된 사실이지만 독자들의 이해를 돕기 위해 데이브 엘먼 선생의 가르침을 인용해 간략히 설명해보겠다.

먼저 수면 상태에 대해 알아보자. 우리가 정상적으로 잠을 자고 있을 때, 우리 몸의 신체기능들은 저하된다. 예를 들어 혈압이 떨어지고 호흡은 느려지며 반사작용 또한 느려지는 것이다.

그러면 최면 상태에서는 어떨까? 최면 상태에서는 심박수와 반사작용, 호흡은 완전히 정상적으로 유지된다. 물론 의도적으로 반대 암시를 주지만 않는다면 말이다. 때때로 호흡이 경미하게 느려지는 경우는 있지만, 그것이 결코 정상수면과 같아지지는 않는다.

결정적으로 잠에 빠진 사람은 의식이 없지만, 최면에 든 사람은 의식을 잃지 않는다.

다만 뒤에서 언급하게 될 '씨코트 상태'는 이것에서 제외된다.

간단히 말하자면, 잠을 자는 동안에 경험하는 신체적 반응과 최면을 경험하는 동안에 경험하는 반응은 반대라는 것이다.

최면에 든 사람을 수면으로 전환시키는 것이 가능할까?

앞서 언급했다시피 잠자는 사람과 최면에 든 사람은 이렇게 신체적 기능이 차이가 나므로 의도적으로 최면에 든 사람을 수면으로 전환시킬 수는 없다. 이 분야에 어떠한 권위자라 하더라도 그것은 불가능하다고 말한다. 최면 상태를 의도적으로 수면 상태로 전환시킬 수는 없으며, 최면 상태에 있는 사람을 그냥 둔다고 해서 잠에 빠지지도 않는다.

간혹 이것에 대해 이해가 부족한 이들은 최면을 유도하기 위해 이완 유도를 하다가 내담자가 잠들어 버리는 경우를 보고서 최면이 깊어지면 잠으로 간다거나 최면이 너무 깊어져서 그렇다는 식으로 말하기도 한다. 과연 그것이 사실일까?

최면과 수면은 명백히 다른 상태이며 두 상태는 양립할 수 없다.

물론 몸이 피곤한 상태에서 이완을 유도할 때 자발적으로 최면이라는 경로가 아니라, 잠이라는 경로로 빠져버리는 경우나 내담자를 내버려두었을 때 스스로 최면 상태를 끝내고 잠으로 전환하는 경우는 있지만, 섬냄뷸리즘에 든 내담자에게 "당신은 지금부터 잠자는 상태로 갑니다."라고 말한다고 해서 진짜 수면 상태로 가지는 않는다.

이런 암시를 줄 경우 대부분의 섬냄뷸리즘에 있는 내담자들은 '잠이라는 상태'에 대해 몰입하고 그것을 흉내 내려 할 것이다. 그러나 이것은 의식을 놓아버리는 정상적인 실제의 '잠'과는 다르다.

즉, 전통적인 최면사들이 말하는 "당신은 점점 졸리고… 잠이 듭니다."라는 표현은 실제의 정상적인 잠을 뜻하는 것이 아니라, 최면적인 잠을 뜻한다. 물론 대부분 오늘날의 최면사들은 이런 잠에 대한 표현은 특별히 의도하는 상황이 아니면 거의 사용하지 않는다. 일부의 내담자들에게 이런 표현들이 오히려 "내가 잠을 자야 하나?"라고 오해를 주는 경우들이 있기 때문이다. 어떤 사람들은 최면이 끝난 이후 "난 주변의 모든 소리가 들렸고 잠들지 않았어요. 그러니 나는 최면에 들지 않았습니다."라고 말할 수도 있다.

데이브 엘먼 선생은 최면에 능숙한 수천 명의 의사들과 함께 최면 상태에 있는 피험자를 수면으로 유도하기 위해 일만 번 이상의 테스트를 행했다. 그러나 당시 현존한다는 모든 방법들을 동원했지만, 그것은 실패했다. 그러나 결국 그는 적절한 기법을 통해 최면을 의도적으로 즉각적인 수면 상태로 전환시킬 수 있는 방법을 찾아냈는데, 그것은 '후 최면 암시'를 활용하는 것이었다. (※ 후 최면 암시란 최면에서 각성된 이후에도 최면 암시가 작동할 수 있도록 최면 상태에서 의도적으로 주는 암시를 말한다.)

단, 이 기법은 깊은 섬냄뷸리즘이라는 특정 깊이의 상태에서 작동한다고 알려져 있다. 이것은 모든 사람에게 흔하게 일어나는 일반적인 사실은 아닐 것이며, 현대사회로 넘어오면서 이 기법이 작동하는데 많은 저항을 만들고 있는 것이 사실이다.

잠자는 사람을 최면으로 전환시키는 것이 가능할까?

그렇다면 말 그대로 깊이 잠자는 사람을 최면적인 상태로 전환시킬 수 있을까?

최면에 있는 사람을 잠으로 전환시키는 것은 어렵지만, 반대로 잠자는 사람을 최면으로 전환시키는 것은 비교적 쉬운 편이다. 사실 데이브 엘먼 선생이 앞서 언급한 '최면을 수면으로' 전환하는 방법을 연구한 이유는 바로 지금 소개하는 '수면을 최면으로' 전환시키는 이 기법을 시연하기 위해서였다.

그의 강의에서는 실제로 직접 피험자가 깊이 잠자는 상태에서 최면으로 전환시키는 기법을 종종 시연하곤 했었는데, 문제는 이것을 보여주기 위해서 피험자가 실제로 깊은 잠이 들기까지 몇 시간씩 기다려야 한다는 것이었다. 따라서 최면에 든 사람을 즉각 수면으로 전환시키는 기법을 개발한 후, 이것의 시연이 매우 빨라지게 되었다.

이 기법은 피험자의 동의를 구하지 않고 진행할 경우, 윤리적인 문제가 있을 수 있기 때문에 오늘날의 최면사들은 이를 제한적으로 적용할 수 있으며, 아이들의 경우 먼저 반드시 보호자의 동의를 구하고 이를 진행할 수 있다.

데이브 엘먼 선생은 이 상태를 최면의 가장 깊은 상태로 꼽았다.

앞서 그는 '깊은 최면(섬냄뷸리즘)'보다 '에스데일 상태'가 더욱 깊은 상태라고 말했었다. 그러나 그는 수면에서 최면으로 전환된 이 상태를 '에스데일 상태'보다 더욱 깊은 상태로 분류했다.

따라서 그는 이 절차를 배우기 위해서는 먼저 능숙한 최면 유도가가 되어야만 한다고 말했다. 실제로 데이브 엘먼 선생의 경우 그가 진행하던 최면치료 코스의 후반부가 되어서야 이 기법을 가르쳤다.

그는 이 상태에서 얻을 수 있는 최면마취 효과는 다른 단계의 최면깊이에서 얻어지는 최면마취들보다 더욱 강력한 마취를 얻을 수 있으며, 수술 전의 긴장과 불안도 완전하게 사라지게 할 수 있다고 했다.

그렇다고 해서 이 상태가 모든 암시를 무비판적으로 무조건적으로 수용하는 상태는 아니기에 독자들의 오해가 없기를 바란다. 혹여라도 기 기법으로 상대의 동의를 구하지 않고 암시를 주어 상대를 조종할 수 있지 않을까 하는 생각에 이 기법에 관심을 갖는 독자가 있다면 일찌감치 그런 생각을 버리는 것이 좋을 것이다.

이 책의 앞부분에서 밝혔다시피 아무리 깊은 최면 상태라 할지라도 내담자가 진정으로 원하는 암시가 아닐 경우 그 암시는 거부될 수 있다. 아무리 최면적 수면 상태라 하더라도 그런 암시가 들어올 경우 거부되거나, 심지어 내담자가 스스로 눈을 떠버리면서 잠에서 깨어버리는 경우도 있다. 이런 경우 내담자의 깊은 곳에 저항감을 만들어 다시는 해당 내담자에게 이런 종류의 접근 자체를 못하게 만들 수도 있다.

참고로 현대최면에서 가장 깊은 최면 상태로 알려져 있는 '울트라 뎁스®' 또는 '씨코트 상태'는 시기적으로 엘먼 선생이 임종하기 얼마 전의 시기에 발견되었기 때문에 엘먼 선생은 생전에 그 상태의 존재에 대해 인지하지 못했었다.

수년 전 필자가 한국에서 직접 진행했던 ABH 최면 트레이너 코스에서 깊은 섬냄뷸리즘에 든 피험자를 대상으로 엘먼 선생이 남겼던 동일한 방식의 접근을 사용하여 이 두 가지 기법을 모두 구현했고, 그 기법은 해당 피험자에게 완벽하게 작동했다.

또한, 실제로 잠자는 사람을 최면으로 전환시키는 이 기법을 필자가 진행하는 최면전문가 과정의 수강생들에게 알려주었을 때, 수강생들이 이를 생활 속에서 적용해본 뒤 때때로 아주 재밌고 놀랄만한 결과들을 보고하기도 했다.

어느 수료생은 불면이 있는 아내가 깊은 잠이 들었을 때 수차례의 실패 끝에 결국 이 기법을 성공적으로 적용했다고 보고했다. 아내는 무슨 일이 있었는지 전혀 기억하지 못하고 있었지만, 다음날부터 잠자리에

들 때 남편이 준 특정 신호에 무의식적으로 반응하여 깊은 숙면을 취하기 시작했다는 것이다.

또 다른 수료생은 엄마가 싫어하는 어떤 일에 대해 완고하게 고집하던 초등학생인 딸이 깊은 잠이 들었을 때 이 기법을 성공적으로 적용하여 딸의 깊은 내면과 소통했다. 그런데 다음 날 아침 아이는 어젯밤의 소통에 대해 아무것도 기억하지 못했지만, 눈을 뜨자마자 엄마에게 와서 '엄마, 나 그거 안 할 거야.'라고 말해 엄마를 매우 놀라게 했다고 한다.

이 기법의 형식을 궁금해하는 독자들을 위해 간략히 설명한다면, 이 기법은 깊은 수면에 든 피험자의 잠재의식과 손가락 신호로 커뮤니케이션을 형성하는 것에서 시작한다.

이 기법을 적용했을 때 소통이 일어나는 것을 확인한 후, 단순히 내담자에게 필요한 암시만을 행하는 경우도 있지만, 때때로 잠을 자고 있는 내담자와 언어적인 대화가 가능한 경우도 있다.

데이브 엘먼 선생은 실제로 발진이 있던 그의 어린 아들의 고통의 원인을 찾아 제거하기 위해 최면분석을 행하던 중 어린 시절의 충격적인 사건을 떠올리는 것에 대해 아이가 저항감을 갖고 최면을 거부하게 되자, 밤에 아들이 잠이 들었을 때, 이 히프노 슬립(Hypno-sleep)이라는 기법을 적용하여 아이와 언어적으로 소통하며 최면분석을 행했었다.

그러나 이 기법에 대한 보다 깊이 있는 이해를 위해서는 인간의 마음을 의식과 무의식으로 설명하는 낡은 마인드 모델을 가지고 과거의 기록들에서 설명하고 있는 기법에 대한 기계적인 절차에 따르는 것만으로는 부족할 수 있다. 이것은 우리 내면의 '잠재의식'이 누구인지를 이해했을 때 비로소 우리의 가슴속으로부터 명확히 이해되기 시작할 것이다.

필자는 최면 분야의 다양한 학파와 전문가들이 설명하는 마인드 모델 또는 의식 모델을 공부해 왔지만, 그것들 중 가장 이것의 실체에 대해 깊이 있게 이해하고 있고, 실제 작용에 가깝다고 느끼는 마인드 모델은 이 책의 PART 3 에서 소개할 '울트라 뎁스® 프로세스'안에 있었다. 그것은 이론과 머리에서 나온 것이 아닌, 인간의 의식의 바다 영역에서 만난 순수함에 가까운 '잠재의식'과의 경험을 바탕으로 정립된 것이기 때문이다.

 ## 잠잘 때 할 수 있는 간단한 실천법

앞서 말했듯이 위에서 말한 기법은 이미 최면에 능숙한 전문가들이 추가적으로 배우고 사용할 수 있는 전문적인 기법이기에 실제 데이브 엘먼 선생의 수업에서도 이 기법을 모든 과정의 맨 마지막 부분에서 다루었다.

이 책을 읽는 일반인 독자들을 위해 수면을 완전한 최면으로 바꾸는 전문적인 기법은 아니지만, 위의 기법의 기술적 부분과는 무관하게 생활 속에서 일반인들도 누구나 손쉽게 할 수 있는 아주 간단한 수면을 활용한 암시 방법을 알려주려 한다.

어려운 방법이 아니므로 만약 집에 아이들이 있는 부모라면 꼭 실천해보기를 바란다.

독자들은 아마도 '자존감'이라는 것에 대해 들어 보았을 것이다. 앞선 글에서 이 부분에 대해 설명했지만 중요한 부분이기에 한 번 더 간략히 언급하고자 한다. 자존감은 자아 존중감의 약어로 주로 어린 시절에 형성되며 이것은 대게 이후의 심리적 면역력을 결정짓는다고 말한다. 즉, 성장하면서 외부에서 영향을 주는 동일한 사건을 겪더라도 자존감이 강한 사람은 자존감이 약한 사람에 비해 그것을 더 쉽게 이겨내고 극복할 힘을 가지는 것이다. 이것은 어른이 되어서도 무의식수준에서 강력하게 작동하며 실제로 심리적, 감정적인 문제를 오랜 기간 겪어온 많은 성인들을 상담해보면 낮은 자존감을 가지고 있는 경우가 대다수라는 것을 알 수 있다. 이것은 어떤 의미로 의식의 근간이라 할 수 있을 정도로 중요한 요소이다.

자존감은 어린 시절의 가족 구성원들 간의 애착 관계와 의사소통에 많은 영향을 받는다고 한다. 다음의 기법은 이러한 부분을 촉진시켜주는데 도움이 될 것이다.

이 기법의 전제조건은 부모로서의 '사랑'만 있으면 된다. 엄마나 아빠가 그냥 아이들이 잠을 자기 직전에 충분한 사랑을 담아서 아이를 어루만져주면서 부드럽고 조용하게 말하는 것이다.

"엄마는 널 사랑해, 아빠도 널 사랑해, 모두 널 사랑해, 넌 사랑스런 아이야. 오늘은 행복한 날이야…"(반복)

매일 밤 2~3분이면 충분하다. 맞벌이로 시간을 낼 수 없는 부모라 하더라도 잠자기 직전 몇 분의 시간을 만드는 것은 어렵지 않을 것이다. 단, 이것은 일회성이 아니라 아이의 무의식에 스며들 수 있도록 매일 밤 반복해야 하는 것이며, 이것이 아이의 잠을 방해하는 방식이 되어서는 좋지 않으므로 주의하기 바란다.

일정 시간 이후, 위의 문구는 적절한 문구로 바꾸어 사용해도 좋다. 다만 문구를 만들 때 부모의 욕심이나 기대, 생각에서 나오는 말들로 문장을 만들지 않길 바란다. 정말로 순수한 마음으로 기대와 욕심이 실리지 않은 순수한 사랑만을 담아서 말하는 것이다. 부모의 욕심이나 기대를 아이에게 주입하려는 생각이라면 이 작업을 멈추는 것이 좋다.

그리고 아이의 무의식을 향해 말하는 것이므로 아이가 살짝 잠이 들어도 좋다.

꾸준히 행한다면 일반적으로 2주 정도 후부터 어떠한 변화가 나타나기 시작할 것이다.

그리고 이 작업을 행했던 부모 역시도 변화가 동반될 수 있다.

실천이 어려운 것이지 일단 실천만 할 수 있다면 최면을 모르는 누구라도 작동할 것이다. 직접 체험해본 사람만이 이것의 놀라움을 깨달을 수 있다.

05. 간략한 최면의 발자취

역사적인 몇몇 인물들에 관한 부분은 독자들이 지루하지 않도록 긴 이야기를 매우 축약해서 핵심 위주로 서술했지만, 이 장은 독자들의 개인적인 관심사에 따라 건너뛰거나 간략하게 훑어보고 넘어가도 좋다.

그렇지만 독자들이 최면기법을 더 잘 이해하기 위해서 최면의 역사적 흐름을 간략하게나마 숙지한다면 더욱 도움이 될 것이다. 사실상, 전문가가 아니라면 최면의 주요역사에 대해 아무런 지식이 없더라도 관계없지만, 뒷장에서 언급하거나 소개할 내용들과 연관성이 있으므로 간단하게나마 몇몇 사항들을 언급하겠다. (※ 이 글에서 인물들에 대한 호칭은 생략한다.)

1860년대 초, 피에르 자네(Pierre Janet), 알프레드 비네(Alfred Binet)와 찰스 페레(Charlse Fere)는 최면적 상황을 끌어내기 위해서 깊은 트랜스 상태를 이용하기 시작했다. 이 당시 초기 실험들은 굉장히 성공적이었다고 전해진다.

예를 들어 최면을 이용하여 피험자의 손에 상처를 만들고 사라지게 했다. 이 실험들은 우리 몸을 치유하는데 최면이 어떻게 쓰일 수 있을지에 대해 많은 시사점을 준다. 무의식은 온몸에 작용하므로, 최면은 물리적 치유에 놀랄 만큼 큰 가능성을 지니는 것이다.

최면은 긴 역사를 가지고 있다. 이미 최면은 수 천 년 동안 행해져 왔다.

고대 산스크리트어로 치유의 목적으로 최면을 사용하거나 관자놀이 (제3의 눈)를 이용한 사례가 인도에 있었다는 내용이 기록된 증거가 있다. 고대 이집트의 파피루스에는 치유를 목적으로 관자놀이(제3의 눈)나 트랜스 유도를 이용한 사실이 기록되어 있다.

1500년대에 수은으로 매독을 치료하는 방법을 발견한 스위스 의사 파라셀수스(Paracelsus)는 치료를 위해 자석을 이용한 최초의 의사였다. 그는 치료를 시작하기 위해 자석이나 자철석을 환자의 몸 위를 통과하게 했다. 당시 파라셀수스의 자석을 이용한 요법으로 많은 병들을 완치시켰다고 전해진다.

1600년대에 발렌타인 그레이트레이크(Valentine Greatrakes)라는 아일랜드 사람이 자신의 손을 사람들의 몸 위에 두거나 자석을 통과시키는 방식으로 병을 치유했으며 그는 신체에 이상이 있는 부분을 훑고, 문지르거나 마사지하는 것으로 유명했다.

근대 최면의 역사는 17세기 서양의 안톤 메즈머(Franz Anton Mesmer)와 함께 시작된다. 여기에서는 최면 분야에서 기본적으로 꼭 알아 두어야 할 몇몇의 인물들에 대해서만 간략히 언급할 것이다. 기타 인물들과 역사에 관한 세부내용들은 보다 전문적이고 상세한 최면의 역사를 다루고 있는 원서들을 참고 바란다.

메즈머리즘과 근대 최면의 시작

• 안톤 메즈머 – Franz Anton Mesmer (1734 - 1815)

메즈머(Mesmer)는 오스트리아 의사이며 그의 기법과 이론이 오늘날 우리가 아는 최면의 모습과는 여러 면에서 다른 모습을 하고 있지만, 사람들은 흔히 그를 '최면의 아버지'로 부른다.

1725년 막시밀리안 헬(Maximilian Hehl)이라는 예수회 수사가 치유를 목적으로 자석을 사용했는데 빈 출신의 의사인 제자 안톤 메즈머가 아니었다면 그의 이름은 아마 세상에 알려지지 않은 채 잊혀졌을 것이다.

메즈머는 환자들에게 사용해보기 위하여 자석을 가지고 빈에 돌아왔다. 그 당시에 의료계의 여러 과제 중 하나는 지혈이었다. 메즈머는 환자의 동맥을 따고 피를 어느 정도 흘리게 했고 이 과정이 끝나면 상처가 난 곳에 자석을 대었고 그러면 얼마 지나지 않아 피가 멈추었다.

어느 날 메즈머가 출혈하고 있는 환자를 치료하고 있었는데 있어야 할 자석들이 전혀 보이지 않는 것이었다. 그래서 그는 자석 대신 막대기 하나를 쥐고 환자의 상처에 접촉했는데 놀라운 일이 벌어졌다. 막대기를 대었음에도 불구하고 피가 멈추어 버린 것이다. 이것을 오늘날의 최면의 개념으로 설명하자면 자석이나 막대기를 대는 것이 트랜스를 일어나게 하고 출혈을 멈추게 하는 비언어적 암시에 해당이 될 수 있는 것이다.

초기의 성공에 힘입어 메즈머는 이후 자석으로부터의 에너지가 아니라 환자로부터의 자성 에너지가 출혈을 멈추게 한 것이라는, 당시로써 큰 논쟁을 불러올 수 있는 주장을 한다. 그는 이 에너지를 동물 자기(Animal Magnetism : 애니멀 마그네티즘)라고 칭한다. 그리고 그는 동물 마그네티즘에 관한 자신의 이론을 계속적으로 전개하였다. 그는 동물 마그네티즘이 실제로 존재한다는 주장의 논문을 유럽 의사협회에 돌린다. 그 논문에서 금속 자기와 동물 자기는 분명히 다르다는 점을 주장했다.

이후, 그는 오스트리아를 떠나서 독일과 스위스를 여행하면서, 기적적인 치유를 계속한다. 1778년 그는 파리로 건너가서, 많은 치유를 행하고, 거기에 정착한다. 그러면서 귀족들 사이에서 큰 인기를 끌게 되었다. 1700년대 후기에는 모두가 한 번쯤은 메즈머의 치료를 받았다. 메즈머는 매우 성공했지만, 당시의 파리 의학협회는 그의 능력과 효과가 너무 압도적인 것을 보고, 그의 행보에 제동을 걸기 위해 약을 조제해주지 않았다는 이유를 들어서, 그를 사기혐의로 고소한다. 그래서 그는 프랑스 왕에게 이것을 밝히기 위한 조사 위원회를 소집해달라고 요청했다.

위원회는 동물 자기가 존재하는지 여부를 조사하기 위해 오늘날에도 유명한 몇 명의 인물들을 지명했다. 그들 중에는 미국 건국의 아버지 벤자민 프랭클린(Benjamin Franklin)을 위원장으로, 선구적 화학자 라부아지에(Lavoisier)와 통증을 다루는 데 전문가였던 의사 길로틴(Guillotin) 등도 포함되어 있었다.

당연히 최면에서 이동되는 에너지의 수준은 당시 자성을 측정하던 기계로는 측정될 수 없었다. 결국, 벤자민 프랭클린은 다수의 의견을 모으면서 말했다.

"나는 메즈머라는 이 친구의 손에서 흘러나오는 어떤 것도 눈으로 볼 수 없었다. 그러므로 이것은 사기임이 틀림없다."

동물 자기라는 말은 결국 메즈머를 거짓말쟁이로 만들었고 결국 위원회는 그의 이론이 거짓이라고 매듭지으며 그를 사기꾼으로 치부하였다. 심의회는 모든 치료가 '상상에 기초를 두었다'고 하였다.

따라서 메즈머는 불명예를 입은 채 파리를 떠나 동물 자기를 행하기 위해 빈으로 돌아왔다. 이후 1795년부터 1985년까지 치유의 기술로서 에너지를 사용하는 방법은 서양 주류 의료계와 심리학에서 완전히 제외되었다. 현대의 일부 최면사들은 메즈머가 실제로 행했던 것이 환자의 상상을 자극하고 암시에 반응도가 높아진 상태를 만들었던 것이라 보고 이것을 '각성암시' 등으로 부르기도 한다.

비록 당시에는 이것이 근거 없는 것으로 치부되면서 사기처럼 낙인찍히고 말았지만, 그 원형은 일부를 통해서 명맥을 유지했고 그 변형들이 유럽과 미국 등지에서 이어져 왔다.

그렇지만, 21세기에 접어들며 메즈머가 행했던 동물 자기를 양자이론 등의 관점으로 재조명하려는 시도들과 함께, 일부의 전문가들은 알려지지 않은 소수의 전승자들을 찾아내고 이것의 원형을 복원하고 발전시키려는 노력을 하고 있기도 하다.

에스데일 상태의 발견 : 궁극의 최면마취

• 제임스 에스데일 – James Esdaile (1808 – 1859)

에스데일은 스코틀랜드에서 태어난 또 다른 의사이다. 에스데일은 내과의와 외과의로 훈련받았는데 인도에서 수술을 행하는 동안 그는 메즈머리즘(Mesmerism)을 배웠다. 그는 오늘날 트랜스라고 부르는 것과 유사한 상태를 유도하기 위해 양손으로 환자의 몸 전체를 가로지르며 훑어내리는 방법을 사용했는데 이것은 메즈머가 사용했던 것과 유사한 방식이었다. 이것은 때때로 그의 조수에 의해 행해지기도 했으며 꽤 오랜 시간이 소요되기도 했지만, 최종적으로 결국 환자는 어떠한 암시도 없이 통증을 느낄 수 없는 완전한 최면적 전신마취 상태에 도달했다.

그 과정은 메즈머리즘(Mesmerism)에서 말하는 과정과 비슷하다. 알려진 바에 의하면 에스데일은 300건이 넘는 대수술(팔·다리 절단 수술, 복부 절개수술 등)과 3,000여 건이 넘는 작은 수술(다양한 상해의 봉합 등)절차를 메즈머리즘을 사용한 마취를 통해 성공적으로 해냈다고 한다. 에스데일이 활동하던 당시에는 화학적인 마취제가 나오기 전이었고 당시의 수술 중 사망률은 50%에 육박하였는데 그는 자신의 기법을 사용함으로써 사망률을 획기적으로 줄일 수 있었고 환자들은 수술 후에도 아주 빠른 회복을 보였다.

20세기에 들어 데이브 엘먼이라는 한 최면 대가가 에스데일이 만들어냈던 이 상태를 메즈머리즘의 형식이 아닌, 언어적인 최면유도를 통해 연속적으로 재현해냈다.

현대의 최면가들은 발견자의 이름을 기리기 위해 이를 '에스데일 상태'라 부르며, 이 상태는 현재 제임스 라메이라는 최면 대가에 의해 '울트라 뎁스® 프로세스'의 일부 상태로서, 보다 구체적인 세부사항에 대한 연구들이 이루어지며 더욱 발전해왔다.

 ## 다시 태어난 '최면'

• 제임스 브레이드 – James Braid (1796 – 1860)

브레이드(Dr. Braid)는 메즈머리즘이 잠의 형태라 믿었기 때문에, 이 현상을 정의하기 위해 잠에 관한 그리스어 용어인 'Hypnos'를 활용하여 '최면'이라는 용어를 만들어냈다. 즉, 오늘날 우리가 사용하고 있는 최면이라는 이름은 바로 이 제임스 브레이드에 의해 만들어진 것이다.

스코틀랜드에서 태어난 의사인 브레이드는 1840년대에 메즈머리즘(Mesmerism)을 공부하였지만 메즈머의 동물 자기 이론을 거부하였다. 최면을 몇 년간 더 공부한 후에야 그는 비로소 그것이 잠의 형태가 아니란 것을 깨닫고 한동안 그 현상에 새 이름을 붙여 '모노이데이즘(Monoideism)'이라 부르려 하였다. 그러나 그 이름은 받아들여지지 않았고 사장되어 버림으로써 우리는 오늘날까지 그가 처음에 만들었던 잠으로 오해된 이름을 여전히 사용하고 있다.

최면 분야에는 '최면'이라는 이름 이외에도 잠과 오해된 명칭들이 굳어져 버린 단어들이 있는데, 그것은 깊은 수준의 최면을 의미하는 '몽유(섬냄뷸리즘)'라는 단어와 '코마 상태(혼수상태)'라는 단어들이다. 앞서 언급했듯이 현대의 최면가들은 '코마 상태'라는 명칭을 발견자의 이름을 따서 '에스데일 상태'로 부르고 있으며, '몽유' 역시 '최면적 섬냄뷸리즘 (Hypnotic Somnambulism)'이라고 부른다.

최면의 양대 산맥

❶ 샤르코 – Jean-Martin Charcot (1825 – 1893) : 살페트리에 학파

샤르코(Dr. Charcot)는 파리에서 태어난 저명한 신경학자이다. 그는 최면이 히스테리로 고생하는 사람에게서만 유도될 수 있다고 믿었다. 그는 브레이드와 비슷한 고정 응시법을 활용하는 최면 도입기법을 사용하였다. 그는 최면적인 상태를 다른 몇 가지 단계로 분류하였다. 실어증이 일어나는 기면 상태, 팔다리 경직이 일어나는 경직(카탈렙시) 상태, 그리고 매우 높은수준의 암시반응성을 보이는 몽유(섬냄뷸리즘) 상태로 나누었다. 그의 명성 때문에, 그는 의학 분야에서 최면을 발전시키는데 많은 일을 할 수 있었다.

❷ 리보와 베르넹 – A. A. Libeault (1823 – 1904)/ H. Bernheim (1840 – 1919) : 낭시 학파

리보(Dr. Liebault)는 프랑스에서 태어나 프랑스 낭시 지방에서 의료업에

종사했다. 그는 최면이 암시의 사용을 통해 유발된다고 믿었다. 그는 고정 응시를 사용하지 않았고, 환자가 잠에 빠져들고 있다고 암시하면서 손을 환자의 이마 위에 올리거나 환자의 눈앞으로 가로지르는 것으로 최면을 유도하였다.

그는 최면적 상태를 팔 경직 같은 현상을 테스트하는 것으로 확인한 후, 그의 환자들이 가지고 있는 문제에 대한 암시를 행하였다. 이것은 오늘날의 최면사들이 행하는 방식과 매우 유사해 보인다.

베르넹(Dr.Hippolyte Bernheim) 또한 저명한 내과 의사로 처음에는 리보(Liebault)를 비판하기 위해 그와 함께하게 되었지만, 마침내 최면의 유용성을 확신하게 되었고 그는 리보(Liebault)와 함께 낭시 학파를 만들었다. 또한, 베르넹은 현대적인 최면기법에 대한 첫 번째 책을 쓰게 됨으로써 널리 알려졌다. 그 책의 제목은 『Suggestive Therapeutics : 암시치료』였다. 베르넹은 최면이 히스테리 환자만 유도된다는 것을 믿지 않았다. 그는 최면이 평범하고 건강한 사람에게도 유도될 수 있는 상태라는 것을 증명하였다.

최면의 정체기

• 프로이드 - Dr. Sigmund Freud (1856 - 1939)

대중에게도 많이 알려져 있으며 심리학에서 매우 유명한 프로이드(Dr.

Freud)는 오스트리아에서 태어나 비엔나 의대를 졸업했다. 이후 조셉 브로이어(Joseph Breuer)의 연구에 매료된 그는 당시 낭시 학파(Nancy)와 살페뜨리에 학파(Selpetriere)에서 최면을 공부했다. 그러나 그는 샤르코가 말한 두 가지 중요한 부분에 동의하지 않았다.

첫 번째로 그는 히스테리가 있는 사람에만 최면이 유용하다는 이론을 무시하였다. 두 번째로, 그는 변화를 위해서 깊은 단계의 최면이 필요하다는 것을 믿지 않았다.

그보다 그는 얕은 트랜스 상태에서조차 과거 사건들을 회상할 수 있고 암시를 받아들일 수 있다고 가르쳤다.

분명한 것은 당시 프로이드는 최면유도에 대해 형편없는 기술을 갖고 있었고, 한 번도 수준 높은 최면가로 여겨지지 않았다는 사실이다. 불행하게도 이는 최면의 미래에 큰 영향을 주게 된다. 책『The young freud : 젊은 프로이드』의 저자 빌라 자누소(Billa zanuso)에 따르면 프로이드는 '단조로운 수면(sleep)암시'에 금방 질렸다는 것을 스스로 인정했다고 한다.

어느 날, 한 환자와 작업하던 프로이드는 그 환자를 최면적인 트랜스로 유도하는 데 실패하였다. 자포자기 가운데 그의 절망감이 극에 달했을 때, 그는 결국 각성 상태에서 자유연상을 시도하려는 생각을 하게 된다. 그 사례의 성공에 힘입은 프로이드는 그의 접근법에서 최면을 제외하게 되었고, 오늘날 널리 알려진 '정신분석' 기법을 만들게 되었다.

이후 그는 정신분석이 '최면이 남긴 유산에 대한 수행자' 라고 가르쳤고, 대중적으로 최면을 사용하는 것을 포기하도록 이끌었다.

그는 심신 정신적인 면에서 심리적인 증상들은 환자의 정신적인 삶에서 중요한 경제적 기능을 제공한다고 가르치며, 최면의 사용을 비이성적인 것으로 분류했다. 이는 이후의 많은 전문가들이 최면을 사용하는 것을 단념하게 만들었다. 결국, 한 해 동안 최면에 관해 쓰이던 수천여 종의 기사들은 단 수십 종으로까지 줄어들게 되었다.

최면의 놀라운 발전에도 불구하고, 프로이드는 최면의 명성을 순간의 반짝임으로 남긴 채 최면을 비주류로 전락하게 만들었다. 이것으로 인해 오늘날에도 일부 최면에 대한 비판론자들은 '프로이드가 최면을 버렸다'라는 말을 인용하며 최면의 가치를 종종 평가 절하시키기도 한다. 그러나 이런 말들을 하는 이들 중 대부분이 정작 최면 자체에 대해서 깊이 알지 못하는 경우가 많다.

이후에 프로이드의 권위주의적 접근방식은 많은 심리학자들에 의해 거부되었고, 그것은 비지시적 도입을 활용하는 '내담자 중심'의 접근방식으로 대체되었다.
오늘날의 최면계 역시도 많은 유능한 최면상담사들이 '상담사/치료사 중심'의 접근이 아닌 '내담자 중심'의 접근으로 상담 방향을 전환하고 있다.

 20세기 최면의 눈부신 발전

프로이드의 발견 이후 제1차 세계대전 사이에, 최면은 소수의 연구자들만이 진지하게 연구하는 영역이 되었다. 특히 각성암시와 자기암시 이론을 만든 에밀 쿠에(Emile Coue)를 비롯한 몇몇 사람들은 20세기 초반,

최면의 과학적인 측면에서 최면 계에 큰 기여를 하게 된다.

다른 한 편에서는 엔터테이너들과 무대최면의 대가들이 무대 위에서 대중적인 시범을 통해 최면에 대한 대중들의 꾸준한 관심을 끌어왔다. 오늘날의 무대최면은 전체 최면 분야 내에서도 전문화된 독자적 영역으로 성장하였고, 치료나 상담분야와는 별개로 나름의 전문적인 발전을 계속하고 있다.

제1차 세계대전 이후, 트라우마를 다루는 빠른 치료법에 대한 필요성이 대두되었고, 절박한 의학 종사자들이 다시 최면으로 눈을 돌리게 되었다. 이것은 제 2차 세계대전 이후에도 반복되었다. 이러한 트라우마 환자들의 성공적인 치료 보고서는 새로운 기법들을 두려워하지 않는 젊은 의사들이 최면을 치료에 활용하기 시작하도록 만들었다. 또다시 최면이 의학적으로도 적용되는 상황이 시작된 것이다.

20세기 최면의 발전을 빛낸 다양한 인물들이 있지만, 대표적으로 빠지지 않는 인물이 바로 데이브 엘먼과 밀턴 에릭슨일 것이다.

• 데이브 엘먼 – Dave Elman (1900 - 1967)

데이브 엘먼(Dave Elman)의 이름은 대부분 최면의 역사책에 올라오지 않지만 최면가라면 그의 현대최면에 대한 지대한 공헌을 알아야만 한다.

엘먼은 심리학자나 의사가 아니었다. 그는 북 다코타의 파크 리버에서 태어났다. 그는 어린 시절, 의학적 치료로는 불가능했던, 암으로 투병하고 있던 그의 아버지의 고통을 어느 최면가가 덜어주는 것을 보고 최면의 치료적인 가치에 눈을 뜨게 되었다.

10대 시절 엘먼은 학교 방학 동안 주로 쇼 무대에서 희극인으로 일하기 시작하였다. 한때 그는 무대에서 최면사로 일하였지만, 그는 최면에 대해 오해하고 있던 친구의 부모님들이 어린 엘먼이 최면을 자신의 딸들에게 사용할지 모른다고 생각해 딸들과 만나지 못하게 하자 최면을 그만두었다.

엘먼은 뛰어난 음악가가 되었고, 참신한 노래들을 발표하였다. 또한, 그는 라디오분야에 얼마 동안 공연자와 작가로서 일하였다. 그러나 그가 자선으로 무대최면 쇼를 하게 되었을 때, 의사들이 엘먼이 뛰어난 최면기법을 구사하는 것을 알아챘다.

그 후 그는 최면을 의사집단에게 가르쳐 달라고 요청받았고 최면을 오직 의사들과 치과 의사들에게만 가르쳐 오다가 결국 그들의 요청으로 무대최면계에서 은퇴하게 된다. 엘먼은 이전의 최면 패러다임이나 모델과는 전혀 다른 패러다임과 모델을 제시했으며, 많은 다른 최면사들이 해내지 못했던 놀라운 결과들을 만들어냈다.

최면치료 강좌를 진행하면서, 그는 테이프로 녹음된 그의 육성 강좌를 남겼고 마침내 최면의 바이블들 중 하나인 『최면에서의 발견(Finding in Hypnosis)』라는 유명한 책을 저술했다. 그는 최면계의 낡은 패러다임을 오늘날의 패러다임으로 변화시켰으며, 그의 현대 최면치료 분야의 주요한 기여는 순간최면과 급속 인덕션 그리고 연령역행을 통한 최면분석 기법을 포함한다.

*

20세기 중반까지, 데이브 엘먼은 최면을 많은 의사들에게 가르침으로써 의학계의 새로운 동향보급을 도와왔다. 영국보다는 몇 년 늦었지만, 마침내 미국에서는 1958년에 미국 의학 연합(American Medical Association)의 정신 건강 위원회가 최면의 사용을 받아들였고, 뒤이은 1960년에는 미국 심리학 연합(American Psychological Association)에서도 최면을 받아들이게 되었다.

밀턴 에릭슨(Milton Erickson : 1901-1980)이라는 이름은 20세기 후반 과학적인 연구자들 사이에서 집중적인 주목을 받았다. 그는 사람들에게 최면의 의학적 사용뿐만 아니라 기술적 사용에 있어 모두 중요한 기여자로 인식되었다. 밀턴 에릭슨은 최면 역사를 영구적으로 변화시켰다. 뛰어난 전문직의 사람들이 밀턴 에릭슨의 작업에 대해 연구하고 분석하고, 여러 책들을 펴냈다.

반면, 기술로서 최면치료에 접근하는 많은 전문적인 최면치료사들은 밀턴 에릭슨을 직관적으로 작업했던 최면의 대가로 여겼다. 그의 성공은 그의 기법에 대한 사람들의 시각과는 무관하게 널리 퍼져나갔다.

이 외에도 올먼드 맥길, 월터 씨코트, 찰스 티벳, 에스터브룩 등 큰 획을 그었던 20세기의 많은 최면사들이 있지만 여기서는 생략하기로 한다.

20세기 미국에서는 세계적으로 뻗어 나가는 여러 국제적인 전문 협회들이 탄생했으며, 최면치료사라는 직책이 의학이나 심리학과는 구별되는 독자적인 직업군으로서의 지위를 확보하게 되었다.

PART 2

Hypnosis, Yesterday
최면의 원류, 메즈머리즘

메즈머리즘이란 무엇인가?

메즈머리즘에 대해 언급하기에 앞서 'Part 1 5장. 간략한 최면의 발자취, - 메즈머리즘과 근대 최면의 시작' 부분을 읽지 않았거나 빠트린 독자라면 그 부분으로 돌아가 메즈머에 대한 간단한 스토리를 읽고 돌아오기를 권한다. (※ 이 글에서 역시 인물들에 대한 호칭은 생략한다.)

메즈머리즘에 대한 사람들의 관심은 당대 프랑스 사회를 돌풍처럼 휩쓸었다고 표현할 만큼 대단한 것이었다. 당대의 대단한 지식인들이 메즈머리즘을 지지했고, 때로는 왕비의 후원을 받기까지 했던 반면, 사기꾼이라며 무대 위에서 놀림과 조롱의 대상이 되기도 했고, 프리메이슨 같은 비밀결사 단체의 내부에서 시행되기도 했으며, 심지어 일부 사람들은 메즈머의 의도와 관계없이 그것을 위장 정치사상으로 변질시키기도 했다.

메즈머는 보이지 않는 유동체 또는 유체의 존재에 대해 이야기 했고 그것은 모든 물체에 침투할 수 있으며 물체들의 주변을 에워싸고 있다고 주장했다. 특히 우리의 신체는 자석과 유사하며 몸속에 생기는 질병이나 문제는 몸속에서 원활한 유동체의 소통과 흐름을 방해하는 장애물 때문에 일어난다고 생각했다. 따라서 메즈머는 이러한 유동체의 흐름을 바꾸어주고 흐름을 개선시키는 방식으로 이를 치료에 활용하려 했다.

이러한 유체를 다루는 과정 동안에 많은 환자들이 경련 형태의 발작을 일으키거나 몽유(섬냄뷸리즘)와 유사한 상태로 유도함으로써, 시력을 잃어 앞이 보이지 않는 신체 문제에서부터 우울 등의 심리적인 문제까지 다양한 질병과 문제들을 치료했다.

메즈머의 치료과정에서 환자들은 종종 경련을 일으키고 기침을 하거나 소리를 지르기도 했다. 여러 환자들이 마치 전염 당하는 듯 눈물을 흘리고 딸꾹질을 하며 실성한 듯이 웃기도 했으며 심지어 피를 토하거나 기절하는 경우도 많았다고 한다. 그러나 이러한 과정을 거치고 나면 한결 평온한 상태로 바뀌곤 했다.

프랑스 활동 초기에 메즈머는 자신의 치료법이 진실임을 입증해달라며 과학 아카데미에 요청했으나 거부당했고, 이후 왕립의학회에 입증을 요청했다가 마찰이 생겨 중단된다. 이후 메즈머리즘이 프랑스에서 큰 돌풍을 일으키고, 이런 극적인 치료법이 큰 인기를 끌게 되자 프랑스 의학계 내에서 비난과 논쟁이 극심해졌다.

급기야 메즈머리즘 속에 급진 정치사상을 섞고 있다는 파리 경찰의 비밀보고서까지 올라오자 이를 저지하기 위해 정부의 지시로 메즈머리즘을 조사하기 위한 두 개의 왕립위원회가 조직된다. 메즈머를 눈엣가시처럼 여기던 기성 의학계에 기회가 온 것이다.

첫 번째 왕립위원회는 미국 건국의 아버지로 불리는 벤자민 프랭클린을 필두로 한 5인이었고 일련의 실험과 조사 작업 끝에 메즈머가 말한 유동체는 존재하지 않으며 모든 것은 지나친 상상력의 결과일 뿐이라고 결론지으며 메즈머를 사기꾼으로 몰았다.

메즈머리즘에 적대적이었던 왕립위원회는 조사과정에서 정작 메즈머가 행했던 치료의 효과에는 관심이 없었고, 단지 유동체라고 부르는 것이 실제 존재하고 그것이 치료에 영향을 주는 것인지만 궁금했을 뿐이었다. 치료의 결과나 효과와 관계없이 유동체의 존재를 확인하지 못하면 메즈머를 사기꾼으로 확정할 수 있었기 때문이었다.

당시의 조사들은 마치 오늘날의 플라시보 효과(기대심리)를 조사하는 듯한 실험들로 이루어졌는데, 설령 그들의 결론처럼 메즈머리즘의 모든 효과들이 플라시보 효과였다 하더라도, 그들은 그러한 환자의 내적 믿음이 어디에서 나오는 것이며 그들의 치유나 회복에 얼마나 중요하고 큰 변화를 가져오는지에 대해서는 애써 외면했다.

더욱 재미있는 사실은 왕립위원회가 조사과정에서 정작 주인공인 메즈머, 그 자신을 제외했다는 사실이다. 위원회는 결코 메즈머를 조사하지 않았고 메즈머가 공식적으로 인정하지 않는다고 밝혔던 데슬롱이라는 사람을 조사했다. 데슬롱은 메즈머의 초기 지지자였지만, 정작 메즈머가 비밀을 공개하지 않은 까닭에 메즈머의 이론에 대해 배울 수도 없었고 알 수도 없었다. 그리고 위원회는 메즈머가 행했던 정통학설과 메즈머리즘으로 치료된 수백여 건의 치료사례들에 대해서는 조사조차 거절했다.

왕립위원회는 모든 것이 상상력의 결과라고 결론지었지만, 사실 상상력만으로 메즈머리즘의 이런 놀라운 효과들을 모두 설명할 수는 없었다.

당시 환자에게 접촉하지 않고 감각만으로 환자의 문제 부위나 질병을 찾아내는 접근을 사용하던 메즈머리스트(메즈머리즘 전문가)들도 있었다.

그들은 아픈 말(馬)들을 대상으로 문제 부위나 질병을 찾아낸 뒤 실제 그 말을 해부하여 그 진단이 옳았음을 확인하기도 했다.

이는 상상력만으로 피험자가 영향을 받는다는 위원회의 의견을 반박하는 것이기도 했다.

사실 메즈머리즘의 비밀은 메즈머 자신이 대중들과 공유하지 않았으며 심지어 그의 제자들에게조차 궁극적인 비밀을 가르쳐주려 하지 않았다. 그 비밀은 어렵게 진행된 협상 끝에 여러 조건하에 일부 특정단체와 제자들에게만 공개되었고 이후 비밀스럽게 그 전통을 이어갔다.

메즈머리즘을 한두 가지 접근 형식이나 테크닉으로 규정할 수는 없다. 왜냐하면, 당대에는 메즈머리즘을 행한다고 주장하는 수많은 사람들이 우후죽순으로 생겨났으며 심지어 지역별로 다른 형태의 메즈머리즘이 발전하기도 했고 일부 영성주의자들이나 신비주의와 결합되면서 유령과 교신하고 경련을 일으키는 기법들이 포함된 초자연적인 영역의 메즈머리즘이 등장하기도 했기 때문이다.

또한, 그중에는 적지 않은 수의 사기꾼들도 포함되었고 그것의 본래 의도에서 변질된, 심지어 메즈머가 인정하지 않는 '메즈머리즘'이라는 이름하에 행해졌던 수많은 형태의 접근들이 공존하기도 했다.

현대최면과 메즈머리즘은 어떻게 다른가?

비록 최면이 메즈머리즘에서 비롯된 것이기는 하지만, 현대적인 최면은 메즈머리즘과 분명하게 분리되어 있으며 메즈머리즘과는 또 다른, '최면' 자체로서 정체성을 가지고 있다.

여러분은 혹시 '브라질 유술 or 브라질리언 주짓수'라는 무술에 대해 들어본 적이 있는가? 아니면 과거에 '이종 격투기'로 알려져 있던 '종합 격투기(MMA : Mixed Martial Arts)'라는 격투시합을 알고 있는가? 아마도 링이나 철창 안에서 팬츠나 도복을 착용한 두 사람이 때로는 복싱이나 태권도처럼 주먹이나 발로 상대를 가격하기도 하고, 때로는 레슬링이나 유도처럼 엉겨 붙어 바닥에서 뒹굴며 살벌한 격투시합을 하는 모습을 TV에서 한 번쯤 본적이 있을 것이다. 이 시합은 완전한 무규칙 시합은 아니지만, 최소한의 규칙을 갖고 진행하는 격투 스포츠이다.

초창기에는 이것이 복싱과 유도가 겨루면 누가 이길까? 레슬링과 태권도가 겨루게 되면 누가 이길까? 등의 단순 호기심에서 출발한, 말 그대로 타 종목 간의 격투시합 즉, '이종 격투기'의 형태로 출발했지만, 시대가 지남에 따라 선수들이 상대와 경쟁하고 상대의 기술에 대항하기 위해 다양한 종목을 두루 배우기 시작했다. 타격가는 레슬링과 관절기를 배우고, 레슬러는 타격기술을 배우기 시작했다. 결국, 오늘날 이것은 더 이상 이종 간의 시합이 아닌, 말 그대로 '종합 격투기(MMA : Mixed Martial Arts)'라는 새로운 장르의 격투기 종목을 탄생시켰다.

앞서 언급한 '브라질 유술'이라는 무술은 '종합 격투기' 선수들이 필수적으로 익혀야 하는 무술들 중 하나이다. '브라질 유술'의 주요패턴은 주로 상대방을 넘어뜨린 다음, 또는 넘어지거나 상대 선수와 뒤엉킨 상황에서 관절기나 조르기 기술을 사용해 상대방을 무력화시킨다. 이 기술들은 과학적 원리가 적용되므로 기술이 정확히 걸렸을 경우, 기술에 걸린 사람이 힘으로는 절대 빠져나갈 수 없기 때문에 그대로 버티려 한다면 팔이나 다리가 부러지거나 기절을 하는 등의 치명상을 입을 수 있다. 따라서 자신보다 크고 강한 사람을 상대한다 하더라도 한 번의 기술 성공이 그대로 승부의 결과로 이어진다. 브라질 유술의 기술 공방은 수만 가지의 정교한 패턴이 존재하기 때문에 그 기술의 공방을 '인간 체스 게임'에 비유하기도 한다.

이 브라질 유술은 원래 일본의 고전 유술이 브라질로 넘어가 '그레이시 가문'으로 전파된 것인데, 이후 이 고전 유술은 근대화와 함께 위험한 요소들이 다듬어지며 일본 내에서는 우리가 흔히 알고 있는 '유도'라는 종목의 정식 스포츠로 발전되었다.

그런데 브라질에 전해진 고전 유술은 길거리 격투라는 환경에서 살아남으며 스포츠가 아닌 실전적인 격투기술 위주로 진화되어 갔다. 또한, 브라질이라는 특유의 환경에서 성행되었던 '발리튜도'라 불리는, 이른바 시간제한을 없애고 규칙을 최소화한 격투시합을 통해 그 실전성을 증명하며 다듬어져 왔다. 그것이 오늘날의 '브라질 유술'인 것이다. 유도와 브라질 유술은 마치 부잣집에서 엘리트로 곱게 자란 형과 뒷골목 쓰레기더미에서 생존을 위해 살아남은 배다른 동생과 비슷한 관계가 되었다.

최면과 메즈머리즘의 관계도 이와 비슷하다.

유도가 그랬던 것처럼 메즈머리즘은 현대로 넘어오면서 심리학적인 컨셉의 옷을 입기 시작하면서 많은 부분 그 모습들이 다듬어졌고 '최면'이라는 새로운 이름을 갖게 되었다.

그러나 원래 형태의 일부 '메즈머리즘'은 마치 브라질 유술이 그래 왔던 것처럼 몇몇 다른 이름으로 보이지 않는 곳에서 비공식적으로 명맥을 이어온 것으로 여겨진다.

비록 그 형식은 메즈머가 당시에 했던 것과 백 프로 일치하지는 않겠지만 현대적인 최면의 모습이 아닌 메즈머리즘과 마그네티즘의 맥을 이으며 변형되어 온 작업들이 존재하고 있다는 것을 필자는 확신한다.

필자가 미국에서 테드 제임스 박사에게 이 고전적인 형식의 '메즈머리즘'에 대한 트레이닝을 받았을 때는 현대에 이런 형식의 기술을 보다 직접적이고 전문적으로 사용하는 사람들이 있을 것이라곤 생각하지 않았지만, 필자가 이것을 확인하기 위해 유럽을 방문했을 때 '최면'이 아닌, 비공식적으로 '메즈머리즘' 계열의 기법들의 전통을 이어온 살아있는 메즈머리스트가 일부 존재한다는 것을 몇몇 자료들을 통해 눈으로 확인할 수 있었고 그 모습에 신선한 충격을 받았었다.

누군가가 직접 촬영해온 그 영상 속의 인물은 현대최면에서 언어를 통해 유도하는 방식과 전혀 다른 방식을 사용했고 짧고 간단하지만, 그 효과 또한 믿을 수 없을 만큼 강력함을 보여주었다. 그러나 필자가 만났던 마그네티즘을 사용한다고 알려진 몇몇 사람들로부터는 다소 실망하기도 했다.

현재 브라질 유술은 UFC라는 메이저대회를 통해 그 실전성과 강력함을 전 세계에 알리게 됨으로써 지금은 전 세계인들이 아는 세계적인 무술이 되었으며 수련인구가 늘면서 그 기술들도 더욱 정교하게 발전하고 있지만, '메즈머리즘'이나 '매혹'과 같은 분야는 이것을 파워풀하게 구사하는 진짜 계승자들의 숫자도 많지 않을뿐더러 그 모습들을 공식적으로 잘 드러내지 않는다는 것이 큰 차이점이라 하겠다.

실제로 유럽 등지에 알려지지 않은 몇몇 강력한 '매혹가'들이나 '메즈머리스트'들이 존재하지만, 그들은 공식적으로 그것을 알리거나 가르치지 않고 있었다.

필자의 경험으로는, 인터넷상에서 검색을 통해 접할 수 있는 대부분은 개인적으로 메즈머리즘에 대해 독학하거나 그것을 복원하려고 노력하는 사람들이었고 주로 현대적인 '최면'을 기본으로 사용하면서 메즈머리즘과 비슷한 일부기법들을 섞어 사용하는 사람들이 많았다.

그렇다면 현대최면과 메즈머리즘은 형식적인 면에서 어떤 차이를 갖고 있을까?

그 전의 1장에서 언급했던 오늘날 최면의 정의를 다시 돌아보도록 하자. 최면은 '현재 의식의 비판력 or 크리티컬 팩터를 우회하여 선택적 사고를 확립한 마음의 상태'라고 했었다.

그러나 세기가 바뀌면서 '최면'이라는 단어가 지칭하는 것에는 차이를 보인다.

과거에 '최면'이란 단어는 오늘날의 최면을 지칭하는 의미와 약간 달랐는데, 그것은 '비판력 또는 크리티컬 팩터'만을 우회하는 것이 아니라 의식 전체를 우회하는 상태였다는 점이다. 즉, 그것은 피험자가 눈을 크게 뜬 채로 최면에 들었고(이것은 현대최면에서 말하는 대화최면과 같은 가벼운 상태를 뜻하는 것이 아니다.) 마치 자동화된 기계처럼 행동했다는 것을 의미한다.

이러한 측면에서 많은 고서적이나 관련 기록들에서 관찰되는 초기의 최면에 대한 묘사들은 심리학적인 양상으로 다루는 오늘날 최면의 모습과 다소 모순되거나 차이를 보인다.

비판력만을 우회하는 것이 아닌 의식적인 마음 자체를 우회하는 상태라는 말은 뒤에서 소개할 울트라 뎁스® 프로세스라는 분야에서 사용하는 최면의 정의와도 공통점이 있다.

메즈머리즘과 현대의 최면은 또 하나의 가장 큰 차이점을 갖고 있는데 그것은 바로 메즈머리즘이 단순히 심리학적인 양상만이 아닌 다른 어떤 것을 기반으로 하고 있다는 것이다. 이것은 의식이 '생명 유동체(Life fluid)'를 사용한다는 점에서 최면과는 완전히 다른 개념을 지닌다.

따라서 메즈머리즘을 이해하려 할 때 이것이 단지 하나의 '테크닉'이나 '기술'적 측면만이 아니라는 점을 이해하는 것은 매우 중요한 요소이다. 이것은 방법이나 절차, 기법 자체보다는 행동의 선(모든 행동이 지향하는 목표)을 따라 절대적으로 이것을 믿고 있는 사람과 깊이 연관되어 있다.

현대최면에서는 대부분 언어의 사용을 중요하게 생각한다. 왜냐하면, 언어의 사용을 통해 피험자의 정신작용을 끌어내기 때문이다.

그러나 메즈머리즘의 접근에서는 언어적인 전달을 바탕으로 하지 않는다. 메즈머리즘에서는 기본적으로 비언어적인 자극을 통해 생리적인 변화와 반응을 끌어낸다. 따라서 여러 종류의 마그네틱 기법들은 언어를 사용하지 않는 많은 종류의 동물들로부터 반응을 끌어내기도 한다.

여기에는 언어를 사용한 오늘날의 최면에서 쉽게 볼 수 없는 많은 현상들이 포함된다.

오늘날의 최면에서 언어적인 암시라는 것은 필수적인 요소로 간주되지만, 메즈머리즘에서 이는 필수요소가 아니며 만약 여기에 암시가 사용된다면 그것은 효과를 강화하거나 동반사용 될 수 있는 하나의 요소로만 여긴다. 만약 우리가 인간이나 동물에게서 마그네티즘을 사용하여 유사한 징후를 끌어낸다면, 우리는 그 영향력을 애니멀 마그네티즘(동물자기)라고 부를 수 있을 것이다. 이런 용어는 메즈머리스트들이 사용하는 용어이다.

이러한 영향력이나 결과를 부정하는 많은 사람들이 있는데 그 이유는 이런 개념을 믿지 않는 사람들에 의해 유사한 현상들이 유도되었기 때문이다. 그러나 마그네틱 유동체를 믿지 않고 단순히 심리적 현상이라는 믿음만을 가진 많은 최면 대가들 중에서는 사실 자신도 모르게 '이것'을 사용하고 있는 경우가 많다.

그리고, 모든 최면적인 현상이 이러한 애니멀 마그네티즘의 영향력으로 만들어지는 것만은 아니다.

일반적으로 모든 메즈머리스트(마그네타이저)는 최면가의 범주를 포함하지만, 최면가는 메즈머리스트의 범주에서 제외될 수 있다.

당신이 발산하는 마그네티즘은 어떤 종류인가?

> "거의 모든 형상이 있는 물질에는 전자기장이 흐른다. 바로 이러한 전자기장에 생명력과 마음의 메시지가 실려서 흐르게 된다. 결과적으로 이러한 무형의 신비한 매체가 우리의 작업 대상이고, 구체적인 형상을 가지는 고체물질은 관련이 없다."
>
> **– 다이온 포춘(Dion Fortune)**

메즈머리즘에서는 마그네티즘이라고 부르는 기본적인 개념이 등장한다. 이 마그네티즘은 초기의 메즈머리스트들 간에 소위, 생명에너지로 정의되었다. 이는 동양에서 말하는 '기(氣)'라는 것과도 공통점이 있다. 마그네티즘은 이 글을 읽고 있는 독자를 비롯한 모든 사람에게서 항상 지속적으로 발산되고 있다. 그리고 모든 사람이 어느 정도의 마그네티즘은 가지고 있다는 것에 대해서는 의문의 여지가 없다.

문제는 어떤 종류의 마그네티즘인지가 중요한 것이다.

자, 이 글을 읽고 있는 독자들은 자문해보기 바란다. 나로부터 발산되는 마그네티즘이 생명과 건강을 발산하는가? 아니면, 고요함과 평안함을 발산하는가?

마그네티즘은 사람들이 서로 이끌리거나, 서로 밀쳐내게 하는 작용을 하는 매체이다. 강력하고, 건강한 마그네티즘은 메즈머리스트의 깊은 내면을 비롯해 건강하고, 에너지가 넘치는 몸에서도 발산된다. 또한, 메즈머리스트가 마그네티즘의 우주적인 근원과 연결하는 능력에서도 나온다.

컨피던스와 의지력

　과거 필자에게 최면을 가르쳤던 한 외국인 선생님은 최면에 대해 이렇게 얘기했다.

　"최면은 컨피던스(Confidence) 게임입니다."

　즉, 최면은 신뢰게임이기도 하고, 자신감게임이기도 한 것이다. 이것은 다른 의미로 비언어적인 소통의 중요성을 강조한 말이기도 하다. 지금도 필자는 이 말에 전적으로 동감하고 있고 학생들에게도 이 부분을 강조하고 있다.

　그러나 필자에게 퀀텀 마그네티즘을 가르쳐 준 프랑스의 마르코 파렛 박사는 이에 덧붙여 이렇게 말했다. "최면을 행하기 위해 컨피던스 뿐만 아니라 '의지'를 갖는 것은 필수적인 것입니다."

　이 말을 통해서도 알 수 있듯이 메즈머리즘은 보다 비언어적인 소통 측면에 집중되어 있다.

　그러나 필자는 울트라 뎁스® 프로세스라는 다른 영역을 공부하면서 그가 말하지 않은 더욱 중요한 부분들에 대해 경험했다. 그리고 그것이 메즈머리즘에서 말하는 소통이라는 측면에 대해 더욱 잘 이해할 수 있도록 도와주었다.

　그것은 바로 우리가 의식적으로 의도하는 표면적인 의도가 전부가 아니라는 사실이다. 우리의 표면의식이라는 영역은 전체의식의 영역에서 매우 제한적인 부분이다. 우리의 무의식과 잠재의식은 표면의식을 능가하는 훨씬 다양한 소통 채널들을 가지고 있다.

따라서 메즈머리즘을 행할 때 표면적인 의도에만 집중하는 것은 많은 것들을 놓치게 되는 결과를 초래할 수 있고 깊은 작업에 이르기 어렵게 만들 수 있다. 이것은 아이러니하게도 '의도'의 힘을 빼는 것으로 연결되며 '의도'라는 단어 이면의 의도를 생각하게 한다.

메즈머리즘의 요소인 마그네티즘과 매혹은 특정한 접근기법을 익히는 것과 내적인 힘을 발전시키는 것 두 가지 모두가 기반이 된다. 이 힘은 바로 '생명력'이라는 개념에 기초한다.

고대의 메즈머리스트들은 끊임없이 개인적 마그네티즘을 발전시키려고 노력했고, 자신으로부터 발산되는 마그네티즘을 정화하려고 노력해 왔다. 심지어 부단한 수련과 함께 식이요법 및 좋은 식사에도 신경을 썼었다. 이것이 왜 메즈머리즘이 '자기자신'으로부터 출발하는 것이고 부단한 자기관리와 수련이 중요한 것인지에 대한 이유인 것이다.

우리는 상담이나 치료적인 방법뿐만 아니라 개인과 개인의 관계, 전문가들의 관계, 그리고 우리가 생각할 수 있는 모든 사회적인 관계 속에서도 인식하건 인식하지 않건 상호작용하고 있다. 메즈머리즘 훈련은 이러한 상호관계들 속에서 일반적인 자기계발뿐 아니라 개인의 매력이나 개성을 발전시키는 데도 도움을 줄 수 있다.

바로 당신이 시용하는 마그네티즘의 근원은 '당신자신'이다.

생명 유동체는 '감각'이 아니다

생명력과 활력, 생기 등의 용어는 메즈머리즘에서 대단히 중요한 개념이다. 왜냐하면, 마그네티즘의 발현은 비언어적인 경로와 함께 이러한 생명력의 경로를 통해서 일어나기 때문이다.

메즈머리즘에 등장하는 애니멀 마그네티즘(동물 자기)과 생명 유동체를 이해하는 데 있어 겪는 대표적인 오해는 그것을 실제 특정 감각으로만 이해하려 하는 것이다.

비록 이것이 '유동체' 등의 단어로 불리더라도 이는 실제적인 감각 용어가 아니다. 우리가 이것을 이해하고 함께하는 것을 돕기 위한 표현일 뿐이다. 만약 당신이 마음을 열고 자연과 사람 사이에, 사람과 사람 사이에서 상호 작용할 때 아마도 그것이 어떤 것인지 경험할 수 있을 것이다.

 ## 마그네티즘의 기본 원칙

메즈머의 이론은 행성과 지구, 그리고 모든 살아있는 자연 사이에는 상호작용이 존재한다는 개념을 기본으로 하고 있다. 이러한 작용과 반작용을 지휘하는 수단으로 가장 좋은 것이 바로 유동체이다. 이것은 모든 종류의 동작들과 인상(느낌)들을 받아들이고 소통할 수 있으며 이 상호적인 작용은 밀물과 썰물에 비유될 수 있다.

생명에너지는 마그네티즘을 행하는 자(마그네타이저)에게서부터, 마그네티즘을 받는 자(피험자)에게로 흐른다. 생명력이 과연 존재하는가에 대해서 증명된 것은 없다. 그러나 관찰할 수 있는 모든 자연현상은 생명력이 존재한다는 것을 그대로 보여준다.

이 유동체는 스스로 구체화되면서 신경에 즉각적인 반응을 야기하는데, 마치 양극성을 띄고 있는 자철석(천연자석)이 일으키는 것과 유사한 현상을 인간의 몸에서 일으킨다. 따라서 이것의 이름을 애니멀 마그네티즘(동물 자기)이라 부르는 것이다.

이 유동체는 일정한 거리에서 작용하며 마치 빛처럼 거울에 반사되고 소리에 의해 강화되고 펴질 수 있으며, 몸에서 몸으로 매우 빠르게 흐른다. 한편 애니멀 마그네티즘에 정 반대 작용을 수행하는 생기 있는 신체들이 존재하는데, 그들의 존재 자체는 마그네티즘의 효과를 파괴할 수도 있다. 그러나 이 힘 또한 긍정적인 힘에 속한다.

앞부분에서 의지에 대한 항목을 언급했듯이 이들은 마그네티즘의 기본이 되는 항목들 중 하나이며, 의지가 생명에너지를 모으는 데에 필요한 기본항목이라면, 확고한 신념을 가지는 것은 우리가 이미 가지고 있는 능력을 지속적으로 사용하도록 하기 위해 필요한 것이다.

한 사람이 이런 방식으로 다른 사람에게 영향을 미치기 위해서는 각각의 상호 간에 래포와 신뢰가 반드시 있어야 한다. 또한, 이와 함께 마그네티즘을 행하는 자(마그네타이저)에게는 피험자에게 선(善)을 행한다는 의도가 있어야 한다.

마그네티즘의 첫 번째 조건이 바로 이러한 선한 의도나 의지이다. 두 번째 조건은 마그네티즘을 행하는 자의 스스로에 대한 확신이다. 그리고 세 번째는 오로지 선을 행하겠다는 선행(善行)의도이다.

지속적인 의지나 의향은 자기 확신에 기초한 멈추지 않는 의식의 집중을 통해서 나온다.

메즈머리즘에 대해 기술한 많은 서적들에는 이러한 의식의 집중을 강조하고 있다. 그러나 필자는 개인적으로 이것만으로는 충분하지 않음을 자신과 타인들을 통해 경험했다.

우리의 현재 의식은 전체의식의 극히 일부라는 것을 생각한다면 단지, 표면적인 의식으로 신념을 갖고 특정 의도를 갖는 것만으로는 충분하지 않다. 바로 그러한 부분이 결과를 창조해내는 강력한 메즈머리스트와 그냥 동작만을 따라 하는 메즈머리스트 간의 중요한 차이들 중 하나라고 할 수 있다.

 ## 섬냄뷸리즘의 발견과 초감각적 지각

최면계에서 오늘날 사용하고 있는 전문용어인 '섬냄뷸리즘 (Somnambulism)'은 최면의 깊은 특정 상태를 지칭하는 용어이며 그 사전적인 단어의 의미는 '몽유병'을 지칭한다.

이것은 메즈머의 제자였던 푸쉬그에 의해 우연히 발견된 상태이다. 메즈머는 푸쉬그를 가장 똑똑하고 활동적인 그의 지지자로 여겼다.

당시 푸쉬그는 한때 메즈머가 그랬던 것처럼, '마그네틱(자화시킨) 나무'를 활용했었다.

어느 날 그는, 어린 양치기 소년 하나가 그 나무로 와서는 자신을 밧줄로 묶고서 천천히 눈을 감더니 잠에 빠지는 듯한 모습을 목격한다. 순간 푸쉬그는 뭔가 잘못된 것이 아닐까 봐 겁에 질려서 그 아이에게 매듭을 풀라고 소리쳤다. 그러자 그 소년은 눈을 감은 채로 푸쉬그의 지시대로 줄을 풀기 시작했다. 놀란 푸쉬그가 그 소년에게 앞으로 걸어보라고 말하자 소년은 역시 그의 말대로 눈을 감은 채 앞으로 걸어 나왔다. 그리고 멈추라고 말하자 즉시 멈추었다. 푸쉬그는 다른 몇몇 지시들을 계속해서 주었고 소년은 그 지시들 모두를 눈을 감고 잠에 빠진 듯한 모습으로 실행했다. 끝으로 눈을 뜨고 깨어나라고 말하자 소년은 눈을 떴다.

그는 자신의 발견을 섬냄뷸리즘(Somnambulism)이라는 이름으로 불렀다. 왜냐하면, 그 소년은 분명 잠이 든 것처럼 보였지만 모든 명령들을 따랐기 때문이었다. 이로 인해 특정 최면 상태를 의미하는 섬냄뷸리즘이라는 용어가 생겨나게 되었다.

푸쉬그는 이런 최면적인 현상의 원인에 대한 메즈머의 관점에서 약간은 변형된 관점을 취했다. 그리고 이런 마그네틱 섬냄뷸리즘 상태에서 동반되는 여러 가지 초감각적인 현상들에 대한 기록들이 있다.

기록에 의하면, 푸쉬그의 실험 중에는 나무에 묶인 채 마그네틱 섬냄뷸리즘 상태에 든 한 농부 앞에서, 아무 말도 없이 자신이 마음속으로 부르는 노래를 따라 부르도록 한 경우도 있었다. 언어를 사용하지 않고 마음속으로만 지시한 것이다. 그런데 놀라운 일이 벌어졌다. 그 농부는 그가 마음속으로 부르고 있던 그 노래를 실제로 소리 내어 따라 부르기 시작한 것이다. 그뿐만 아니라 이러한 마그네틱 섬냄뷸리즘 상태에 있는 사람이 자신의 내면을 들여다보고 질병을 진단하거나 회복날짜를 예측하는 경우도 있었다고 한다. 또한, 거의 죽은 것처럼 보이는 개를 마그네티즘 기법을 통해 되살려냈고 멀리 떨어져 있는 사람과 소통하거나 심지어 이미 죽은 사람과 대화한 기록 또한 있다.

현대의 최면사들 중에는 이러한 기록들에 나오는 당시의 메즈머리스트들을 싸잡아서 사기꾼으로 매도하는 경우도 있지만, 과학적으로 검증하기 어려운 초감각적인 현상을 보여준 사례들은 메즈머리즘이나 최면의 역사에서 줄곧 있었다.

19세기 살페뜨리에 학파를 이끌었던 장 마틴 샤르코의 기록에서 또한 텔레파시를 통한 치료사례가 있다. 샤르코는 실제로는 이상이 없는 자신의 팔이 마비되었다고 생각하는 자신의 환자에게 깊은 상태를 유도한 다음 마음속으로 당신의 팔은 마비되어 있지 않으며 정상이라고 메시지를 보냈다. 그런데 놀랍게도 최면에서 돌아 나온 그 환자는 치료된 모습을 보였다고 한다. 놀랍고도 믿기 어려운 사례들이다.

메즈머리즘에서는 이러한 내적 연결을 중요시했으며 종종 예지력이나 정신감응적인 현상이 일어났다. 그러나 현대의 최면에서는 이러한 현상들을 관찰하기가 쉽지 않다.

이는 여러 가지 이유들이 있는데, 그들 중 하나가 패러다임 자체의 변화이다. 이것은 최면을 보다 대중적으로 만들었지만, 일부 요소들의 파워들이 재현되기 어렵게 만들었다.

실제로 현대의 심리학 컨셉의 최면에서는 앞서 말한 깊은 상태들이 거의 재현되지 않는다. 왜냐하면, 위에서 언급한 정도의 상태를 언어에 의존한 최면이라는 도구로 만들어내기가 쉽지 않기 때문이다.

필자는 고서적들에 등장하는 이런 모든 기록들을 100% 수용하지는 않지만, 이러한 깊은 상태에서 초감각적인 현상들이 충분히 일어날 수 있다는 것에 대해서는 전적으로 신뢰하며 그 수많은 기록들의 대부분이 거짓이 아님을 믿는다. 왜냐하면, 뒤에서 소개할 울트라 뎁스® 프로세스라는 도구를 통해 깊은 영역을 탐구하며 그러한 기록들과 유사한 현상들을 여러 번 목격했기 때문이다.

마그네티즘과 매혹

메즈머리스트들이 사용하는 절차와 방식은 매우 다양하다. 메즈머 이래의 각각의 메즈머리스트들은 자신만의 특정한 접근법들을 갖고 있었다. 본래의 메즈머리즘 기법 안에는 '마그네티즘'이라고 불리는 영역과 '마그네틱 매혹'이라고 불리는 영역이 함께 포함되어 있었지만, 시대가 흐르면서 그들은 독립적으로 성장하게 되었다.

먼저, 마그네티즘은 주로 '마그네틱 패스'라는 동작들을 통해 이루어진다. 마그네틱 패스는 일반적으로 가장 적당한 전이의 매체가 되는 신체 부위인 '손'을 사용하며 피험자의 몸에 직접 접촉을 하는 방식과 거리를 두고 하는 방식을 모두 사용할 수 있다.

접촉에 의한 방식은 강한 접촉이나 압박을 사용하는 방식과 가볍고 약한, 미묘한 접촉을 사용하는 방식이 있다.

약간의 거리를 두고 행하는 패스는 가장 흔히 사용되는 패스이며 그 목적과 형태에 따라 전신패스, 휴식패스, 부분패스, 집중패스 등으로 세분화되어 있다.

보통 이런 패스 동작들은 양손을 사용하여 피험자의 신체의 윗부분에서 아랫부분으로 약간의 거리를 두고 내려오는 형식이 사용되며 털기 동작과 마감절차가 결합되어 사용된다.

전통적으로 대부분의 메즈머리스트들은 우리 몸의 적도 부위를 중요하게 생각했다. 따라서 대게의 마그네틱 패스들은 복강 신경총과 연관되는 경우가 많으며 마그네티스트들은 이곳을 우리 몸의 중심으로 여긴다.

마그네티즘 워크

이와 함께 또는 독자적으로 사용할 수 있는 '매혹'이라고 불리는 기법은 눈을 통한 응시의 힘을 사용하는 것이다.

이 마그네틱 응시는 오늘날의 최면에도 그 흔적이 남아있고 많은 최면사들이 여전히 사용하고 있지만, 형식적인 절차에 그치는 경우가 많다. 그러나 메즈머리즘에서 이 응시기법은 마그네티즘 패스와 조합으로 또는 독자적으로 매우 비중 있게 사용되던 영역이었다.

이런 응시의 파워를 제대로 구사할 수 있는 사람들을 '마그네틱 매혹가' 또는 '페서네이터'라고 부르기도 한다.

필자는 누군가가 소장하고 있던, 살아있는 '마그네틱 매혹가'의 강력함이 담긴 한 이탈리아 노인의 실제 시연 영상을 볼 기회가 있었는데, 그것은 그동안 알고 있었던 이 '응시기법'에 대해 다시 생각하게 만드는 계기가 되었다.

영상 속의 그는 '순간 매혹'으로 몇 초 만에 강력한 매혹 상태를 만들어냈고 그것은 그동안 최면이라는 영역에서 흔히 볼 수 있었던 그러한 수준의 시연이 아니었다.

이 요소는 또한 오늘날의 최면에서 퇴화되어버린 요소들 중 하나임에 의심의 여지가 없었다.

마그네티즘은 원거리에서도 전이가 가능하지만 이를 받는 사람이 어느 정도 마그네티즘에 대한 감수성이 있어야 한다. 마그네티즘을 받는 모든 사람들은 공평하고 균등하게 생명의 에너지를 받지만 모든 사람들이 똑같은 체험을 하지는 않는다.

이 분야에서는 이러한 유동체 또는 생명에너지를 인지할 수 있는 사람들을 '센시티브(민감한 감수성의 소유자들)'라고 부른다. 이런 사람들은 깨끗하고 예민한 신경시스템을 갖고 있다고 말하며 특정한 종류의 생명력이나 유동체는 인체의 신경계 차원에서 감지되지 못하는 것도 있다.

이런 민감한 감수성을 지닌 사람들을 사전에 미리 예측할 수는 없지만 1887년 딜루즈는 그의 환자들 중 약 75%의 사람들이 이런 수준의 사람들이었다고 말했다.

그러나 그러한 높은 수준의 민감성을 가진 사람이라 하더라도 모든 마그네타이저에게 같은 수준의 깊은 래포를 가진다는 것은 아니다. 특정 마그네타이저에게는 더 깊은 수준의 래포를 가실 수 있지만, 반대로 어떤 마그네타이저에게는 얕은 래포를 가질 수도 있다.

다시 말해 어떠한 마그네타이저도 모든 사람과 절대적으로 동일한 래포를 가질 수 있는 것은 아니다.

마그네틱 매혹과 최면적 응시

앞에서 소개한 마그네틱 매혹은 '페서네이션'이라는 이름으로 불리기도 하며 이를 구사하는 사람들을 '매혹가' 또는 '페서네이터'라고 부르기도 한다. 오늘날의 최면 분야 역시 언어나 단어를 사용하는 최면과 함께 이 응시기법의 흔적이 남아있긴 하지만 형식적인 수준을 넘어 제대로 사용되는 경우는 많지 않다.

동물들 사이에서도 눈을 매개로 한 이런 매혹 현상들은 종종 관찰되는데 그런 현상들을 관찰해보면 어떤 경우에는 이해할 수 없는 행동들이 관찰되기도 한다.

예를 들어 방울뱀이 새나 다람쥐, 또는 새끼 산토끼 같은 작은 동물들에게 행하는 매혹의 힘이 있다. 이런 작은 동물들은 비록 벗어나기 위해 버둥거리지만 뱀으로부터 시선을 돌릴 수 없이 자신도 모르게 서서히 그 뱀에게 가까이 다가간다. 마치 입을 크게 벌리고 있는 뱀을 향해 본능적인 어떤 힘에 의해 빨려들거나 끌려가듯이 말이다.

또 다른 어떤 실험에서도 비슷한 현상들이 종종 관찰된다. 독사가 들어있는 우리 안에 쥐 한 마리를 넣었을 때 처음에는 이 쥐가 크게 동요되고 흥분된 것으로 보였다. 그런데 이윽고 그 쥐가 독사 앞에서 매혹 상태가 되자, 크게 입을 벌린 채 가만히 있는 독사에게 점점 더 가까이 이끌려가는 것이다. 결국, 그 쥐는 독사의 입으로 들어갔고 독사는 쥐를 삼켜버렸다.

응시를 통한 '마그네틱 매혹'은 동물들에게서 일어나는 매혹 현상처럼 사람 사이에서도 내면으로부터 즉각적인 반응을 끌어내는데 매우 유용할 수 있다.

메즈머의 애니멀 마그네티즘의 실행에는 이러한 매혹기법이 포함되어있었고, 그는 마그네티즘이 눈을 통해서도 다른 사람에게 전이될 수 있다고 말했다. 특히 그는 이 힘이 인간의 본능적인 부분과 깊이 연결되어있음을 발견했다.

즉, 이것은 의식적인 마음이 아닌 생리적이고 본능적인 동물적 마음과 대화하는 것이다. 따라서 마그네틱 응시기법에서는 현대적인 최면응시처럼 언어적인 설명이나 말은 거의 사용하지 않는다. 왜냐하면, 언어화된 설명이나 말을 통한다면 그 깊은 동물적인 상태는 얕아지고 깨어질 수 있기 때문이다.

언어에 쉽게 반응하는 것은 의식적인 마음이며, 동물들은 자신이 하고 있는 행동을 말로 하지 않는다.

매혹 상태에 든 피험자는 어떤 변화가 나타날까?

먼저 이러한 매혹 상태에 있는 사람은 논리적인 마음이 줄어들며 인지적 측면에 변화가 생긴다. 때때로 최면적인 트랜스가 즉각적으로 일어나는 듯한 것을 경험하기도 하고, 시간 왜곡이나 물리적인 세상과 분리되는 느낌을 느끼는 경우도 있다.

고대인들은 이러한 상태를 '안개'에 비유하기도 했으며, 이것은 오늘날 비행 중에 특정 트랜스에 드는 일부 비행사들에게서 목격되는 현상과도 유사하다. 비행 중에 이러한 상태에 드는 것은 매우 위험할 수 있다. 이것은 '어둠의 초점' 등으로 불리기도 하는데, 볼 것이 없는 특정한 공간으로 시선의 초점이 집중되면서 의식이 어떠한 자연적인 휴식 속으로 들어가는 것이다. 이렇게 되면 우리의 인지 속에서 원근감이 사라지거나 심지어 시각적인 환각을 체험하기도 한다. 이 '어둠의 초점'은 어떤 의미로 우리의 인지가 변화되는 뇌의 특정부위와 연결된 생리학적인 지점이라 할 수 있다. 이것은 생리적인 반응이다. 그리고 이것은 이런 유의 생리적인 반응에 의지하지 않고 심리적인 면을 중심으로 하는 오늘날의 주류적인 언어최면과의 큰 차이점들 중 하나이다.

매혹 상태에서의 또 하나의 변화는 동물최면이라고 불리는 현상에서 관찰되는 부동성과 유사한 자연적이고 자발적인 카탈렙시(경직) 현상이다. 매혹 상태에 있는 사람의 팔이나 특정 신체 부위는 쉽게 자발적 경직이 일어날 수 있다.

영어로 쓰여진 책들 속에는 응시의 힘에 대해 극소수의 추천만이 남아있다. 왜냐하면, 역사적으로 애니멀 마그네티즘이 유럽 전역에 퍼질 때, 영국이란 나라에는 이것이 매우 늦은 시기에 도달했기 때문이었다.

1800년대 '최면'이라는 이름을 만들었던 영국의 제임스 브레이드는 오늘날 최면에서도 유명한 '고정 응시'기법을 만들었다. 그러나 마그네틱 매혹가들은 브레이드가 했었던 응시기법에 대한 분석이 불완전했다고 여긴다. 왜냐하면, 그가 모델로 설정했던 인물이 마그네타이저인 '라퐁텐'이라는 인물이었는데, 안타깝게도 그가 당시 완전한 응시기법을 사용하지 않았기 때문이었다. 또한, 그들은 브레이드가 눈에 대한 1800년대의 관점 안에서만 그것을 끼워 맞추려 했다고 여긴다.

결정적으로 매혹가들은 마그네틱 응시기법이 브레이드의 응시기법의 목표처럼 눈을 피곤하게 만드는 것이 아니며, 오히려 최면적인 반응은 눈을 크게 뜨고 있을 때 나온다고 믿는다.

그리고 마그네틱 매혹가들은 마그네틱 응시의 힘과 효과를 크게 높이기 위해, 스스로가 특정한 상태 하에 놓이도록 훈련될 필요성을 알고 있으며, 실제로 그러한 훈련과정들을 중요시한다. 이는 오늘날의 최면에서 사용하는 응시기법과는 큰 차이가 있다.

오늘날의 언어에 의존하는 '최면'을 '정신적 매혹'의 한 가지 적용형태로 볼 수 있다 하더라도, '정신적 매혹'을 곧 '최면'으로 볼 수는 없는 것이다.

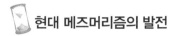

현대 메즈머리즘의 발전

이번 장에서 간단히 소개한 마그네티즘과 최면의 외관은 비슷하면서도 다른 양상을 보인다.

이는 단순히 컨셉이나 개념의 차이만의 차이로 치부할 수 없다. 오늘날의 최면은 원래의 메즈머리즘의 전통과는 너무나도 다른 모습으로 발전되고 특화되었기 때문에, 어쩌면 어떤 면에서 이것을 그냥 별개의 독자적인 분야로 보는 편이 나을지도 모른다.

마그네티즘과 매혹에서는 피험자뿐만 아니라 유도자의 상태를 매우 강조한다. 따라서 유도자는 스스로의 마그네티즘을 발전시키기 위해 부단히 노력해야 하며 자신의 정신적인 에너지를 관리하는 것 또한 중요한 요소로 여겨야 한다.

그러나 그렇다고 해도 피험자와의 상호적 관계를 무시하는 것은 아니다. 최면 분야와 마찬가지로, 마그네티즘 분야에서도 종종 특정 내담자와는 작업을 피하라고 말하기도 한다. 예를 들어 허영심에 가득 차 있고 이것에 대해 의심하는 사람에게 에너지를 낭비하지 말라는 것이다.

그런 유의 사람들의 말이나 행동은 자신의 신체의 모든 기관들을 상기(上氣)시켜서 유도자를 거부할 것이고, 유도자는 이런 적대적인 정신에 맞서 싸워야 하기 때문이다. 이들을 대하는 가장 좋은 방법은 그들의 경계를 풀어줌으로써 스스로 자신의 채널을 열어줄 수 있도록 하는 것이다.

비록 과거의 '메즈머리즘' 이론은 오늘날 '최면'이라는 새로운 이론으로 거듭났지만, 이와는 별개로 여전히 '메즈머리즘'의 형식을 계승하며 오늘날의 양자 이론 등을 접목하여 더욱 이것에 대한 더 나은 설명을 추구하려는 사람들 또한 존재한다.

물론 주류적인 최면인구에 비하면 아직 일부에 해당하지만, 어쩌면 이들은 고전적인 메즈머리즘도 아닌, 오늘날의 현대최면도 아닌, 새로운 '신-메즈머리즘'으로 발걸음을 내딛고 있는 이들이라 할 수 있을 것이다.

이미 메즈머 이전의 고대 전승에 바탕을 둔 새로운 이름을 표방하고 있는 단체 또한 존재한다. 이 분야는 여전히 나아갈 길이 먼 분야이지만 이를 반대로 바라본다면 그만큼 발전 가능성이 열려있는 분야라고도 볼 수 있다.

이번 장에서는 어제의 최면의 모습인 마그네티즘과 매혹에 대해 간략하게 소개했다.

다음 장에서는 최면에서 도달할 수 있는 궁극의 깊이를 탐구하며 그것을 넘어선 이완론으로 발전한 독창적인 체계인 '울트라 뎁스® 프로세스'에 대해 살펴보겠다.

PART 3

Beyond Hypnosis
최면을 넘어선 이완론,
울트라 뎁스® 프로세스

울트라 뎁스® 프로세스라는 특유의 접근법은 울트라 뎁스® 인터네셔널 (**Ultra Depth**® International)의 고유한 저작물로서 상표권 및 저작물에 대한 법적인 보호를 받고 있다.

글에 들어가기에 앞서 본서에서 소개하는 울트라 뎁스® 프로세스에 관한 모든 내용들은 사전에 울트라 뎁스® 인터네셔널(**Ultra Depth**® International)과 울트라 뎁스® 코리아(**Ultra Depth**® Korea)를 통한 공식 검토 및 출간에 대해 인가된 내용임을 밝힌다.

울트라 뎁스® 프로세스란 무엇인가?

'울트라 뎁스® 프로세스'는 최면을 사용해서 의식을 탐구하고 자각하기 위한 전통적인 접근법들을 초월하는 고유의 체계라 할 수 있다.

'울트라 뎁스® 프로세스'에는 몇 가지 층의 특정한 상태들이 포함되어있는데, 이 상태들 중 '울트라 뎁스®' 또는 '씨코트 상태'라 불리는 상태는 오늘날 밝혀진 최면 상태들 중 가장 깊은 수준의 최면 상태로 인정되고 있다.

울트라 뎁스®는 1960년대 중반에 월터 씨코트라는 최면 대가에 의해 최초로 발견되었고 그 이후 그의 제자인 제임스 라메이 선생에 의해 세부적인 프로세스가 구축되고 다듬어지면서 발전되어왔다. 발견자인 월터 씨코트 선생이 임종한 이후 '울트라 뎁스®'라는 이 상태는 그를 기리기 위해 '씨코트 상태'로 재 명명되었다.

전통적인 최면의 방식들은 최면의 깊이를 앞에서 언급했던 '섬냄블리즘'이라는 특정 상태에서 끝맺고 있으며, 원하는 결과를 만들어내기 위해 최면사가 내담자에게 각종 '암시'들을 주는 것에 전적으로 의존해 왔다.

그러나 울트라 뎁스® 프로세스에서는 더욱 강력한 결과들을 위해 이러한 깊은 최면의 바닥 상태를 넘어서서 더 깊은 세 층의 또 다른 상태들(에스데일 상태와 씨코트 상태, 제드 상태)을 활용한다.

최면 분야에서는 일반적으로 가장 깊은 상태를 말할 때 '깊은 섬냄뷸리즘'을 말한다.

즉, 통상적인 최면에서 섬냄뷸리즘은 한 사람이 성취할 수 있는 가장 깊은 수준의 상태라는 것이다. 이 말 역시 맞는 말이다. 그러나 깊은 섬냄뷸리즘의 연장 선상에서 성취될 수 있는 더욱더 깊은 효과들이 존재한다.

따라서 울트라 뎁스® 프로세스는 이러한 상태들과 효과들을 활용하는 구체적인 기술이라고도 할 수 있다.

울트라 뎁스® 프로세스와 전통적인 최면의 차이점

그러면 울트라 뎁스® 프로세스와 일반적인 최면이 어떤 점에서 다를까? 가장 큰 차이점은 울트라 뎁스® 프로세스는 전통적인 최면처럼 결과를 만들기 위해 '암시'를 사용하지 않으며, '깊이' 자체에 기반을 두고 있다는 점이다.

따라서 피험자는 울트라 뎁스® 프로세스의 적용을 통해 전통적인 최면보다 더욱 큰 혜택을 얻을 수 있다.

일반적인 최면의 접근에서는 최면사가 단지 잘 만들어진 메타포(은유)를 사용하거나 최면적 상태를 성취하고 암시를 적용한다. 대부분의 이런 방법은 상황의 근본원인을 밝히고 변화를 촉진하기에 충분하지 않은 경우들이 많다.

만약 누군가가 행동적인 변화나 건강에 관련된 주제를 위해 최면사의 도움을 의뢰한다면, 그가 진정한 '최면적 효과'를 누리기 위해서는 적어도 섬냄뷸리즘이나 그 이상의 깊이에 도달할 수 있어야 한다는 것이 울트라 뎁스® 프로세스의 관점이다.

보다 가벼운 최면 상태는 일시적인 해결을 제공할 가능성이 크며, 특히 어떤 종류의 치과수술이나 외과수술을 위해서도 그런 상태를 추천할 수 없다.

(이것은 가벼운 상태에서 최면적인 기법의 적용이 불가능함을 뜻하는 것이 아니다. NLP를 비롯해서 오늘날 얕은 상태에서도 결과를 가져올 수 있는 많은 기법들이 개발되고 있으며, 여기서 언급하는 부분은 '진정한 최면적 효과'라는 표현임에 유의하기 바란다.)

울트라 뎁스® 프로세스로 작업하는 'UD전문가'는 내담자가 단지 가벼운 최면 상태를 성취하게 하는 것을 목표로 하지 않는다. 전통적인 최면은 섬냄뷸리즘이 완전한 최면의 깊이라고 말하지만, 울트라 뎁스® 프로세스 전문가는 전통적인 최면이 말하는 깊은 최면 상태를 넘어선 깊이들로 작업한다.

또 다른 차이점은 마인드 모델이다. 통상적인 최면에서 잠재의식을 보는 관점(잠재의식을 속이기 쉬운 부분으로 묘사)이 아닌, 울트라 뎁스® 프로세스에서는 한 인간의 상위의식의 한 부분으로서 잠재의식을 이해한다.

잠재의식은 타고난 본능이나 직관과 영감, 그리고 흔히들 우리가 어딘가로부터 오는 신비한 능력이라 부르기도 한다. 잠재의식은 의식과 비교하면 믿을 수 없을 정도로 더욱 지성적인 부분이며, 꼭 변화하기 위해 타인으로부터 언어적인 암시를 받을 필요가 없다.

이것은 최면 분야에서 누구보다 깊은 상태들을 많이 다루어본 울트라 뎁스® 전문가들의 경험으로부터 온 것이다.

인간의 모든 행동과 습관들, 좋고 나쁨… 이 모두는 무의식(뇌)에 저장된다. 이것은 컴퓨터 하드 드라이브에 설치되어 있는 프로그램과 같은 것이다. 이 습관이나 행동들은 어린 시절에 학습된 신념들과 경험들, 반복된 바이러스 자극에 대한 반응들로 형성된다. 이것은 이성이나 자각이 없기 때문에 우리는 이것을 무의식(뇌)이라 부른다.

반면 잠재의식은 뇌 안에 있는 이런 프로그램들을 통제하거나 변화시킬 수 있으며 이 변화들을 영구적으로 지속시키도록 할 수 있다. 잠재의식은 이들과 독립적으로 작용한다.

월터 씨코트(Walter A. Sichort)는 누구인가?

월터 씨코트 선생은 '울트라 뎁스®'와 '마인드 투 마인드 힐링' 기법을 포함한 발견들을 유산으로 남긴 인물이다. 그는 현역 최면사로서 활동하며 최면계의 권위자가 되었고, 이와 함께 전문적인 마술사로서도 활동했었다. 월터 씨코트 선생은 1950년대 초반부터 최면을 가르치기 시작하였고 1962년, 뉴저지에 있는 블랙우드 지역에 '이완 연구소'라는 단체를 설립했다. 그는 자신의 조수이자 동료였던 사라 제인(Sara Zane) 선생과 그의 강사들 중 한 명인 얼 로스차일드(Al Rothchild) 선생과 함께 최면 분야에서 주목할 만한 활동을 시작하였다.

1960년대 중반, 그는 첫 번째 조수였던 메리 보제이지(Mary Borgessi)와 작업하면서 울트라 뎁스®를 발견하였다. 이후 그는 자신의 이완 연구소에서 그의 동료 사라 제인 선생과 함께 작업하며 최면수업을 지도하면서 인간의 마음과 뇌에 관한 깊은 발견들을 계속해 나갔다. 그와 그의 협력자 사라 제인 선생은 에스데일 상태를 넘어선 이 최면의 깊이를 증명하는데 일조하였고 그들의 많은 작업들은 필라델피아 의사인 돌먼(Dolman)과 마르코(Markow)에 의해 실증되었다.

최면계가 인정한 권위자였던 월터 씨코트 선생은 1978년, AFL-CIO(미국 노동총연맹 산업별 노동조합 회의)의 OPEIU(국제 사무 관리직 노조) 477지부 최면사 연합회의 회장이 되었다. 그는 전문적인 최면사들의 미국연맹(American Association of Professional Hypnologist)의 고문위원이자 미국 최면협회(Hypnosis Society of America)의 이사였다.

그는 미국 최면연맹(American Hypnotic Association)과 함께 일을 했고, 국제 기독교 대학교에서 강의를 했다. 1993년에 씨코트 선생은 그의 업적을 인정받아 국제적인 최면 명예의 전당의 일원으로 등재되었으며, SEALAH 평생공로상(the SEALAH award for Life Achievement)을 수상하였다.

월터 씨코트 선생은 사람들을 향한 사랑의 마음을 지닌 인물이었고 늘 어려운 약자들을 돕고 싶어 했었다. 이러한 씨코트 선생의 특별한 바

람은 이후 자신을 수많은 모험적인 경험으로 이끌었고 새로운 발견들을
할 수 있는 길을 열게 만들었다.

그리고 2000년의 어느 여름날, 최면계는 안타깝게도 또 하나의 거인
을 떠나보냈다는 소식을 공식 발표했고, 월터 씨코트 선생은 이 땅에서
50년 이상 최면계의 거장으로 지내다가 영원한 그의 집으로 돌아갔다.

월터 씨코트(좌)와 제임스 라메이(우)

파츠 테라피의 거장 로이 헌터 선생은 자신의 젊은 시절, 월터 씨코트
선생의 특강에 참석한 적이 있었고 그곳에서 그가 하는 시범을 실제로
본 적이 있었다고 말했다. 그는 그 경험에 대해 이렇게 회상했다.
"그것은 지금까지 내 최면인생에서 보아왔었던 시연들 중 최고의 시
연이었어요."
당시 씨코트 선생은 한 지원자를 급속 유도법을 사용해 매우 깊은 상
태로 유도했다. 그런데 해당 피험자가 씨코트 선생이 받쳐주기도 전에

너무 빨리 매우 깊은 상태로 들어가 버린 나머지 우발적으로 앉아있던 의자에서 떨어지며 연단의 날카로운 모서리에 머리를 크게 부딪쳤고, 연이어 바닥으로 떨어지며 한 번 더 머리를 크게 부딪쳤다.

두 번이나 큰 소리가 날 정도로 부딪혔음에도 그 지원자는 꼼짝도 하지 않았고 작은 근육의 미동조차 없었던 것이다. 그때 씨코트 선생은 그 지원자에게 즉석에서 약간의 후 최면 암시를 주고 자가 힐링을 시켰다. 그리고 그 지원자를 최면에서 각성시켰을 때 머리에는 작은 혹이나 상처 하나 없었고 그 지원자는 자신이 머리를 부딪쳤던 사실조차 의식적으로 전혀 기억하지 못했다고 한다.

> "불가능하다고 말하는 대신에 우리가 그것을 할 수 있는 방법을 찾는다면 응답이 올 것이다."
>
> – 월터 씨코트(Walter A. Sichort)

 ## 울트라 뎁스®의 탄생

앞서 씨코트 선생은 생전에 최면사이면서 전문적인 마술사이기도 했다고 언급했다. 그의 마술은 시한부 선고를 받은 말기 어린이 환자들과 가난한 아이들을 위한 자선 마술공연을 위한 것이기도 했다.

그는 이런 활동을 통해 병원에 있는 많은 시한부 어린이 환자들과 가난한 아이들에게 웃을 수 있는 기회를 주고 그들의 삶을 즐길 수 있는 순간들을 체험하게 하며 많은 사람들에게 마음을 열었다.

씨코트 선생은 과거 고압 전류에 감전되는 큰 사고에서 기적적으로 목숨을 건졌지만, 그의 손은 신경이 타서 굳어버렸다. 이후 그는 자신의 잠재의식에게 내 팔을 움직일 수만 있게 해준다면, 나는 많은 사람들을 도우며 살겠노라 매일같이 반복적인 맹세를 했다. 이후 그는 결국 기적처럼 다시 손가락을 움직일 수 있게 된다. 그리고 그는 그 약속을 지키기 위해 타인을 돕기 위한 많은 자선활동과 무료상담들을 했고, 죽는 날까지 이타적인 삶을 살았다.

그것이 그에게 다양한 잠재의식 현상들을 체험할 수 있게 해준 원동력이 된 것이다.

현대의 울트라 뎁스® 프로세스에서는 무엇보다 유도자의 마음가짐을 중요하게 여긴다. 여기에는 간과할 수 없는 큰 비밀이 숨겨져 있기 때문이다.

당시 월터 씨코트 선생은 데이브 엘먼 선생과 친분이 있는 상태였고, 그의 강력한 접근법에 큰 영향을 받았다. 누군가가 그에게 "최면을 잘하고 싶은데 어떻게 하면 되나요?"라고 질문하면, 주저 없이 "그렇다면 데이브 엘먼과 밀턴 에릭슨을 공부하세요."라고 말할 정도였다.

월터 씨코트 선생은 울트라 뎁스®를 발견하기 전, 그의 초기 조수였던 메리 보췌이쥐와 함께 아이들을 위한 마술공연을 하곤 했었는데 당시 그는 그녀를 데이브 엘먼 선생이 재현했던 섬냄뷸리즘을 넘어선 '에스데일 상태'와 완벽한 카타토닉 상태(가벼운 상태에서 일어나는 경직인 카탈렙시와는 다른 궁극의 경직 상태-자세한 설명은 뒤에 언급할 것이다.)를 성취시킨 상태였다.

그는 자신의 마술공연에서 검은 턱시도 차림으로 무대에 올랐고, 그의 조수 메리는 천사 같은 모습의 흰색으로 된 긴 드레스를 입었다. 그는 무대에서 자신의 무릎 위에 그녀의 발을 올리고 허리를 받쳐주었다. 그 상태에서 그는 그녀를, 두 팔을 펼친 상태로 한 바퀴 빙그르르 회전시켰는데 이것은 청중들의 눈에 마치 한 명의 천사가 날아가는 듯 한 모습으로 보였다. 이것은 바로 에스데일 상태의 깊은 카타토닉 현상을 활용한 묘기였다.

어느 날 그는 그녀와 최면작업을 하는 동안 깊은 에스데일 상태에 있는 그녀에게 이렇게 말했다. "이전에 들었던 어떠한 깊이보다 더욱 깊어집니다……."

그런데 갑자기 그녀의 팔다리가 축 늘어지며 눈에는 즉각적인 급속 안구 운동(REM)이 일어났다. 순간 매우 당황한 그는 무슨 일이 일어난 것인지 이해할 수 없었다.

그리고 그는 메리를 이 상태에서 빠져나오게 하려고 노력했지만, 그녀는 일반적인 짧은 최면각성기법에 반응하지 않았다. 결국, 20여 분 이상 시름한 끝에서야 겨우 그녀를 이 상태에서 돌아 나오게 할 수 있었다.

그런데 놀라운 사실은 각성 이후 그녀가 이 상태에서 일어난 일을 아무것도 떠올리지 못한다는 것이었다.

월터 씨코트 선생은 그녀가 경험한 이 상태에 대해 당황했고, 이후 이 상태를 다시금 구현하는 방법을 찾기 위해 면밀한 조사와 실험에 착수했다. 그러나 동일한 그 상태를 다시 구현하는 것은 쉽지 않았고, 다시금 그 상태를 구현하기까지 상당한 기간을 소요한 끝에 결국 이것을 성공하게 된다. 그뿐만 아니라 이번에는 한 마디의 단어만으로 이 상태로 완벽하게 즉시 되돌아오게 만드는 방법 또한 발견하게 된다.

그러나 당시 젊은 나이였던 메리는 한 남자와 사랑에 빠지게 되고 그와 결혼하기 위해 씨코트 선생에게 한마디 말도 없이 홀연히 먼 지역으로 떠나버렸다.

홀로 남게 된 씨코트 선생은 끊어졌던 이 연구를 계속하기 위해 그의 동료인 사라 제인 선생과 이 작업을 계속했다.

결국, 메리에게 했던 것과 동일하게 그녀가 이 상태를 성취하도록 만들었고, 메리처럼 그녀 역시 하나의 단어만으로 이 상태에 완벽하게 진입할 수 있게 되었다.

그 단어는 바로 '엘레펀트(코끼리)'라는 단어였는데, 훗날 이 단어는 이 분야에서 매우 유명한 단어가 되었고, 두 사람을 매우 유명하게 만드는 데 이바지했다.

씨코트 선생이 그녀에게 '엘레펀트'라는 단어를 말하면, 그녀는 즉각적이고 자동적으로 완전하게 이 상태에 진입했고 근육은 완전히 무기력해지면서 눈에는 급속 안구 운동(REM)이 일어났으며, 각성 후 그녀는 아무것도 회상할 수 없었다.

이후 씨코트 선생은 이러한 깊은 상태를 '울트라 뎁스®'라고 이름 붙였다.

이후 두 사람은 이 깊이가 가져다주는 효과나 이점 등에 대해 연구하기로 결심했다.

결국, 누군가가 고통을 느낄만한 비정상적 상황에 있을 때, 이 상태에 머무는 것만으로도 그것에 대한 치유가 촉진된다는 것을 발견했다. 다시 말해 이는 신체적인 치유 측면에서 일반적인 인간의 수면 시에 일어나는 정상적인 치유속도보다 치유의 시간이 6~10배 정도로 빨라진다는 것을 뜻한다.

그리고 이것에 대한 검증은 필라델피아 의사인 돌먼과 마르코 박사에 의해 공문서화 되었다. 그것은 일반인들이 이해하기 어려운, 효소를 세는 특정 방법을 통해 마무리되었다고 한다.

 ## 제임스 라메이(James R. Ramey)는 누구인가?

제임스 라메이

제임스 라메이 선생은 월터 씨코트 선생의 제자로 울트라 뎁스® 인터네셔널(*Ultra Depth*® International)의 창설자이며 울트라 뎁스® 마스터 에듀케이터이다. 그는 40년 이상의 세월을 울트라 뎁스®만을 연구하고 발전시키는 데 매진해온, 뎁스(Depth : 깊이) 분야의 거장이다.

젊은 시절, 그는 월터 씨코트 선생의 문하생으로서 최면을 배운 이래 울트라 뎁스®를 8년 이상 그와 함께 연구했었고 많은 사람들과 작업했었다. 당시 그는 씨코트 선생의 수많은 작업들을 옆에서 지켜보며 기적이라고밖에 생각할 수 없는 수많은 현상들을 목격했다.

씨코트 선생의 주요 관심사는 한 사람이 자신의 문제를 극복하도록 돕고 육체적, 정신적 또는 감정적으로 건강을 되찾도록 돕는 것이었다.

이후 제임스 라메이 선생은 씨코트 선생에게 배운 방법을 사용해 심각한 청각신경 장애가 있는 사람을 정상에 가깝게 청력을 회복시키도록 돕거나, 어떤 경우에는 완전히 정상적인 청력으로 회복시키기도 했다.

그뿐만 아니라 20년간 위험한 약물들을 처방받으며 간질 대발작으로 힘들어하던 사람에게 약물의 도움 없이 발작증세를 멈추고 스스로 정상적으로 돌아올 수 있도록 훈련시키기도 했다.

또한, 이 프로세스를 통해 포진이나 자궁에 암을 유발하는 바이러스를 없애기도 했고, 출혈을 통제하며 통증 없이 큰 치과수술을 안전하게 받을 수 있도록 의학적인 절차가 필요한 사람들을 돕기도 했다.

심지어 간이식 등의 장기이식 수술을 받아야 하는 내담자와 작업하여 성공적으로 화학마취를 사용하지 않고 수술을 마치도록 하기도 했다. 물론 그 환자는 수술 중 일체의 통증도 느끼지 않았고 수술 후 거부반응 또한 보이지 않았다.

그 밖에도 그는 수많은 사람들에게 울트라 뎁스® 프로세스를 적용하여 성공적인 결과를 이끌었다.

월터 씨코트 선생이 임종하기 전, 그는 자신의 제자인 제임스 선생에게 그가 연구해오던 이 분야를 더욱 체계적으로 개발하고 발전시켜나갈 것을 부탁하며 그 책임을 맡겼다. 그리고 제임스 라메이 선생은 일흔이 넘은 고령임에도 불구하고 묵묵히 그의 남은 생을 바쳐 스승과 했던 그 약속을 지키기 위해 최선을 다해왔다.

월터 씨코트 선생은 그의 생전에 울트라 뎁스®를 실질적으로 가르치거나 보급하지 않았었다. 그는 단지 동료인 사라 제인 선생과 함께 그것을 증명했으며, 여러 지역에서 그것을 시연했었다.

제임스 라메이 선생이 월터 씨코트 선생의 문하에 있던 1974년 이후로 세 단계의 '깊이'와 '제드 뎁스®' 등을 재현할 수 있는 하나의 체계인 '울트라 뎁스® 프로세스'를 만들기까지, 그 모든 작업은 제임스 라메이 선생에게 남겨졌다.

그는 사람들에게 이것을 계속적으로 적용하며 더욱 많은 발견들을 해나갔고, 10여 년 만에 강력하고 효과적인 치료적 적용법들이 개발되었다.

1997년 8월, 월터 씨코트 선생은 자신과 함께 작업하고 이후 이를 더욱 발전시킨 제임스 라메이 선생의 작업을 공인하는 유일한 씰(Seal)을 부여했다. 그 이후, 이 작업은 더욱 정교하게 다듬어져 왔고 현재의 이 체계 속에 통합되었다.

그리고 당시 비윤리적인 관행과 사람들로부터 월터 씨코트 선생의 이름과 그의 작업을 보호해달라는 월터 선생의 유족들의 요청에 의해, 이 체계는 상업적인 왜곡과 변형, 악의적인 도용으로부터 법적인 보호를 받을 수 있게 되었다.

이후 제임스 라메이 선생은 월터 씨코트 선생의 업적을 기리기 위해 울트라 뎁스®라는 이름을 씨코트 상태라는 이름으로 재명명하게 되었고, 계속해서 과정들을 정제하며 세계 각 지역에서 이 과정을 가르쳐왔다.

제임스 라메이 선생의 기법과 방식들은 월터 씨코트 선생을 비롯한 시드니 플라워, 허버트 플린트, 제임스 브레이드 박사, 제임스 에스데일 박사, 에밀쿠에, 밀턴 에릭슨 박사, 롱 에이커, 데이브 엘먼 등의 최면 거장들에게 직접 또는 간접적인 영향을 받았다.

최면을 넘어선 이완론

초반에는 이것을 최면과정의 일환으로 여기며 수업들을 진행했지만, 제임스 라메이 선생과 그의 제자들은 이것을 진행하면 할수록 이것이 기존의 최면을 사용하던 사람들이 행해왔던 것을 훨씬 넘어서는 것이란 사실을 깨닫기 시작했다. 제임스 라메이 선생 스스로도 그동안 자신이 가르쳐왔던 것이 단지 '최면'이나 '울트라 뎁스®라는 이름의 최면'이 아니었다는 결론에 도달했다.

이후 많은 제자들은 이것의 과정이나 결과가 자신들이 이전의 다른 최면 교육과정들에서 배웠던 것들과는 너무나 상이했기 때문에, 이것을 단지 최면으로 부르기를 원하지 않았고 이것에 대한 새로운 명칭과 이름을 원하기 시작했다.

어느 날 그의 제자들 중 한 명인 의사, 노엘 존 카라스코 박사가 제임스 라메이 선생에게 이렇게 질문했다. "이것은 분명히 우리가 알던 전통적인 최면이 아닙니다. 앞으로 이것을 뭐라고 불러야 하죠?"

이것에 대해 곰곰이 생각하던 제임스 선생은 이것은 사실상 하나의 프로세스(과정)라고 대답했다. 그때 카라스코 박사는 그의 말을 막으면서 외쳤다.

"울트라 뎁스® 프로세스! 바로 그겁니다."

그 이름은 아주 적절한 것이었고, 그것은 현대의 이 프로세스를 지칭하는 공식적인 명칭이 되었다.

이후 오늘날 이 절차는 '울트라 뎁스® 프로세스'라는 공식적인 명칭에 덧붙여 '최면을 넘어선 이완론(Relaxology)'이라는 슬로건을 표방하고 있다. UD(울트라 뎁스®의 약자) 퍼실리테이터(인증된 UD전문가를 뜻한다)들에게 '이완론'은 최면을 훨씬 넘어서는 것이며 기존의 최면과도 차별화되는 것이다.

UD 퍼실리테이터들에게 최면의 의미는 섬냄뷸리즘 안의 어딘가에서 끝나게 되지만, 울트라 뎁스® 프로세스는 그것을 넘어 깊은 섬냄뷸리즘과 에스데일 상태, 카타토닉과 씨코트 상태를 넘어서는 것이다.

이 프로세스에서는 '최면'이란 말도, '트랜스'라는 용어도 사용되지 않는다. 이것은 내담자를 특정한 변성된 의식 상태로 보내는 작업 또한 아니다.

오직 여기에 존재하는 것은 최면을 넘어선 궁극의 이완뿐이다.

울트라 뎁스® 프로세스는 타인을 통제하려 하지 않으며, 오히려 그들에게 권한을 부여한다.

울트라 뎁스® 프로세스의 상태들

❶ 깊은 섬냄뷸리즘 or 프로파운드 섬냄뷸리즘 상태

울트라 뎁스® 프로세스는 기술적으로는 먼저 전통적인 최면에서 말하는 가장 깊은 최면 상태인 '깊은 섬냄뷸리즘' 상태를 만드는 방법을 익히는 것에서 시작한다.

때문에 섬냄뷸리즘에 대한 세부사항들을 더욱 깊이 이해해야 하며 섬냄뷸리즘 안에서도 어떠한 세부 깊이로 분류되는지, 어떠한 섬냄뷸리즘 현상들이 일어나는지, 그 차이가 무엇인지에 대해 명확히 이해해야 한다.

그런 다음 이 상태를 만드는 방법과 이 상태를 검증하는 방법들에 대해 익혀야 한다. 그리고 이러한 상태를 명확히 구현하고 나서야 비로소 섬냄뷸리즘을 넘어선 다음 상태들에 대해 배우게 된다.

왜냐하면, 이러한 부분에 대한 이해가 부족할 경우 자칫 '위장된 거짓 상태'를 만들어낼 수 있고 유도자 스스로도 속을 수 있기 때문이다. 이 부분에 대해서는 뒤에 다시 소개할 것이다.

❷ 에스데일 상태

섬냄뷸리즘을 넘어선 첫 번째 상태는 에스데일 상태라고 부른다. 에스데일 상태는 한때 '코마 상태' 또는 '최면적 코마 상태' 등으로 불리기도 했지만, 이런 이름들이 대중들에게 오해와 두려움을 주게 되자 오늘날 대부분의 최면사들은 발견자의 이름을 딴 '에스데일 상태'라고 부르고 있다.

제임스 에스데일(이 책의 PART 1에 나오는 '간략한 최면의 발자취' 참조) 박사는 1800년대에 인도에서 이 상태를 외과수술을 앞둔 환자들에게 적용하여 연이어 놀라운 결과들을 만들어냈다.

당시에는 화학적인 마취제가 개발되기 전이었고 수술 중 사망률 또한 50%에 육박할 만큼 높았다고 한다. 이러한 상황에서 큰 수술을 앞둔 환자들은 이러한 수술이 자신에게 생사가 달린 도박과 같은 것이었을 것이다. 그러나 에스데일 박사는 메즈머리즘 기법을 사용해 환자들을 이러한 상태로 유도했고 결국 연속적으로 완전한 전신마취 상태를 만들어냈다.

환자들에게 자칫 트라우마가 될 수도 있는 무 마취수술을, 이 상태에서는 통증 없이 완전한 평화로움 속에서 받을 수 있게 만들었고, 또한 이런 상태에서 수술을 마친 환자들은 빠르게 회복했으며 사망률 또한 의미 있는 감소를 보였다고 한다.

20세기에 들어 데이브 엘먼 선생은 메즈머리즘이나 마그네티즘이 아닌 현대의 언어적인 최면으로 에스데일 박사가 만들어냈던 이런 상태를 연속적으로 재현해냈다.

오늘날 현대의 최면사들이 사용하는 대부분의 에스데일 상태 유도법은 데이브 엘먼 선생이 만들어낸 언어적인 유도기법을 기반으로 하고 있다. 물론 월터 씨코트 선생과 제임스 라메이 선생을 거치면서 엘먼 선생의 원래기법에서 부분적인 수정과 보완이 있긴 했지만, 그것은 이 상태에 대해 더욱 많은 것들이 밝혀지면서 세부적인 사항들이 보다 능률적이고 정교하게 다듬어진 형태로 발전된 것이며, 엘먼 선생이 행했던 맥락 자체에서 크게 벗어나지 않는다.

이 상태에 든 내담자는 유도자의 암시에 반응하지 않는다.

또한, 눈을 뜰 수도, 몸을 움직일 수도 없고 말을 할 수도 없다. 조심스레 눈을 띄워 보았을 때 내담자의 동공은 확장된 채로 불빛을 비췄을 때조차 반응하지 않는다. 그러나 대부분 청각 기능은 열려있다.

또 한 가지 주요한 특징은 암시 없이 자동적으로 전신마취가 일어난다는 것이다. 이때 일어나는 전신마취는 일체의 암시를 주지 않고도 자동적으로 일어나야만 한다.

따라서 이 상태에서는 에스데일 박사가 실제로 인도에서 행했던 것처럼 아무런 통증 없이 팔다리 절단술이나 깊은 절개가 필요한 수술이 가능한 상태이다. 또한, 완전한 무통출산을 위해서도 가장 이상적인 상태이다.

이 에스데일 상태에서는 또 하나의 독특한 반응을 보이는데 그것은 바로 '카타토닉'이라고 부르는 반응이다.

전통적인 최면에서 '카탈렙시'이라 부르는 최면반응이 있다. 그것은 최면사가 피험자에게 눈꺼풀이 붙는다는 암시를 주거나 팔이나 몸이 굳는다는 암시를 주었을 때 해당 부위에 경직현상을 만드는 것이다. 이것은 가벼운 최면 상태에서 일어나기 시작하는, 아주 손쉽게 유발되는 최면반응들이며 TV나 유튜브 등의 최면 영상에서 자주 볼 수 있다.

요즘은 많이 행하지 않지만, 과거의 무대최면사들은 최면에 든 피험자에게 때때로 몸 전체가 굳는다는 암시를 준 뒤 머리와 발 쪽에 두 개의 의자를 놓고 피험자를 그 위에 눕힌 다음(아래 그림 참고) 배 위에 사람이 올라가기도 하는 시범을 보여주기도 했었다.

　이를 '인교술' 또는 '휴먼브릿지', '전신 카탈렙시' 등의 용어로 부른다. 참고로 필자가 소속되어 있는 ABH(미국 최면치료 협회)에서는 공식적으로 트레이너들이 인교술(전신 카탈렙시)을 시연할 경우 사람이 배 위에 올라가는 것을 금지하고 있다. 경우에 따라 탈장 등의 위험이 따를 수 있기 때문이다. 과거에는 많은 최면사들이 전신 카탈렙시의 시각적인 효과 때문에 주로 대중들 앞에서 시연용으로 이를 보여주곤 했다.

　그러나 엄밀히 말해 최면에 들지 않은 건장한 성인이 같은 자세로 의자 가운데에 누워 힘을 주고 버티고 있을 경우 배 위에 사람이 올라가도 대부분 버틸 수 있기 때문에 이러한 현상 자체가 놀라운 것은 아니다.
　그렇지만 암시에 의한 반응으로 경직을 만드는 것과 의도적으로 힘을 주고 버티는 반응은 분명히 다른 것이다.

전신 카탈렙시 반응의 예

전신 카타토닉 반응의 예

에스데일 상태에서 일어나는 '카타토닉 반응'은 겉보기엔 앞에서 말한 '카탈렙시 반응'과 비슷해 보이지만, 이 두 가지 반응은 완전히 다른 반응임을 이해해야 한다.

이 상태는 '카탈렙시' 현상을 일으킬 때와는 달리 언어적인 암시를 주지 않고서도 일어나야 하며 경직이 일어나는 부위도 완전히 다르다.

'카탈렙시'의 경우 외부 근육군을 경직하는 것이지만, '카타토닉'의 경우 외부 근육군을 사용하지 않고 깊은 골격근인 내부의 근육군을 사용한다. 따라서 매우 강한 골격근 경직이 일어나지만 정작 표면의 근육들은 이완되어 있다.

그러나 무엇보다 두 상태들의 가장 큰 차이는 이것을 행하는 주체가 누구인가에 있다. '카탈렙시'의 경우 이것을 행하는 주체는 피험자의 '현재의식'이다. 그러나 '카타토닉'의 경우, 이것을 행하는 주체는 피험자의 '현재의식'이 아니라 '잠재의식'인 것이다.

이렇듯 에스데일 상태를 확정하기 위해서는 각각의 검증작업이 필요하며 모든 반응들이 정확하게 일어날 때 비소로 에스데일 상태임을 확정할 수 있다.

에스데일 상태에서 일어나는 깊은 카타토닉 반응

❸ 씨코트 상태/ 울트라 뎁스®

에스데일 상태를 넘어선 다음 상태는 바로 씨코트 상태이다.

이 상태에 도달하기 위해서는 반드시 에스데일 상태를 거쳐야만 한
다. 씨코트 상태에 든 피험자는 온몸의 근육이 무기력해지며 몸을 움직
이거나 말을 할 수 없다. 그리고 이내 코를 고는 소리와 함께 REM(Rapid
Eye Movement : 급속 안구운동) 반응을 나타낸다.

그리고 피험자가 돌아 나오게 되면 대부분 씨코트 상태에 머물던 동
안의 일을 떠올리지 못한다. 완전한 시간 왜곡을 경험하는 것이다. 종종
피험자들은 자신이 잠들었었다고 말하는 경우도 있다.

이 상태에 있는 피험자의 의식은 '인식'이라는 활동 자체에 대해 어떠
한 에너지도 소비하고 있지 않다.

씨코트 상태 역시 자동적인 전신마취가 일어날 뿐만 아니라 단지 이 상태에 머무르는 것만으로도 그 시간 동안 피험자의 신체적인 치유와 관련한 정상적인 자가 치유(회복)속도가 평상시에 비해 6배~10배까지 증가한다. 월터 씨코트 선생은 당시 우연히 이런 사실을 발견했고 이것은 필라델피아 의사 돌먼(Dolman)과 마르코(Marko) 박사에 의해 공문서화되었다. 이 상태에서는 신체가 트라우마에 반응하지 않는다.

씨코트 상태에서의 빠른 회복작업은 피험자의 현재의식이 행하는 것이 아니다.

오히려 피험자의 현재의식이 뒤로 물러나게 됨으로써 피험자의 잠재의식은 더 이상 의식의 작용으로 인해 방해받지 않고 즉각적으로 무엇이건 필요한 작업을 행할 수 있게 되는 것이다. 이 상태는 자가 회복을 위한 최고의 상태라 할 수 있다.

일반적으로 최면 상태에서 최면사가 피험자에게 주는 '암시'라는 것은 오직 의식과 뇌(무의식)를 위해서만 필요한 것이다. 피험자는 그저 이 상태 안에서 시간을 보내고 잠재의식은 자신이 해야 할 일을 마음껏 할 수 있다.

씨코트 상태에서의 신체반응

❹ 제드 상태/ 제드 뎁스®

위의 상태들과 분명히 구별되는 것으로 제드 상태 또는 제드 뎁스®라고 불리는 상태가 있다. 제임스 라메이 선생에 의해 발견되고 명명된 이 상태는 결코 쉽게 구현될 수 있는 상태는 아니지만, 미래에 울트라 뎁스® 프로세스를 능숙히 사용할 수 있는 UD 퍼실리테이터들에 의해 가능성의 영역으로서 더욱 연구되고 발전되어야 할 추가적인 숙제의 영역이라 할 수 있다.

현재 이 상태의 주요 활용영역은 전생역행 또는 출생 이전 역행이라 불리는 현상을 탐구하기 위한 목적과 몇몇 특정한 테크닉들의 향상된 결과를 위해서만 사용된다.

그러나 여기서 지칭하는 전생역행과 출생 이전 역행은 기존의 최면사들이 즉석에서 쉽게 유도하는 가벼운 회상수준이나 연합을 지칭하는 것이 아닌, 우리가 지금껏 상상해왔던 역행 중 가장 깊은 수준의 역행을 말한다. 완전한 상태를 달성한다면, 피험자는 눈을 뜬 상태에서 오감 적으로 과거를 재경험할 수 있으며, 현재의 최면을 받고 있는 상황을 인식하지 못한다. 현재 인격이 아니라 심지어 배운 적 없는 다른 언어를 사용할 수 있는 완전히 다른 인격으로 반응하게 되는 것이다. 또한, 각성 후에 대부분 현재의식은 역행 중에 있었던 체험을 떠올리지 못한다.

이러한 역행은 가벼운 최면적인 회상처럼, 결코 일회성의 작업으로 끝어낼 수 없으며 그 어떤 분야에서도 볼 수 없는 역행을 가능하게 한다. 이는 표면적인 의식의 개입 없이 일어나는 것이다. 또한, 이 상태는 한 사람의 초의식 내부에 있는 수많은 퍼스널리티(인격)들 중 하나와 언어적으로 대화하고 상호작용을 가능하게 하는 놀라운 상태이다.

 ## 최면의 깊이 '라메이–씨코트 척도'

울트라 뎁스®(또는 씨코트 상태)는 기존의 최면척도를 넘어서는 영역의 상태이다.

이 책의 앞부분에 언급했던 최면의 깊이 척도는 최면에서 일어나는 암시감응성의 정도를 나타낸 것이다.

최면전문가들은 이러한 척도의 세부항목들에 대해 충분한 지식과 경험을 갖고 있어야 한다. 왜냐하면, 최면척도가 바로 최면의 깊이를 측정하는 기준이 되며 척도를 숙지하지 않고서는 최면의 깊이를 논할 수 없기 때문이다.

　최면전문가들은 기본적으로 자신이 특정하게 선호하는 최면척도를 사용하거나 자신이 속한 협회에서 공식적으로 채택하고 있는 최면척도를 사용하여 최면유도 시 내담자가 도달한 현재의 최면 상태를 측정하고 있다.

　오늘날 여러 최면학자들이 측정하고 정리한 다양한 종류의 최면척도가 존재하며 이 척도들은 세부적인 부분에서 약간씩 차이를 보이기도 하지만 이들 사이에는 공통적인 맥락과 흐름이 있다.

　에스데일 상태와 씨코트 상태, 그리고 제드 상태는 대부분 일반적으로 사용하고 있는 최면척도들의 범위를 벗어난 상태이기도 하다. 어떤 최면사들은 이런 최면척도의 범위를 넘어서는 영역을 '암시에 대한 반응 정도가 높아진 상태'가 아니라는 이유를 들어 최면의 범주에서 제외시키기도 한다. 하지만, 극도의 최면적 암시반응을 성취한 이후 그것을 넘어서는 몇몇 특정 상태들이 명백하게 존재하므로 많은 최면사들이 이런 상태들을 기존의 척도에 확장시켜 포함시키기도 한다.

　어찌 되었든 여전히 많은 최면사들이 이 영역에 대해 많은 오해들을 가지고 있으며, 이 분야는 더욱 개척하고 발전시켜 나가야 할 분야로 여겨진다.

　이 장에서 소개하는 '울트라 뎁스® 프로세스'는 앞서 소개한 바와 같이 발견자인 월터 씨코트 선생의 뒤를 이은 제임스 라메이 선생에 의해 40여 년 이상 연구되고 정립된 체계이며 그 결과물이다.

아래에는 '울트라 뎁스® 프로세스'에서 공식적으로 사용되고 있는 최면척도를 수록했으며 이것의 공식 명칭은 '라메이-씨코트 깊이 척도'이다. 사실 이러한 척도상에는 아래에 언급된 내용 이외에도 보다 세부적인 항목들이 포함되지만, 여기에서는 각 상태들의 대표적인 반응들만을 나타냈다.

아래에 소개되는 내용 중 '연령역행과 탄생이전역행' 항목이 깊은 섬냄뷸리즘에 포함되어 있다. 여기서 설명하는 역행은 이 책의 앞부분에서 개입기법으로 설명한 연령역행이나 리그레션과는 확연히 구분된다.

흔히 TV에서 최면사들이 손쉽게 일으키는 전생역행이나 어린 시절의 기억회상을 하는 장면들을 보고서, 그것을 깊은 섬냄뷸리즘 상태로 오해하는 독자들이 있을 수 있기에 약간 부연해서 설명하겠다.

아래 척도에 등장하는 '연령역행'이 뜻하는 것은 단순히 기억을 회상하는 정도로 가볍게 진행될 수 있는 역행을 의미하는 것이 아니다.

이것은 눈을 뜨고서 완전히 당시의 환경으로 돌아가 그 상황을 실제와 동일하게 생생하게 재경험하는 것으로 현재에 대한 인식이 없는 말그대로의 진정한 '역행'을 의미한다.

이러한 종류의 역행은 여러 등급의 역행들 가운데 가장 높은 층의 역행이다. 이 절차를 정확히 경험한 대부분의 피험자는 각성 후에 자신이 경험한 것을 의식적으로 기억하지 못한다.

울트라 뎁스® 프로세스에서는 일반적인 최면사들이 치료나 상담을 위해 가벼운 상태나 중간 상태에서 기억을 회상시키는 역행을 진정한 역행이라 칭하지 않는다.

울트라 뎁스® 프로세스의 역행은 결코 한 번의 작업으로 손쉽게 얻을 수 있는 작업이 아니며, 프로토콜에 따른 몇 단계의 절차를 거쳐야만 한다. 한 번의 작업으로 얻어지는 회상수준의 상태들은 모두 위장된 상태들로 여긴다.

진정한 역행은 결코 쉽게 성취되는 결과는 아니지만, 정확히 적용되었을 경우 놀라운 결과들을 보여준다.

울트라 뎁스® 프로세스에서는 보다 향상된 결과를 얻기 위해 '제드 상태'를 안정적으로 확보한 다음 '스텝 리그레션'이라고 불리는 기법을 적용한다. 제임스 라메이 선생이 개발한 '제드 뎁스®' 또는 '제드 상태' 프로세스는 일반적으로 가장 깊은 수준의 역행을 끌어내기 위한 용도로 사용한다.

라메이 / 씨코트 깊이 척도	
최면	
힙노이들 상태(Hypnoidal State)	육체적인 휴식
얕은 최면	눈, 사지 그리고 신체 카탈렙시
	가벼운 마취(장갑)
	눈 감김
중간 최면	부분 망각
	후 최면 마취(부분)
	후 최면 암시(간단한)
깊은 최면	
섬냄불리즘 상태	의식의 이완
	후 최면 망각(완전)
	깊은 최면에서 눈 뜨기
	시각적 양성 환각
	청각적 양성 환각

깊은 섬냄불리즘	자발적 망각 (최면 동안의 암시나 행동을 기억 못 함)
	지각과민 (극도로 예민한 감각)
	시각적 음성 환각
	청각적 음성 환각
	알고 있는 모든 사실이나 정보에 대한 완전한 망각
	연령역행과 탄생이전 역행
깊은 최면을 넘어서	
에스데일 상태	암시 없이 마취(전신)
	근육이 밀랍처럼 변성한, 사전 카타토닉 반응을 표현함
카타토닉 상태	골격 근육의 고정 (암시 없이)
	깊은 에스데일 상태 달성의 확인
씨코트 상태	근육이 극도로 무기력한 상태 (월터 씨코트 선생에 의해 발견)
	잠재의식이 위험을 감지
	빠른 치유(사람들의 정상속도의 6배~10배)
	씨코트 상태를 성취할 수 있는 사람은 마인드 투 마인드 기법을 비롯한 울트라 뎁스® 프로세스에서 제공하는 다른 다양한 기법들을 사용해서 피험자의 자가치유를 도울 수 있다.
제드 상태	초의식이라 여겨지는 미개척 영역에 접근 가능한 상태 (제임스 라메이 선생에 의해 발견)

위의 라메이-씨코트 깊이 척도는 전통적인 최면의 깊이와 울트라 뎁스® 프로세스에서 사용되는 것을 함께 담고 있다.

깊이 척도는 다양한 최면 효과들을 보여줌으로써 한 사람이 얻을 수 있는 깊이의 정도와 수준을 측정하기 위해 활용할 수 있다.

이것은 최면적 개입의 공식화 측면에서 매우 유용하다. 내담자가 성취한 최면의 수준을 측정하는 정보를 전문가에게 제공함으로써, 전문가는 가장 효과적인 최면적 개입의 유형을 고를 수 있을 것이다.

허위의 상태 vs 진정한 깊이

울트라 뎁스® 프로세스에서 성취하는 모든 상태들은 철저하게 검증으로 신중하게 작업 되어야 한다. 인간의 의식을 다루는 작업은 상상 이상으로 매우 섬세하기 때문이다.

특히 깊은 섬냄뷸리즘을 넘어서는 상태들을 다룰 때는 더더욱 미묘하고 섬세한 에너지 교류가 일어난다.

이것은 이전의 얕은, 중간 수준의 최면을 유도할 때와는 완전히 다른 작업인 것이다.

데이브 엘먼 선생이 '에스데일 상태'를 유도하는 방법을 공개하고 '울트라 뎁스®(씨코트 상태)'가 월터 씨코트 선생에 의해 발견된 이래, 오늘날 섬냄뷸리즘을 넘어서는 이러한 상태를 쉽게 재현할 수 있다고 주장하는 몇몇 최면사들이 나타나기 시작했고, 일부 최면사들은 심지어 에스데일을 넘어서며 씨코트 상태와 구별되는 더욱 깊은 상태를 발견했다며 그러한 발견으로 독자적인 새로운 체계를 만들었다고 주장하기도 한다.

실제로 유튜브 등의 해외 인터넷 동영상채널을 통해 이와 관련된 몇몇 영상들을 찾을 수 있기도 하다.

필자 역시 울트라 뎁스® 프로세스를 지도하는 교육자로서 이 부분에 매우 많은 관심이 있었다. 이 분야에서 독자적으로 연구한 다른 최면사들의 성과들이 궁금하기도 했고 또 정말로 뭔가 새롭고 진보된 발견이 있다면 언제든 배우는 자세로 그것을 받아들이고 싶었기 때문이었다.

그러나 유튜브 등 인터넷상의 영상자료에서 만났던 에스데일 상태라고 주장하는 상태들은 대부분 허위의 상태들임을 한눈에 보아도 쉽게 알 수 있었다. 비슷한 여러 영상을 검토했지만 대게 동일한 결론을 내릴 수밖에 없었다.

몇 해 전, 필자는 개인적으로 미국에서 대규모로 열리는 한 최면 컨퍼런스에 참관했다가, 실제로 이 컨퍼런스 현장에서 바로 앞서 언급한 깊은 상태들을 다루며 이와 관련해 새로운 것을 발견했다고 주장하는 'OOOOOO'이라는 새로운 이름을 붙인 체계를 접하게 되었다.

그들은 에스데일 상태에서 쌍방향 소통이 가능하다고 주장했는데, 전 세계에서 에스데일 이하의 상태를 전문적으로 다루는 최면사들이 많지 않고, 또 그런 사람들의 시연을 직접보고 대화를 나눠볼 수 있는 기회이기에 개인적으로 그에 대해 부푼 기대감을 갖고 있었다.

필자가 참관한 강의는 전체 코스의 강의가 아닌 미니 코스 형식의 강의였지만, 그 강의를 통해 그들이 주장하는 요지를 들을 수 있었고 에스데일 상태를 포함한 다른 것에 대한 시연을 볼 수 있는 기회를 얻었다.

그들은 사전에 '후 최면 신호'를 장착한 한 명의 피험자와 즉석에서 뽑은 또 한 명의 피험자를 대상으로 에스데일 상태를 시연했다.

그런데 그 기대감이 실망감으로 바뀐 것은 오래 걸리지 않았다. 그들의 주장대로 짧은 시간 안에 해당 피험자들은 그들이 '에스데일 상태'라고 주장하는 상태에 도달했다.

그러나 필자는 그것이 뭔가 이상하다는 것을 발견했다. 왜냐하면, 그것은 우리가 수년간 울트라 뎁스® 프로세스를 통해 경험했던, 그리고 제임스 라메이 선생님을 통해 검증했던 바로 그 '에스데일 상태'와는 많은 면에서 달랐기 때문이었다.

그리고 그 상태에 이르는 과정 또한 엉성하기 짝이 없었다. 그들은 피험자의 감은 눈앞에서 큰소리로 손뼉을 치고선 내담자가 반응하지 않자, 이것이 에스데일 상태이기 때문에 반응하지 않는 것이라는 어처구니없는 퍼포먼스를 행했다.

필자가 직접 검증해보고 싶은 마음도 있었지만 그럴 필요까지도 없었다. 왜냐하면, 안타깝게도 그들이 에스데일이라고 주장하는 그 상태는 한눈에 보아도 진짜 '에스데일 상태'와는 거리가 멀었고, 그 깊이 또한 중간 상태에 불과했기 때문이었다.

실제 에스데일 상태들에 대한 진짜 검증들은 모두 빠져있었고, 그것은 단지 중간 정도 깊이의 상태에서 암시를 통해 행하는 퍼포먼스일 뿐이었다. 더욱이 그들은 자신이 울트라 뎁스® 또한 할 수 있고 모든 이론을 알고 있지만 모든 법적 권한이 제임스 라메이 선생에게 있기 때문에 하지 않는 것일 뿐이라고 말했다.

그러나 애석하게도 그들은 이 프로세스를 제대로 배운 적이 없는 것은 물론 에스데일 상태조차도 부족한 이해로 제대로 구현하지 못하고 있는 실정이었으며 심지어 섬냄뷸리즘에 대해서조차 명확한 이해를 갖고 있지 않았다.

단언컨대 절대로 그 상태에서는 제임스 라메이 선생이 40년 이상 해왔던 그러한 작업들을 해낼 수 없다.

그들이 에스데일이나 척도를 넘어선 상태들에 대한 지식이 부족해서 그런 것인지 아니면 의도적으로 이 영역에 무지한 대중들을 속이고자 하는 것인지 그 진짜 목적은 알 수 없지만, 분명한 사실은 그들은 깊이에 대한 척도를 무시했고 중간 상태에서 일어나는 인공적인 허위의 상태를 유발시키고 있었다는 것이었다.

제임스 라메이 선생은 필자의 이런 경험들에 대해, 자신도 유튜브나 오프라인에서 비슷한 작업들을 많이 보았지만, 매번 실망스러웠다고 말씀하셨다. 매번 처음엔 그들의 주장만을 듣고 정말로 그들이 대단한 뭔가를 해냈다고 생각했지만, 막상 실제로 작업을 지켜보면 매번 비슷한 주장을 하는 다른 사람들이 해왔던 것과 동일한 것을 보여주기 때문에 이내 실망을 반복하게 된다고 하셨다.

제임스 라메이 선생은 40여 년 전 월터 씨코트 선생에게 트레이닝을 받은 이후, 오랜 세월을 거치면서 다른 사람들의 수많은 최면 트레이닝들에 참석했었다.

그리고 깊은 최면을 달성하는 방법을 왜곡시켜서 그것을 무기 삼아 최면 분야에 뛰어드는 수많은 신예 최면사들을 지켜보았다.

그는 많은 사람들이 최면깊이의 특정 명칭을 사용하며, 다양한 주장을 하는 걸 보아왔지만 이 사람들 중 실제로 깊이 테스트를 행하는 사람을 아무도 보지 못했다고 한다.

많은 사람들이 짧은 시간 내에 에스데일 상태로 유도하거나 심지어 더 깊은 상태로 유도한다고 주장했지만, 그들이 그 상태 또는 특정 깊이를 제대로 테스트하는 것을 볼 수 없었던 것이다.

단지 그들이 보여주는 것은 해당 피험자가 깊은 상태에 들었을 것이라고 '추정'을 하거나 '가정'을 하는 것 뿐이었다.

어떤 경우에는 몇몇 다른 사람들의 기법들을 도용해서 자신의 것인 것처럼 하나의 단일 기법으로 엮어서 꾸미려고 하는 사람도 있었다. 알고 보니 당시 그런 것을 했던 사람이 이 분야에 들어 온 지 2년밖에 되지 않았던, 미숙한 최면사인 경우도 있었다. 그러나 정보가 없던 많은 사람들은 이후에도 긴 시간을 속아왔다.

에스데일 상태를 성취하고 더욱 깊어지게 할 수 있다고 주장하는 이들에게 그 기법을 그 방식 그대로 실제 외과수술을 받아야 하는 사람에게 적용해보라고 한 다음, 수술실에서 무슨 일이 일어나는지 지켜본다면 바로 답은 나올 것이다.

제임스 라메이 선생은 그의 스승인 월터 씨코트 선생에게서 배운 방식을 사용해오면서 그것의 세부적인 부분들을 약간 조정했지만 한 번도 그것에서 벗어나지 않았다.
그 방식은 철저한 검증으로 이뤄지며 이 방식을 통해 최면마취로 실제 외과수술을 준비하는 많은 사람들을 정확하게 준비시켰다. 그렇게 준비된 상태로 수술을 받은 환자들은 누구나 아무런 통증도 경험하지 않았다.

더욱 놀라운 사실은 대부분의 경우 수술 당일에 제임스 라메이 선생이 최면사로서 수술실에 함께 들어가는 것이 허가되지 않았기에 환자

<u>스스로</u>가 이 모든 과정을 스스로 할 수 있도록 준비시켰다는 것이다.

수술실에 입장이 허가된 몇몇 경우에도, 그가 수술실에서 했던 말은 단 두 단어였다. 하나는 환자가 최면 상태(에스데일 상태 또는 씨코트 상태)로 즉시 진입하게 하는 신호가 되는 단 하나의 단어였으며, 다른 하나는 수술이 끝난 뒤 돌아 나오게 하는 각성 신호 단어가 전부였다.

그는 의사가 수술이 끝났다고 말할 때까지 아무 말도 할 필요가 없었으며 수술이 끝난 후, 눈을 뜬 환자는 항상 이렇게 말했다고 한다.

"안녕하세요. 의사 선생님. 그런데 수술은 언제 시작하죠…?"

그들은 어떠한 통증도 느끼지 못했을 뿐 아니라 수술 중의 어떤 경험도 떠올리지 못했다.

그가 했던 것은 단지 최면 암시를 통해 감각에 대한 환각을 심어주는 작업이 아니었다. 제임스 라메이 선생에게 도대체 어떻게 한 것인지 묻는 사람들에게 그는 항상 이렇게 말했다.

"제가 한 것은 아무것도 없습니다. 환자들 자기 스스로 모든 것을 한 거예요."

바로 이것이 울트라 뎁스®에서 말하는 진정한 '깊이'인 것이다.

여기에 덧붙여 이것에 관해 라메이 선생 자신이 겪었던 실제 경험담이 있다.

그는 오래전 자신의 양쪽 눈에 백내장 수술을 받은 경험이 있었다. 먼저 수술받은 왼쪽 눈은 의료진이 많은 화학마취를 사용했었는데, 수술

후 오랜 시간이 지난 최근까지도 그는 왼쪽 눈에 여전히 많은 통증을 느끼고 있다고 말했다.

화학마취를 사용하여 왼쪽 눈 수술을 받은 지 4일 후에, 그는 반대편인 오른쪽 눈을 수술받았는데, 이때 그는 울트라 뎁스® 프로세스에 대한 자신의 지식을 활용했다.

화학마취 없이 에스데일 상태와 같은 자동적인 깊은 마취 상태로 들어간 것이다.

당시에 그는 각각의 상태에 스스로 들어갈 수 있도록 조건화된 적도 없었고 자기최면 키워드조차 없는 상태였지만, 그의 잠재의식은 그를 즉각적으로 에스데일 이상의 깊이로 데려갔다.

혹자들은 어떻게 최면으로 조건화된 적도 없는 사람이 스스로 그렇게 했을까 하는 부분에 대해 의아해할지도 모른다. 이 부분은 그가 이 프로세스를 완벽히 체화했다는 것을 보여준다.

그가 잠재의식을 제대로 알지 못했다면, 이런 일은 불가능할 것이기 때문이다.

수술이 무사히 끝났지만, 그는 자신의 눈에 수술을 받았다는 것조차 알지 못했다. 모든 것들이 놀라웠고 이것은 그 수술과정에서 의료진들을 겁에 질리게 했다.

왜냐하면, 매우 깊은 그 상태에 있는 동안 제임스 라메이 선생의 심장은 일 분에 한 번만 뛰었고, 호흡 또한 일 분에 한 번 정도의 횟수로 얕게 쉬었으며, 오랜 시간 동안 심전도 그래프는 거의 수평에 가까웠기 때문이었다.

의료진이 그에게 사망선고를 내리려 할 때 바이탈 신호가 돌아왔고 수술은 계속 진행될 수 있었다. 그리고 그는 수술이 끝난 후 아무런 문제 없이 그 상태에서 저절로 돌아 나왔다.

수술 후의 회복속도 또한 눈에 띄게 빨랐고 화학수술을 받았던 왼쪽 눈보다 화학마취를 하지 않았던 오른쪽 눈이 훨씬 좋은 상태로 회복되었다. 라메이 선생은 이 경험을 통해 최면 자체를 다시 진지하게 바라보고 울트라 뎁스® 프로세스를 통해 이것의 진실을 알리기로 결심하게 되었다.

앞서 언급한 많은 사람들이 말했던 새로운 기법들은 그들이 주장하는 '말'들과는 달랐고 대부분 최면의 중간 상태나 섬냄뷸리즘 깊이 이상 진행되지 않았다.

그들은 깊이 척도를 사용하지 않고 대부분 이것이 필요하지 않다고 말하기도 하며 심지어 그것에 대한 언급조차 꺼리는 경우도 있다.

앞서 말했듯이 인간의 의식과 함께하는 작업은 매우 섬세한 것이며, 이러한 작업에서 깊이 척도를 무시하고 깊이에 대한 테스트를 행하지 않는 것은 아무런 가치가 없는 것이다.

누군가를 중간 상태나 가벼운 섬냄뷸리즘만 달성하게 하고 암시에 의한 몇 가지 최면 효과들을 만들어내는 것은 쉬운 일이다. 그러나 그것은 진정한 깊이가 아니며 그들이 주장하는 것과도 일치하지 않는다.

해외의 어떤 최면 교육에서는 에스데일 상태에서 피험자는 자신이 원한다면 말을 할 수도 있지만, 단지 말을 안 하는 것을 더 편하게 느끼기 때문에 선택적으로 말을 안 하는 것일 뿐이라고 가르치기도 한다. 그러나 이것은 명백히 잘못된 것이다.

만약 어떤 사람이 진정한 에스데일 상태(최면적 코마 상태)에 있다면, 그 사람은 자신의 운동신경에 대한 통제권을 완전히 놓아버리게 되면서 몸을 움직일 수도 없고, 말을 할 수도 없다. 그런 효과들은 실제 의학적 코마와도 같은 것이다. 에스데일 상태는 그들의 주장처럼 아주 손쉽게 얻어지는 그런 얕은 상태가 아니다.

원래 에스데일 상태는 외과수술을 위한 전신마취 이외에는 결코 다른 목적으로 고안되지 않았다. 새로운 이름을 붙인 많은 종류의 최면 트레이닝들이 존재하지만, 그들은 새로운 것이나 혁신적인 어떤 것도 밝히고 있지 않다. 이러한 비윤리적인 일들이 벌어지는 이유는 대부분 상업적인 부분과 연관되어있다. 그들은 상업적 이익을 위해 움직이기 때문에 자신들의 트레이닝에 깊은 의미를 두지 않는다. 그들에게 이것은 마음과 마음의 소통이나 의식의 탐구가 아니라, 단지 하나의 '판매 상품'으로만 여겨지기 때문일 것이다. 피해자들은 이 분야에 대해 교육을 받지 않았거나 경험이 부족한 사람들이 대부분이기에 주의를 요하는 부분이다.

향후 국내에도 다양한 해외의 정보들이 두서없이 유입될 수 있을 것이다. 이미 우리는 그러한 국제화 시대에 살고 있다. 이것은 비단 먼 나라인 미국만의 이야기가 아니라 우리 주위에서도 머지않아 또는 이미 일어나고 있을지도 모르는 일이기에 초보자나 경험이 부족한 독자들이 그러한 시행착오를 겪지 않았으면 하는 바람이다.

울트라 뎁스® 프로세스는 패스트푸드가 아니다

오늘날 많은 최면사들이나 일반인들은 대부분 깊은 섬냄뷸리즘을 성취하게 하는 작업을 원하지 않는 추세이다. 그냥 적절한 기법들을 사용해 가볍게 신속한 최면적 상태로 유도한 다음, 다양한 암시들을 반복하는 최면방식들을 선호한다.

많은 대중들은 피험자의 잠재의식과 작업하는 데 초점을 두는 것이 아니라 피험자를 통제하거나 컨트롤하려는 것에 많은 관심을 가진다.

이것은 마치 주문을 하자마자 즉석에서 나오는 패스트푸드 음식에 비유될 수 있다.

그러나 울트라 뎁스® 프로세스는 이런 작업들과는 큰 거리가 있다. 이것은 많은 사람들이 이런 극도의 깊은 상태들을 성취하는 것에 관해 오해하고 있는 점들 중에 하나이다.

울트라 뎁스® 프로세스의 주요특징 중 하나는 '암시'에 의존하지 않는다는 것이다.

여기서 다루는 상태들은 결코 일회성의 작업으로 몇 분 만에 뚝딱 얻어지는 그러한 얕은 상태나 반응들이 아니다. 앞에서도 언급한 바와 같이 진정한 깊이를 얻고 그런 상태에서 진행되는 작업은 매우 섬세한 작업이며, 우리의 상식을 넘어서는 에너지 교류가 일어나는 상태이다.

울트라 뎁스® 프로세스는 일류 쉐프나 요리 장인이 최상의 맛을 위해 재료들을 오랜 시간 직접 하나하나 숙성시키고 그 과정에서 끊임없는 관리와 확인을 통해 결국 최고의 요리를 완성하는 일품요리 또는 슬로 우푸드 음식에 비유될 수 있다.

깊은 상태에 대한 두려움

일반적으로 최면을 가르칠 때 최면에 든 피험자의 의식은 사라지지 않는다고 가르친다.

일부 내담자들이 의식이 사라질까 두려워하기도 하기 때문이다. 일반 적인 최면에서는 대부분 해당 사항이 없겠지만, 엄밀히 말해서 최면의 영역에서 의식이 없거나 완전한 기억상실이 일어나는 몇몇 경우들이 존 재한다. 그 대표적인 상태가 '씨코트 상태'이다. 대부분의 피험자는 씨코 트 상태에서 돌아 나온 다음 완전한 시간의 왜곡을 경험하며 있었던 일 을 아무것도 회상하지 못한다.

반면, 에스데일 상태에서는 피험자가 몸을 움직일 수 없지만, 대게 주 위의 소리를 들을 수 있고 인식할 수도 있다.

이 외에도 앞에서 소개한 히프노 슬립(Hypno-sleep) 기법 역시 수면 중 인 사람을 최면적 반응으로 유도했을 경우 피험자의 인식은 존재하지 않는다.

그렇다면 이러한 상태(에스데일 또는 씨코트 상태)에서 피험자가 위험해질 수 있지 않을까? 많은 사람들이 이러한 상태에서 의식이 자각하지 못하 므로 위험한 상황이 생기지 않을까 두려워한다. 그러나 실제 일어나는 사실은 이것과는 정반대이다.

그러한 두려움이 바로 우리 내면의 잠재의식에 대해 제대로 이해하지 못하기 때문에 생기는 오해이다.

이 상태에서 잠재의식은 오히려 주변을 더욱 인식하고 있는 상황이므로 위험한 상황이나 응급한 상황이 생길 경우, 즉각 그 상황을 빠져나와서 의식이 그 상황에 대처할 수 있게 하거나 어떤 경우에는 의식이 아닌 잠재의식이 스스로 피험자의 물리적인 몸을 움직이기도 한다.

즉, 어떤 의미에서 오히려 의식 상태보다 훨씬 안전한 상태이며 범죄나 사고 등 주변의 위험요소를 의식보다 더욱 빨리 감지할 수도 있다.

많은 사람들이, 흔히 에스데일이나 씨코트 상태에서 일어나는 깊은 최면마취 상태에서 수술을 받다가 도중에 깨어나게 되면 어쩌나 하는 두려움을 갖고 있다.

화학적인 마취에서는 간혹 수술 중 각성(마취수술 중 의식과 감각이 돌아왔지만, 몸을 움직이거나 말을 할 수 없는 상태/ 이 경우 수술 동안의 통증이나 감각을 고스란히 느끼게 된다.) 사례들이 일어날 수 있지만, 이러한 깊은 최면적 마취에서는 결코 그러한 일이 일어나지 않는다.

앞의 라메이 선생의 눈 수술 사례에서처럼 잠재의식은 수술이 마무리되고 모든 것이 안전해지기 전까지는 결코 피험자를 돌아오도록 하지 않을 것이다.

물론 이것은 가벼운 최면 상태나 일반적인 최면 암시를 통한 마취와는 다르다.

월터 씨코트 선생과 그의 동료 사라 제인 선생이 한 최면 컨벤션에서 대중들 앞에서 씨코트 상태에 대한 시범을 보이고 있었을 때의 일이다.

씨코트 상태에 있던 그녀가 갑자기 눈을 번쩍 뜨더니 벌떡 일어서서 강의장 밖으로 나갔다.

그리고는 아주 빠른 속도로 계단을 내려가기 시작했다. 그녀는 로비를 지나서 건물 밖으로 나간 후에야 비로소 그 자리에 멈춰 섰다. 그리고 그제야 정신을 차리며 황급히 따라 나온 사람들에게 어리둥절한 표정으로 이렇게 말했다.

"아니, 제가 여기서 뭘 하고 있죠?"

그녀는 건물 밖으로 나오기 전까지의 일을 아무것도 기억하지 못했다. 갑자기 눈을 뜨고 깊은 상태에서 돌아 나온 것처럼 보였지만, 실제로는 그 상태에 머물고 있었던 것이다.

알고 보니 그녀가 씨코트 상태에서 갑자기 움직인 이유는 건물 안에서 화재 경보음이 울렸기 때문이었다. 비록 강의장 안에서 그녀의 의식은 물러나 있었지만, 그녀의 잠재의식은 위험을 감지하고 자신을 보호하기 위해 몸을 움직였던 것이다.

이처럼 일반인들의 오해와는 달리 이 상태는 매우 안전한 상태이며 잠재의식에 의해 자기 자신의 통제력이 더욱 증가된 상태이다.

에드가 케이시와 울트라 뎁스®

에드가 케이시(1877~1945)는 '미국에서 가장 불가사의한 사람' 그리고 '잠자는 예언가'로 알려져 있다. 그가 했던 대부분의 예언은 일반적이지 않은 독특한 최면 상태에서 '리딩(reading)'이라는 과정에 의한 것이었기 때문이었다.

그가 했던 리딩 과정은 잠자는 듯한 상태에서 그의 잠재의식이 여러 가지 말들을 하면 이를 제3자가 기록하는 형식이었다.

그가 이러한 독특한 최면 상태에 들면 자신의 의식도 전혀 알 수 없는 일들에 대해 놀랄만한 정보들을 꺼내놓았다고 한다.

그는 의학 공부는 고사하고 학교 교육 7학년이 전부였음에도 불구하고 이 상태에서 피지컬 리딩이라는 과정을 통해 환자에 대한 투시를 행하고, 난해한 의학용어를 사용하며 수천 명의 난치병 환자들을 진단하고 특정 문제에 대해 해결책을 제시해 주었다.

그가 남긴 치료법들은 현대에 새로이 연구되면서 다양한 질병 치료에 도움을 주기도 하며 큰 성과를 거두기도 했다고 한다.

건강정보뿐만 아니라 이 독특한 상태에 든 케이시에게 적절한 질문을 하면 그의 잠재의식은 고차원의 정보들을 알려주기도 했다.

예를 들어, 약제사는 치료약의 조제법에 대해 질문했고 엔지니어는 전자회로에 관해, 부모는 자녀의 교육 관련 질문들을, 철학자는 세상의 인식방법을, 정치가는 정치에 관해, 심지어는 투자가가 주식의 동향에 대해 질문들을 했는데 이런 모든 질문들에 대해 그의 잠재의식은 놀라운 통찰로써 대답하며 깊은 지혜가 깃든 충고를 해주기도 했다.

그는 인류의 운명에 대해 예언하기도 했는데 세계대전 발발과 경제 대공황, 광우병과 소련의 해체를 정확히 예언했고, 일본, 유럽, 극지방의 지각변동 등에 대해서도 중요한 예언들을 남겼다.

그리고 그의 마지막 예언은 자신의 죽음의 날짜였고, 1945년 1월 3일 그의 예언대로 그는 임종을 맞았다.

에드가 케이시는 스스로 이 모든 정보들은 자신의 의식에서 나온 것이 아니라고 말했으며 그 스스로 이것은 자신의 잠재의식으로부터 온 정보들이라고 말했다.

많은 사람들이 그가 반복적으로 진입했던 독특한 최면 상태에 대해 이해하지 못했지만, 제임스 라메이 선생이 에드가 케이시가 남긴 기록들을 검토했을 때, 울트라 뎁스® 프로세스에서 지칭하는 '씨코트 상태'와 그가 성취했던 상태는 많은 부분에서 놀라울 정도로 일치한다는 것을 발견했다.

（※ 씨코트 상태는 1960년대 중반에 발견되었기에, 에드가 케이시가 살던 당시에는 '울트라 뎁스®' 또는 '씨코트 상태'라는 이름 자체가 존재하지 않았다.)

'씨코트 상태'에 든 피험자들은 대부분 의식은 물러나 버리지만, 잠재의식의 의사에 따라 필요한 경우 순수함에 가까운 '잠재의식'이 표면으로 드러나 유도자와 언어적으로 소통하는 경우들이 있다.

따라서 이 경우 대부분은 그의 의식이 이를 기억하지 못하기에 이를 기록할 제3자가 필요했던 것이다.

여기서 말하는 '잠재의식'은 일반적인 범주의 최면에서 접하는 표면적인 '파트(의식의 분아)'와는 전혀 다른 형태를 띠며, 잠재의식의 목적에 따라 다르긴 하지만, 에드가 케이시의 그것과 유사한 양상들을 보여준다. 즉, 잠재의식은 자기 자신에 대해 가장 많은 것을 알고 있는, 우리 누구에게나 존재하는 깊은 내면의 진정한 자신의 모습이다.

어떤 사람들은 에드가 케이시를 미국의 무당이라 말하는 사람들도 있지만, 그의 표면의식은 미국의 사상가이자 종교철학자라 할 수 있다.

사실상 그의 의식은 잠재의식으로부터 나온 리딩의 많은 부분을 '기독교'라는 종교적인 필터를 통해 풀어냈다.

그리고 그가 씨코트 상태에서 행했던 행위들은 무당이나 무속인이 행하는 행위와 차이가 있다. 이것은 그것의 출처가 외부로부터 오는 것이 아니라 우리 누구나에게 존재하는 자신의 '잠재의식'으로부터 오는 것이었기 때문이다.

우리 모두의 잠재의식은 각자 이생의 목적을 가지고 살아간다고 여겨진다. 따라서 잠재의식을 인식하고 소통하며, 무의식을 정화해나가는 행위들은 진정한 자신을 발견하게 되며 우리 인생의 질을 바꾸어 새로운 경로에 들도록 이끌어줄 것이다.

그렇다면 이쯤에서 독자들은 씨코트 상태만 확보하면 누구나 잠재의식이 튀어나와 나의 에고(자아)를 만족시켜주는 놀라운 정보를 뿌려줄 것이라고 생각할 지도 모르겠다.

그러나 실망스럽게도 우리의 의식세계는 그리 쉽게 손에 잡히는 영역이 아니다.

순수함에 가까운 '잠재의식'을 만나는 일은 그렇게 기계적으로 일어나지 않는다.

이것이 일어나기 위해서는 여러 가지 조건이 갖춰져야 하며 자칫 유도자의 섣부른 욕심에 이것과 소통하려 한다면, 대게는 우리의 깊은 곳에 있는 신념을 기반한 파트들이 그것을 가장하여 등장하게 될 것이다.

그리고 그것이 순수함에 가까운 잠재의식의 말이었는지 아니었는지는 현실의 결과들이 증명해줄 것이다.

잠재의식은 알고 있다

우리 각자의 내면에는 육체적, 정신적, 감정적 그리고 영적인 힘이 존재한다. 울트라 뎁스®에서 우리는 이것을 '우리의 잠재의식의 힘'이라고 부른다.

많은 최면사들이 잠재의식은 게으르고 나태한 존재이며 쉽게 속일 수 있다고 믿는 경향이 있다. 오래전, 필자 역시도 그러한 믿음으로 내담자를 상대했던 적이 있었다.

그러나 우리가 경험한 잠재의식은 결코 의식의 비판력을 우회하기만 하면 속일 수 있는 멍청한 존재가 아니었다.

사람의 '뇌'만을 대상으로 한다면 어느 정도 착각과 영향력을 행사할 수 있다. 그것은 자극에 반응하는 프로그램이기 때문이다. 그러나 울트라 뎁스®에서 경험한 잠재의식은 뇌와 구별되며, 우리의 편협한 현재 의식이 나쁜 목적을 갖고 간단히 속일 수 있는 그런 대상이 아니다. 오히려 멍청하다고 부를 수 있는 것은 우리의 표면의식 또는 에고(ego)라고 할 수 있을 것이다.

내담자의 잠재의식은 이미 유도자인 당신이 가진 의도를 알고 있다. 잠재의식은 우리의 현재 의식보다 훨씬 거대하며 훨씬 다양한 채널을 갖고 있는 고차원의 주체이기 때문이다.

이것을 잠재의식이라는 이름으로 부르는 것이 마음에 들지 않는다면 상위자아, 영적 가이드, 안내자, 본성, 신성 등 독자들의 논리체계를 만족시킬 수 있는 다른 어떠한 이름으로 불러도 관계없다.

그러나 우리의 경험에서 알 수 있는 분명한 것은 모두의 내면에는 현재 의식과 다른 순수 의식이 존재하며 그것은 우리가 '영감'이라고 부르는 것의 원천이라는 것이다.

필자는 이 책을 읽는 독자들에게 잠재의식에 대해 그냥 이렇게 간단히 설명하고 싶다.

잠재의식은 우리 내면의 '순수한 나'라고 말이다.

특정한 의식의 틀이나 학습과 경험을 통해 만들어진 '기억'이나 '패턴'이 아니라 그것과 분리된 내면의 깊은 에너지 즉, 우리가 '영감'이라고 부르는 것의 주체라고 말하고 싶다.

만약 유도자인 당신이 내담자에 대해 불순한 의도를 가진다면 내담자의 잠재의식은 당신이 말하지 않아도 그것을 인식할 수 있으며, 결코 당신에게 그러한 깊이를 허락하지 않을 것이다.

당신은 그 내담자와의 작업에서 영구적으로 진정한 깊이를 얻을 기회를 얻지 못할 수 있다. 실제로 제임스 라메이 선생의 제자들이 실습 중에 몇몇 그러한 일들이 일어났었고, 해당 피험자의 잠재의식은 선택적으로 특정인의 유도에 대한 허용 깊이를 제한했다.

한 사람의 치유를 촉진하기 위해 필요한 작업을 하는 것 또한 최면가나 유도자가 아니라 그 사람의 잠재의식이다.

따라서 울트라 뎁스® 프로세스에서는 특정한 목적을 달성하기 위해 '암시'를 주는 것이 필수적이지 않다.

이것이 기존의 최면과 구별되는 울트라 뎁스® 프로세스만의 특징들 중 하나이기도 하다.

진정한 뎁스(깊이)를 추구하는 사람들은 결코 얄팍한 속임수를 쓰거나 내담자를 통제하려 하지 않는다는 사실을 꼭 기억하자.

미국에는 최면 분야에서 전문성을 갖고 수십 년씩 활동해온 많은 상업 최면사들이 있다.

그들 중 많은 수가 왜 평생을 매진했음에도 제임스 라메이 선생이 경험했던 그러한 깊이에서 '잠재의식'이라 불리는 그런 부분들을 경험하고 소통할 기회들이 없었는지 한 번쯤 생각해 보아야 할 부분이다.

결국, 그들이 선택하는 것은 '속임수'라는 손쉬운 방법이었다. 물론 이것은 일부 비윤리적인 사람들에 대한 이야기이다.

앞서 언급한 일부의 사람들을 제외하고, 비록 울트라 뎁스® 프로세스와 같이 '깊이'분야에 특화된 최면 분야를 연구하지 않았다 하더라도, 오랜 시간 최면 분야에 매진해온 최면사들 중에는 몇몇 이해하기 힘든 잠재의식의 반응들을 경험한 사람들이 많다.

ABH의 테드 제임스 박사 또한 그러한 몇몇 사례들을 경험했음을 이야기했을 뿐만 아니라, 파츠 테라피의 대가인 로이 헌터 선생 또한 그와 관련된 경험들이 있다고 했다.

로이 헌터 선생의 경우, 어느 한 내담자와 파츠 테라피 상담 중에 그 내담자의 '상위자아 파트'와 대화를 나누고 있었다고 한다. 그런데 내담자의 문제에 대해 말하던 '상위자아 파트'가 갑자기 로이 헌터 선생에게 "당신 집에 (이러 이러한) 문제가 있을 테니, (이런 식으로) 해결하기 바랍니다."라고 말한 것이다.

그는 무척 놀랐다고 한다. 왜냐하면, 그 골치 아팠던 개인적인 문제에 대해 그 내담자가 전혀 알 리가 없었음에도, 그가 먼저 그 문제의 세부 사항을 언급했을 뿐만 아니라 완벽한 해결책까지 제시해 주었기 때문이었다. 그리고 실제로 그 문제는 말끔히 해결되었다고 한다.

로이 헌터 선생의 경우 과거 이런 종류의 이야기들에 매우 회의적인 사람이었지만, 70대 중반의 지금에 이르러서야 비로소 자신의 '상위자아(잠재의식이 아닌, 다른 무엇이라 불러도 좋다.)'에 대해 알아차리고 적극적인 소통을 행하고 있다고 한다. (※ 울트라 뎁스® 프로세스에서 의미하는 '잠재의식' 은 파츠 테라피 등에서 다루는 '파트'라는 개념과는 다르다.)

당연히 울트라 뎁스® 프로세스에서는 이러한 현상이 더욱 빈번하게 나올 수 있고 보다 순수한 부분과의 접촉이 일어날 수 있다.

유도자가 이미 질문하기도 전에 내담자의 잠재의식이 그 질문에 대한 대답을 말해주는 경우도 있으며, 때때로 유도자와 내담자 간에 언어를 넘어서는 소통이 일어나기도 한다.

이는 최면과 메즈머리즘 등의 고서적 기록에 등장하는, '마그네틱 섬

넘뷸리즘'에서 자주 관찰되었다고 하는 초상현상들에 관한 기록들과도
유사성을 보인다.

마인드 투 마인드 테크닉

울트라 뎁스® 프로세스의 다양한 테크닉들 중 많이 알려져 있는 '마
인드 투 마인드 힐링'이라는 이름의 기법이 있다. 이 기법 역시 월터 씨
코트 선생이 그의 생전에 울트라 뎁스®와 함께 다양한 실험을 행하던
중 발견하면서 개발된 기법이다.

이 기법을 행하기 위해서는 울트라 뎁스® 프로세스의 모든 상태를 성
취하고 안정화된 촉진자의 도움이 필요하다.

절차는 의외로 간단한데, 그것은 단지 촉진자와 피험자가 한쪽 손을
맞잡고 나란히 누워있는 것이다. 물론 UD 전문가(UD 퍼실리테이터)는 침
묵하며 이 두 사람을 관리하고 감독해야 한다.

그 상태에서 촉진자는 씨코트 상태로 즉각 진입하고 문제를 가진 피
험자는 그냥 눈을 감고 있는 것이다. 때때로 이 과정에서 눈을 감고 있
던 피험자가 촉진자를 따라 깊은 상태를 체험하기도 한다.

이 상태에서 효과를 보기 위해서는 몇몇 조건들이 충족되어야 하는
데, 그 조건들이 충족된 상태에는 매우 강력하고 섬세한 에너지 교류가
일어나게 된다. 필자 역시 개인적으로 이것의 강력한 힘을 경험한 적이
있었고 그것은 개인적인 변화를 가져왔다.

씨코트 선생은, 선천적으로 소아마비로 태어나서 늘 버팀대를 착용해야만 했던 한 어린 소녀에게 이 기법을 적용하였다.

당시 그 소녀는 목발을 사용해야만 걸을 수 있는 상태였는데 이 기법을 적용한 이후 그 소녀에게 놀라운 변화가 일어났다.

시간이 지나면서 소녀의 다리 근육이 발달하면서 점점 튼튼해지기 시작한 것이다.

결국, 한달 정도의 시간이 지난 후 그녀는 목발의 도움 없이도 걸음을 걸을 수 있게 되었다. 도대체 그 소녀의 내면에서 무슨 일이 일어났던 것일까?

이것은 매우 놀라운 기법이며, 때때로 간단한 회복뿐만 아니라 큰 건강문제를 극복하는 데에도 도움이 될 수 있다.

모든 치유는 신체적인 결과로 드러나기 이전에 그 사람의 에너지 필드 내부에서의 변화로부터 시작된다.

라메이 선생은 이것이 매우 잘 작동하는 여러 사례들을 목격 했고 자가치유의 측면에서의 큰 중요성을 체감한 뒤 그의 동료와 함께 이 테크닉으로 다른 사람들을 도왔다.

그러나 누구보다도 이 테크닉의 큰 수혜자는 제임스 라메이 선생 자신이었다.

어느 날 그의 눈에 유리체 박리가 진행되고 있었고, 몇 주 후에는 두 눈의 시야 상단의 절반 이상이 회색빛 커튼을 친 것처럼 점점 짙어지기 시작했다. 안과 전문의는 그에게 연결조직이 떨어졌기 때문에 수술만이 최선의 해결책이라고 말했다.

그는 집으로 오는 길에 씨코트 선생의 이 기법을 떠올렸고 그들 도와줄 사람들과 함께 일정을 잡은 뒤 이 기법을 적용했다. 작업이 끝나고 눈을 떴을 때, 그는 잠깐의 시간이 지났다고 생각했지만 실제로는 1시간 이상의 시간이 지나간 사실에 놀랐다. 그러나 그는 자신의 눈에 즉각적인 어떤 변화도 느낄 수 없었기에 다소 실망스러웠다고 한다.

그러나 놀라운 일이 벌어졌다. 약 2주 후 눈에 있던 회색 커튼이 다소 밝아지고 줄어든 것 같은 느낌을 받은 것이다. 처음에는 그것을 단지 자신의 상상으로 여겼지만, 시간이 흐르면서 그 결과들이 분명해졌다. 결국, 작업 이후 한 달 만에 눈에 있던 커튼은 완전히 사라졌고 유리체는 다시 접합되었으며 시력은 완전한 정상으로 돌아왔다.

필자 역시 개인적으로 이것의 강력한 힘을 경험한 적이 있었다. 초창기 울트라 뎁스 프로세스의 다양한 테크닉을 구현하고 경험하는 과정에서 모든 자격을 갖춘 한 촉진자를 통해 필자 자신에 이 기법을 적용했던 경험이 있었다.

당시 특정한 문제를 해결하기 위한 상황은 아니었고 단지 이것을 체험하는 것 자체가 목적이었지만 의외로 이 작업은 필자의 깊은 곳을 건드렸다. 씨코트 상태로 들어간 촉진자의 손을 잡고 있는 동안, 당시 필자는 상태들에 대한 특정한 조건화가 되어있지 않은 상태였음에도, 때로는 잠에 빠진 듯, 때로는 마치 꿈을 꾸는 듯한 상태를 오가고 있었다.

그것은 마치 내 몸속의 모든 에너지가 씨코트 상태에 있는 촉진자의 잠재의식에게 안내받으며 동조되는 듯 한 느낌이었다. 팔다리 및 신체에 대한 감각이 사라지기도 했고 전기가 통하는 느낌이 온몸을 휩싸면서 극심한 통증이 팔과 다리 등 온몸 구석구석 이동해나가기도 했다.

어느 순간, 필자의 가슴부위에 누군가의 손이 닿은 느낌이 느껴졌고, 이어서 그 손은 마치 엄마가 어린아이를 안심시키며 토닥거리듯이 규칙적으로 두드리기 시작했다.

아무런 말도 없었지만, 그것은 마치 엄마가 아기에게 "괜찮아, 괜찮아…."라고 위로하는 것 같았다.

씨코트 상태에 든 촉진자는 의식적으로는 자신의 행동을 아무것도 기억하지 못했지만, 촉진자의 잠재의식이 그 촉진자의 반대쪽 손(잡고 있지 않은)을 움직여서 몸을 돌린 다음, 필자의 가슴부위를 토닥거린 것이었다.

마인드 투 마인드 작업 중 잠재의식이 촉진자의 신체를 움직이는 경우에 대해서는 이전에 제임스 라메이 선생에게 배운 적이 없었기 때문에 순간 매우 당황스러웠다.

그러나 잠시 후 필자의 가슴속에서 뭔가 울컥하는 감정이 분출하며 개인적으로 억압하고 있었던 어린 시절에 돌아가신 엄마에 대한, 생각지도 못했던 트라우마틱한 기억과 감정들이 터져 나왔다.

그리고 뜨거운 눈물과 함께 한동안 그 감정은 계속해서 흘러나왔고, 그 과정동안 촉진자의 손은 계속해서 필자를 토닥이고 있었다. 억압된 감정이 해소되는 것이 이런 느낌이란 것을 개인적으로 그때 처음으로 느끼게 된 듯 하다.

실제로 각성 후 촉진자는 필자에게, 혹시 과거에 이런 종류의 경험이 있지 않았는지 질문하면서, 자신의 잠재의식이 필자에게 그런 경험에 대해 이야기하며 '괜찮아'라고 위로하는 듯한 느낌을 받았다고 했다. 이에 필자는 놀랄 수밖에 없었다.

촉진자가 말했던 경험과 느낌이 필자가 체험했던 과거 경험과 일치했으며, 필자는 이전에 개인적으로 그런 과거 경험을 한 번도 타인에게 언급한 적이 없었기 때문이었다.

그러나 모든 경우가 다 이렇게 독특한 체험을 하고, 극적이거나 빠른 결과가 나올 것이라 기대할 순 없으며 이러한 기법이 의료적 처방을 대신할 수 없다는 점을 강조한다.

이것을 통해 우리 내면에서 무슨 일이 일어나는지 우리는 결코 알 수 없다. 우리의 잠재의식이 갖고 있는 힘은 아직 완전하게 밝혀지지 않았고, 우리는 여전히 그것의 겉면만 체험하고 있을 뿐이기 때문이다.

울트라 뎁스®와 비시티™

울트라 뎁스® 프로세스에서는 '바이오 마그네틱 에너지'라고도 불리는 독자적인 '비시티(Visity™)'라는 기법이 존재한다.

비시티™라고 불리는 이 기법은 제임스 라메이 선생에 의해 1970년대 중반에 개발되어 40년 이상 발전되어왔으며 오늘날 울트라 뎁스® 프로세스에 그 일부로서 통합되어있다.

그는 수많은 사례들에 이를 적용해오며 오랜 세월 동안 놀라운 결과들을 만들어왔다. 이 기법은 강력한 에너지 힐링 테크닉이기도 하며, 또 다른 사람을 최면적인 상태로 유도하는 데 사용될 수도 있다.

제임스 라메이 선생이 누군가의 잠재의식의 도움으로 처음 이것을 익히기 시작했을 당시에는 일본에서 파생된 레이키(Reiki)라는 것에 대해 들어본 적이 없었다고 한다. (오늘날, 레이키는 미국에서도 대중들에게 많이 알려져 있다.)

그런 그가 비시티™를 설명하면서 레이키를 언급했던 이유는 많은 미국인들에게 이것의 모습이 레이키와 비슷해 보이기 때문이었다.

비시티™는 일단 세부적인 내용을 떠나 보이는 모습에서, '상징'이라는 것을 사용하지 않으며 어떤 종류의 '어튠먼트'라고 부르는 조율이 필요치 않다는 점에서 레이키와는 다르다.

비시티™는 몇 가지 기본적인 사항들만 안다면 누구나 시작할 수 있다. 그렇지만 이어지는 부단한 연습과 경험만이 더 나은 결과를 불러올 수 있다.

비시티™는 생명력 에너지로 작업하는 기법이라 부른다. 이것은 메즈머리즘의 '마그네티즘'과도 유사한 개념이다.

쉽게 말해 이것은 우리 주위, 그리고 온 우주에 존재하는 '에너지'를 운용하는 방법이라 할 수 있다.

혹자는 '최면' 분야에서 웬 '에너지'를 말하는가 하고 의아해할 수도 있을 것이다. 그러나 앞선 글에서 최면의 원류인 '메즈머리즘'에 대해 기술했듯이 최면의 원류 즉, '메즈머리즘'은 이러한 에너지 개념을 기반으로 시작된 것이다.

따라서 최면과 에너지 워크는 여러 부분에서 겹쳐지는 부분, 그리고 비슷하지만 다른 부분들이 존재한다.

우리의 말, 우리의 생각, 우리의 행위 등 삶의 모든 것은 에너지의 한 가지 형식이라 할 수 있다. 인간의 에너지 필드는 매우 강력하고도 놀랍다. 비시티™는 우리의 생명력이며 타인에 의해 인식하거나 느껴질 수 있다. 이것은 또한 타인을 위한 힐링 과정에도 영향을 줄 수 있다.

비시티™는 자연적인 자력과 같고 우리의 혈액의 흐름에서 기인된 전하에 의해 만들어진다.

이 마그네틱 필드는 비시티™의 배경이 되는 원리이다.

비시티™는 보호의 형식으로 사용되거나 두통이나 특정한 통증 종류를 비롯한 타인이 가진 불편감을 제거하는 데도 사용될 수 있다.

인간의 몸은 비시티™에 잘 반응하며 근육의 긴장을 풀어줄 수 있고 중추신경계를 평온하게 만들 수도 있다.

이러한 에너지를 다루는 기법은 누구나 사용할 수 있다.

다만 이러한 에너지라는 보이지 않는 무엇은 그것을 사용하는 사람에 의해 다양한 옷을 입을 수 있다.

즉, 이것을 사용하는 것에는 절대적인 한, 두 가지 틀만이 정해져 있는 것이 아니며, 심지어 유도자의 믿음과 생각에 따라 엉뚱한 부작용이 생길 수도 있다.

따라서 마음과 의도, 에너지의 상관성에 대해 보다 순수한 이해를 가진다면 이것을 가장 순수하게 사용할 수 있는 기회들 또한 생겨날 것이다.

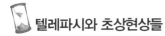

텔레파시와 초상현상들

앞서 소개한 비시티™는 힐링 촉진 테크닉으로써 뿐만 아니라 그 자체로 최면적인 상태로 유도하는 테크닉으로 사용될 수 있다.

이것은 언어를 사용하지 않고 완전한 비언어적 접근으로 사용될 수 있는데, 심지어 피험자의 몸에 접촉하지 않은 상태로 일정 거리 뒤쪽으로 떨어진 원거리에서도 진행될 수 있다.

이것을 훈련하던 초기 몇 년 동안 제임스 라메이 선생은 한국의 UD 에듀케이터(지도자)들에게 특별한 과제들을 내어주었고, 필자는 이전에 울트라 뎁스® 프로세스의 모든 상태들을 성취했던 한 피험자와 함께 해당 과제들에 대한 다양한 시도들을 해오던 중, 재미있는 경험을 하게 되었다.

그 피험자는 당시 모든 상태들에 대한 키워드(신호)를 가지고 있었고, 필자가 해당 특정단어를 그 피험자에게 말하면, 즉시 그 피험자는 해당 키워드가 뜻하는 특정 상태(깊은 섬냄뷸리즘, 에스데일, 씨코트)로 진입할 수 있는 상태였다.

필자는 해당 키워드를 사용하지 않았고 비시티™만을 사용해서 말없이 해당 피험자를 유도했는데 그것이 훌륭하게 작동했다.

더욱 재미있는 것은 피험자의 뒤쪽에 공간을 두고 일정 거리를 떨어뜨린 상태에서도 피험자는 3가지 상태들 중 필자가 유도하고자 했던 특정 상태로 높은 확률로 진입했고, 각성 역시 어떠한 소리나 신호 없이 역으로 이 절차를 진행했을 때 피험자 스스로 눈을 뜨고 돌아 나왔다.

당연히 필자가 유도하고자 했던 상태가 어떤 상태인지에 대해 해당 피험자에게 미리 언급하지 않았고 무작위로 진행했었다.

(※ 이것의 일부 샘플 영상은 울트라 뎁스® 코리아 홈페이지 www.UDkorea.com 또는 한국 현대최면 마스터 스쿨 홈페이지 www.ABHkorea.com 에서 볼 수 있다.)

필자는 이런 재미있는 결과에 고무되어 제임스 라메이 선생에게 이 소식을 알렸다.

그런데 제임스 라메이 선생은 마치 우리가 훈련 중에 그런 현상들을 직접 경험하길 기다렸다는 듯이, 그러한 현상은 자신도 수없이 겪어왔던, 종종 일어나는 현상이라 말씀하셨다.

그와 오랫동안 작업했던 한 피험자는 어깨에 손만 건드려도 그 즉시 씨코트 상태로 진입했고, 또 다른 피험자의 경우, 이것이 방문 밖에서도 작동했을 뿐만 아니라, 심지어 피험자가 집 안에 있고 자신은 밖으로 나가 3블록 정도 떨어진 거리에서 행했을 때도 이것이 작동했었다고 말했다.

그리고 UD 에듀케이터들이 경험해야 할 다음 과제들을 내어주셨다. 그는 수년이 지난 최근까지도 계속해서 UD 에듀케이터들이 경험해야 할 것들을 과제로 주고 계신다.

비단 비시티™ 작업 뿐만 아니라 최면의 깊은 상태에서는 평상시의 각성 상태에서 체험하기 어려운 초월적인 현상들이 종종 관찰된다. 특히 울트라 뎁스® 프로세스는 최면과 의식의 깊은 영역을 다루다 보니 본의든 아니든 미묘한 에너지 교류가 일어나며 종종 이러한 현상들과 맞닥뜨리게 되는 경우들이 생긴다.

예를 들어 필자가 섬냄뷸리즘에 든 내담자 앞에서 말없이 마음속으로 11이라는 숫자를 작대기 두개의 형태로 상상하고 있자, 내담자가 한 번의 기회에 정확히, 그것도 자신의 양손으로 각각의 검지를 위로 펴서 "이런 형태가 느껴지는데요.. 숫자라면 11.." 이라고 말해서 필자를 놀라게 하기도 했었고, 상태에 머물고 있는 피험자가 유도자가 지금 피곤해하며 내담자에게 최선을 다하지 않고 딴 생각을 하고 있는 것까지 읽어내는 경우도 있었다.

최면의 깊은 상태를 다루다 보면, 메즈머리즘 시대나 초기 최면의 기록들에 종종 등장하는 초상현상들… 천리안이나 투시, 텔레파시, 청각능력의 향상 등 과학적으로는 아직 밝힐 수 없는 재미있는 현상들이 일어나기도 한다. 현대에 접어들어 '트루 섬냄뷸리즘'이라는 깊은 최면 상태들 자체를 유도하거나 사용하는 최면사들이 현저히 줄어들면서 이러한 현상들의 목격빈도는 많이 줄어들었지만, 여전히 '섬냄뷸리즘'이하의 상태들은 흥미로운 미지의 영역임에는 분명하다.

오래전 제임스 라메이 선생이 한 호텔 건물에서 강의 도중에 있었던 일이다.

깊은 섬냄뷸리즘 상태에 진입한 피험자를 잠시 내버려두고, 다른 사람과 함께 그 방문을 나와 아래층으로 내려왔다.

당시 복도에는 소음을 잘 흡수하도록 카펫이 깔려있었는데 그 복도를 따라 이동해 복도 끝의 화장실에 다녀왔고 그런 다음 그 내담자를 각성시켰다. 그런데, 그 내담자는 조금 전 두 사람이 이 방을 나가서 화장실을 다녀왔다는 사실을 믿지 않았다.

왜냐하면, 제임스 라메이 선생이 다른 사람과 화장실에 갔다고 말한 그 시간에 그 피험자는 두 사람이 나누는 대화를 모두 듣고 있었기 때문이었다. 그래서 제임스 라메이 선생은 이를 확인해보기 위해 그 피험자에게 우리 둘이 조금 전 무슨 이야기를 나누었는지 들은 대로 말해달라고 했고, 피험자의 대답에 그는 깜짝 놀랐다고 한다.

그 피험자는 두 사람이 복도와 화장실에서 나누었던 실제 대화를 마치 옆에서 듣고 있었던 것처럼 거의 유사하게 기억하고 있었던 것이다.

사실 울트라 뎁스®나 깊은 상태들에서 일어나는 더욱 믿기 힘든 현상들이 많이 있지만, 자칫 독자들에게 엉뚱한 오해를 줄 수 있어 가벼운 선에서 줄이고자 한다.

이러한 현상들을 기계적으로 구현하고 증명하려 한다면 그것은 결코 쉽지 않은 것이라 말하고 싶다.

우리의 내면에서 일어나는 미묘한 상태들은 결코 일반인들이 생각하듯이 기계적이고 단순한 기재로 일어나지도 않으며, 시시각각 여러 조건들이 물 흐르듯 바뀔 수 있다.

또한, 그 최적의 조건 상태 역시 우리는 알 수 없다. 어쩌면 이것은 우리가 미처 고려하지 못했던 수많은 변수들, 심지어 관찰자의 상태에 따라서조차 영향을 받을지도 모른다.

우리는 신기한 현상경험 자체에 초점을 두지 않는다.

우리는 초능력 연구가가 아니며 이런 현상 자체에만 초점을 두고 접근하다 보면 자칫, 울트라 뎁스® 프로세스가 말하고자 하는 그 본질을 놓칠 수 있다.

우리는 나뭇가지뿐 아니라 숲과 전체를 볼 수 있어야 한다.

위에서 언급한 것들은 우리 내면의 잠재의식의 부수적인 작은 힘에 불과한 것이다.

당신의 마음을 열어라

'Open Your Mind!(마음을 열어라!)'

이 말은 처음 울트라 뎁스® 프로세스를 접했을 때부터 제임스 라메이 선생으로부터 귀에 못이 박이게 반복해서 들었던 말이다.

그러나 이것이 결코 지나가는 말로 흘려들을 수 없는 너무나 중요한 말이었다는 사실을 울트라 뎁스® 프로세스를 배우고 본격적인 실습을 시작한 지 수년이 지나서야 깨닫게 되었다.

울트라 뎁스® 프로세스는 의식의 깊은 영역을 다루는 분야인 만큼, 이해하기 힘든 현상들을 목격하거나 경험하게 될지도 모른다.

열린 마음을 갖지 않고 우리가 기존의 교과서에서 배웠던 틀이나 잣대로 이것을 분석하려 한다면 배움과 실천의 과정에서 많은 부분을 놓치게 될 것이다. 아니, 가능성을 열어두지 않고 기존의 틀이나 규정 속에서만 접근하고자 한다면 우리가 경험할 수 있는 범위는 그 이상도 그 이하도 아닌 '딱' 그 수준일 수밖에 없을 것이고, 그것을 넘어서는 경험의 기회 자체를 얻지 못하게 될지도 모른다.

늘 새로운 패러다임을 받아들이고 또 그것을 넘어선다는 것은 어려운 일이다.

왜냐하면 우리는 본능적으로 틀(프레임)을 통해 세상을 이해하려 하고 또 고착되고 유지하려는 습성이 있기 때문이다.

그러나 동시에 우리는 변화하려 하는 성질 또한 함께 지니고 있다.

울트라 뎁스® 프로세스의 상태들은 결코 적당히 최면을 유도한 뒤 정해진 유도문을 읽어주면 일어나는 그러한 가벼운 상태나 현상들이 아니다. 만약 이러한 유연성과 열린 마음 없이 이것을 배우고 체화할 생각이라면 소중한 시간을 낭비하는 결과가 될 수 있으니 어쩌면 아예 시작하지 않거나 뒤로 미루는 편이 나을지도 모른다.

고백하자면 울트라 뎁스®를 처음 접했던 당시, 필자 역시도 이러한 부분을 상투적인 언급으로 여겼다가 매우 긴 시간을 소요하며 먼 길을 돌아왔던 쓰린 경험을 갖고 있다.

그 정도로 울트라 뎁스® 프로세스를 시작하는 기본적인 마음가짐은 중요하다.

우리 모두는 가능성의 세계에서 살아가고 있으며, 우리 각자 또한 그것의 일부임을 잊지 말아야 할 것이다.

필자가 한 메이저 단체의 마스터 최면 트레이너의 입장에서 이 책을 통해 필드에서 실제 사용하는 최면계의 주요 패러다임과 검증된 내용들을 포함시키려 노력했다하더라도, 이 책에서 전하는 모든 정보들 또한 '절대적인 사실'은 아닐 수 있다.

왜냐하면 '절대적이라 생각하는 사실'은 있지만, '절대적인 사실'은 존재하지 않기 때문이다.

아이러니하게도 필자는 '최면'이라는 특정한 형식을 가르치는 사람이지만, 그 틀에서 힘을 빼고 벗어나라는 모순된 말을 하고 있다.

아니 이를 보다 정확히 표현한다면 울트라 뎁스® 프로세스를 통해 '최면'이라는 전통적인 패러다임의 틀을 넘어서기를 바라는 것이다.

물론 울트라 뎁스® 프로세스라는 틀 또한 언젠가 넘어서야 할 영역임에는 자명한 사실이다.

그러한 틀들을 넘어서기 위한 첫 번째 조건이 바로 가능성의 세계에 대해 자신의 마음을 여는 것이다.

놓아버릴 수 있을 때 얻어지는 것들

어떤 의미에서 울트라 뎁스® 프로세스는 '놓아버림'을 배우는 과정이다. 현대생활에 익숙해진 우리는 뜻하지 않게 무언가를 쥐고 살아간다. 아니 대부분은 자신이 뭔가를 쥐고 있다는 것조차 인지하지 못한 채 살아가고 있다.

대부분 무의식적으로 긴장하는데 익숙해져있기 때문이다.

불필요한 힘을 주고 살아가는 우리들… 여기에는 의식적, 무의식적인 요소가 모두 포함된다.

손에 무언가를 쥐고 있을 때, 그것을 쥐고 있는 손에는 힘이나 긴장이 들어가게 마련이다. 우리는 대게 힘을 주는 방법, 뭔가를 움켜쥐는 것에는 익숙하지만, 반대로 힘을 빼고 놓아버리는 것에는 익숙하지 않다.

어쩌면 우리의 사회시스템 자체가 갈수록 이러한 긴장의 끈을 놓지 못하게 만드는지도 모른다.

그렇다면, 우리가 '놓아버림'을 성취했을 때, 우리는 무엇을 얻을 수 있을까? 먼저, 단순히 신체에서 긴장을 놓아버리는 것 자체만으로도 잠재의식은 우리의 몸이 균형 잡힌 상태로 돌아가도록 도와줄 것이다.

이완의 혜택은 상상 이상으로 크다.

그럼 신체적인 이완을 넘어서 우리 내면의 정신적인 긴장을 일으키는 과거의 기억들과 내가 오랜 기간 가져왔던 감정과 신념 등에서 자유로워질 수 있다면 어떤 일이 일어날까?

우리의 의식적인 힘을 빼는 순간, 우리는 자유로움이란 것에 보다 한 발 다가서게 된다.

내 안의 기억과 수많은 감정들, 그리고 굳어진 신념들로부터 말이다. 놓아버림은 우리의 표면의식이 '노력'을 통해 얻을 수 있는 것들을 넘어 내면으로부터 훨씬 더 많은 것을 얻을 수 있게 해준다. 그것을 다른 말로 '영감'이라고 부르기도 한다.

무의식의 프로그램에 의해 '자유의지'라는 착각을 일으키며 살아가는 우리의 의식구조에서 벗어나려는 것은 어쩌면 거의 불가능한 일인지도 모른다.

그러나 여기에서 말하고자 하는 것은 '구조'와 '시스템'에서 벗어나려는 시도를 하자는 이야기가 아니다.

이러한 구조 속에서 살아가더라도 우리의 의식이 결정할 수 있는 한 가지 중요한 요소가 있다.

그것은 우리의 무의식 속의 기억과 감정과 신념들로부터 영향을 받으며 인식하지 못한 채 그런 자원들의 '노예'의 입장에서 계속 살아갈 것인지, 이러한 무의식의 자원들을 내 삶에 유리하도록 관리하며 살아갈 수 있는 '관리자'의 입장에서 살아갈 것인지를 선택할 수 있다는 것이다.

다시 말해 '무의식'의 눈 위주로 세상을 보는 것이 아니라, '잠재의식'의 눈으로 세상을 보는 것, 또 다른 표현으로 프로그램 속에서 살아갈 것인가, 영감을 토대로 살아갈 것인가로 표현할 수도 있다. (※ 이것은 뒤에서 소개할 '케오라'라는 이름의 잠재의식으로부터 나온 표현이다.)

현재 내 눈앞에서 펼쳐지고 있는 현실은 내 안의 자원(기억, 감정, 신념… 등)들이 만들어내는 것이다.

이것은 '호오포노포노'에서의 '과거의 기억이 현실을 창조한다'라는 말과도 동일한 맥락이며, 심지어 현대의 양자 물리학에서조차 같은 맥락의 표현을 하고 있다.

우리는 기억이라는 거울에 비치는 영상을 통해 어떤 것을 인식하며, 이것에 의한 느낌은 습관의 패턴, 기억의 패턴, 과거의 패턴이라는 것이다.

즉, 기억이나 과거-인식-관찰과정을 통해 현실이 영향을 받는다는 것이다.

우리가 이러한 내적인 프로그램으로부터 나오는 영향력에서 분리되어, 잠재의식의 순수함에 연결될 수 있을 때, 우리는 더 이상 단순히 프로그램을 반복하고, 실행하고, 또 같은 결과를 경험하는 '노예'와 같은 수동적인 입장이 아니다.

바로 그 순간 내 인생의 '관리자' 모드로 전환이 일어난다.

나아가 진정한 소통은 힘을 빼고 놓아버리는 것에서 출발한다.
진정한 나 자신과의 소통, 있는 그대로의 타인과의 소통, 심지어 다른 동식물과의 소통, 모든 사물이나 존재 자체에 서려 있는 에너지와의 교감은 결코 내 안의 것들을 놓아버리고 순수함으로 돌아가기 전에는 얻어지기 어려운 것들이다.

힘을 준 채로 행하는 소통은 결국 현실과는 동떨어진 무의식 속 망상과의 소통일 뿐이다.

관찰자 효과와 현실창조

양자 물리학에서 말하는 '관찰자 효과'라는 말을 들어보았는가? (이 책은 양자 물리학에 대해 논하는 책은 아니므로, 이에 대해서는 간단히만 언급한다. 양자 물리학은 논쟁의 여지가 많은 주관적인 가설들을 필요로 하며 여전히 양자 물리학 자체에 대한 논쟁과 학문적인 저항이 존재하지만, 그것에 대해 필자가 할 수 있는 말은 없다. 증명하는 것은 그것을 증명하려는 학자들 간의 문제이다. 관심 있는 독자는 관련 책자들을 참고하기 바란다.)

이를 매우 간단히 축약하자면, 실험자가 미립자를 입자라고 생각하고 바라보면 입자의 모습이 나타나고 바라보지 않으면 물결의 모습이 나타나는 현상으로, 관찰자의 의도에 따라 미립자의 운동성이 달라진다는 내용이다. (미립자는 물질을 이루는 최소단위를 뜻하며, 뇌파의 최소단위 역시 미립자이다.)

세계적인 물리학 전문지 '물리학 세계(Physics World)'에서는 이 실험을 '인류 과학상 가장 아름다웠던 실험'으로 선정하기도 했으며, 노벨 물리학상 수상자인 파인만 박사 또한 다음과 같은 말을 남겼다.

"실험을 보면 우리 마음이 어떤 원리로 만물을 변화시키고 새 운명을 창조해 내는지 한눈에 알 수 있습니다. 만물이 내 마음을 척척 읽어 내는 미립자, 소립자, 에너지로 이루어져 있으니 내가 생각하고 바라보는 대로 물질이 변화한다는 것은 정말 기막힌 요술입니다. 온 세상이 당신이 바라보는 대로 춤을 추다니! 인생은 우리 스스로가 창조하는 것입니다."

이것이 사실이라면, 우리는 의도와 생각만 바꾸면 된다.

우주에 원하면 소원을 이룰 수 있다는 '시크릿'도 쉽게 성취하고, 우리가 원하는 현실 또한 마음껏 만들어낼 수 있다.

그런데 과연 현실은 그런가? 우리는 늘 원하는 것을 갈망하고 반복해서 되뇌이지만, 현실은 꿈쩍도 하지 않는 경험들을 한다.

세계는 우리의 관찰에 반응하지만, 대부분의 개인은 평균적으로 6~10초 간격으로 집중력을 잃어버린다.

우리의 표면의식은 뭔가를 창조하기 위해 초점을 맞추고 집중할 능력이 턱없이 부족하며 그저 서투른 관찰자일 뿐이다.

나는 부자임을 선택한다고 의식적으로 반복하며 이렇게 표면적으로는 자신에게 긍정적인 생각을 반복하지만, 이것은 긍정적인 생각을 가장한 얇은 껍질일 뿐인 것이다.

실제로는 돈에 대한 내면의 결핍이나 신념, 반대되는 부정적인 생각이 껍질만을 긍정적인 것으로 위장해놓은 것일 뿐이다.

결국, 내면의 그 부정적인 관찰자가 경제적인 문제로 허덕이는 현실을 끌어오게 된다.

우리가 어떤 것을 생각하면 그것을 더욱 견고한 것으로 만들어버리게 되며, 결국 우리는 동일한 현실만을 반복하며 더욱 그것 안에 갇히게 되는 것이다.

우리안의 무의식의 기억이나 패턴에 영향 받고 있는 대부분의 사람들은 자동적으로 '기억'의 눈으로 관찰자 역할을 수행한다. 그러면 그 현실은 프로그램대로 경험하게 된다.

그러나 이것에서 분리되어 잠재의식의 눈으로 관찰자 역할을 수행하게 된다면 그것은 우리 인생을 정해진 패턴에 따라가는 것이 아닌, 잠재의식의 의도대로 흘러갈 수 있도록 만든다.

여기에서 '의식'의 의도가 아닌, '잠재의식'의 의도라고 말했음에 유의하자.

예를 들어 언니에 대해 분노하던 한 내담자가 있었다. 늘 그 언니는 자신에게 잔소리만 해대고, 불만스런 행동만 했으며, 대화도 많지 않았다.

최면상담을 통해 그 내담자 내면에 있던 언니에 대한 분노가 사라졌고 관련된 기억과 감정들, 생각들도 정리되었다. 그런데 재미있는 일이 벌어졌다.

상담은 분명 내담자가 받은 것인데, 이후에 실제로 그 내담자 언니의 행동이 바뀌었다는 피드백을 받은 것이다.

언니가 한결 부드러워졌음은 물론이고 대화도 많아지면서 급기야 동생이 갖고 싶어 하던 고가의 선물까지 해주었다.

객관적으로 전혀 그런 언니가 아닌데 이상할 정도로 바뀌었다는 것이다. 자매의 사이는 이전과 달리 거짓말처럼 너무나 가까워졌다.

이 사례는 과거 실제 필자로부터 최면을 배우던 한 교육생이 지인에게 진행한 상담사례를 토대로 한 것이다.

그런데 이런 경우는 해당 교육생뿐만 아니라 많은 다른 상담사례에서 드물지 않게 목격되는 흔한 사례들이다.

상담을 받은 내담자의 마음이 변했다는 것은 이해가 가지만, 실제적으로 상담을 받지 않은 언니의 행동이 바뀌었다는 것은 언뜻 이해하기 힘든 일 일지도 모른다.

이것을 앞서 언급한 '관찰자 효과'로 설명한다면 바로 '관찰자'의 생각이 바뀌었기 때문으로 풀이할 수도 있을 것이다.

내담자의 내적 자원(감정과 믿음, 사고)이 그런 언니를 반복해서 경험하도록 한 것이며, 그 내담자의 내적 자원이 바뀌면서 언니를 바라보는 관찰자의 입장 자체가 변화함으로써 현실이 바뀐 것이다.

그녀는 언니를 기억 속의 모습이 아닌, 있는 그대로의 순수한 모습 그대로 바라보기 시작한 것이다.

잠재의식의 눈은 이렇게 기억의 영향을 받지 않는 순수함의 눈이다. 실제로 이렇게 사물을 볼 수 있는 사람은 많지 않을 것이다.

이것은 여전히 무의식의 영향 속에 있으면서 의식적으로만 그런체하는 것과는 다르다.

기억의 눈으로 주변을 바라본다면 매일 걷는 길, 매일 보는 집, 매일 보는 사람은 늘 똑같게만 느껴질 것이다.

그러나 순수함의 눈은 그것들이 한순간도 같지 않고 새롭다는 것을 깨닫게 할 것이다.

여기에 대해서 생각해 보고 논할 수 있는 재미있는 거리들이 있지만, 이 책의 주제를 넘어설 수 있기에 간단히만 언급하고자 한다.

참고로 양자 물리학을 제외하고 이번 글과 앞의 글에서 소개하는 이러한 개념들은 기존의 다른 교육들이나 필자로부터 나온 개념들이 아니다. 이런 설명은, 『내 인생의 호오포노포노 : 천사들이 들려주는 이야기』 책의 저자이며, ABH의 인증된 최면 트레이너이기도 한 이영현이라는 개인의 잠재의식인 '케오라'로 부터 나온 개념이며 이 책에서 부분적으로 인용했음을 밝힌다.

그녀는 이전에 한 번도 양자 물리학 등에 대해 공부하거나 관련 도서를 본 적이 없었지만, 잠재의식 '케오라'가 전하는 메시지들은 놀라울 정도로 양자 물리학에서 말하는 어떤 것들과 유사성을 보인다.

그녀는 '핑크돌고래'라는 온라인 닉네임으로 대중들에게 더 많이 알려져 있으며, 초창기 '울트라 뎁스® 한국지부'에서 울트라 뎁스® 프로세스가 정립되는데 크게 기여했다.

그 과정에서 울트라 뎁스®의 완벽한 각 상태들을 모두 달성하고, 믿을 수 없는 잠재의식 현상들을 눈앞에서 재현함으로써, 제임스 라메이 선생이 해왔던 작업들에 대한 개인적인 확신과 증명에 힘을 실어주었다.

특히 씨코트 상태에서 잠재의식 '케오라'는 필자에게 단순히 최면이나 울트라 뎁스®라는 도구를 넘어서 우리 내면의 잠재의식을 이해하고 우리 인생의 가치에 대한 통찰을 줌으로써 인생의 새로운 경로로 진입하도록 도와주었다.

필자가 그녀를 씨코트 상태로 조건화하기 위한 과정 중에 있었던 놀라운 일화가 있다. 당시 그녀는 필자에 의해 에스데일 상태까지 완벽하게 조건화된 상태였지만, 더 나아가 완벽한 씨코트 상태를 성취하지는 못한 상태였다. 작업이 예정되어있던 전날, 그녀는 잠재의식 '케오라'로부터 메시지 하나를 들었다고 말했다.

"내일, 씨코트 상태를 성취하게 될 거야. 모든 준비가 끝났고 문 원장님(필자)의 잠재의식과도 이야기가 끝났어. 그리고 문 원장님도 자신의 잠재의식에게 그 대답을 들어서 알고 있어."

이 말을 전해 들은 필자는 놀랄 수밖에 없었다. 왜냐하면, 실제로 필자 역시도 다음 글에서 소개할 TCT™라는 기법 중 셀프TCT™를 사용해 필자의 잠재의식에게 내일 있을 작업에서 씨코트 상태를 성취할 수 있는지 물어보았고, '그렇다'라는 대답을 이미 얻었었기 때문이었다.

다음날 실제 작업이 이루어졌다. 그녀는 완벽한 에스데일 상태에 머물고 있었고, 필자는 추가적인 유도를 통해 그녀를 더욱 깊은 상태인 씨코트 상태로 안내할 예정이었다.

그런데 놀라운 일이 일어났다. 필자가 유도문을 말하려고 입을 떼는 순간 갑자기 에스데일 상태에 있던 그녀의 몸이 반응하기 시작했고, 온몸이 축 늘어지며 옆으로 쓰러졌다. 그리고 잠시 후 완전한 씨코트 상태의 징후들을 나타냈다.

실제로 필자가 유도문을 말하지도 않았지만, 케오라의 말대로 그날 그녀는 완벽한 씨코트 상태를 성취했다.

이것은 제임스 라메이 선생의 말처럼, 잠재의식의 의도와 소통이 얼마나 중요한 것인지에 대한 단면을 보여주는 사건이었다. 그리고 그것은 최면에서 잠재의식의 역할과 작업의 주체가 누구인지를 분명하게 보여주었다. 이후 필자는 그녀의 의식이 개입하지 않는 완벽한 씨코트 상태에서 잠재의식 '케오라'와 소통하며 그녀로부터 여러 이야기들을 전해 듣게 되었다.

울트라 뎁스® 프로세스를 이해하는 데 있어 '잠재의식'에 대한 이해나 경험은 대단히 중요한 요소이므로, 이것에 관심 있는 독자들은 앞서 언급한 『내 인생의 호오포노포노 : 천사들이 들려주는 이야기』라는 책을 참고한다면 도움될 것이다.

이 책에서 우리는 '최면'에 국한된 잠재의식이 아닌, 케오라라는 이름의 잠재의식이 우리들 각자와 인생에 대해 전하는 깊은 통찰과 메시지들을 발견할 수 있다.

소통의 도구 TCT™

TCT™는 The Communication Technique의 줄임말로 울트라 뎁스® 퍼실리테이터라면 반드시 익혀야 하는 필수적인 도구이다. '소통'은 울트라 뎁스® 프로세스에서 대단히 중요한 요소이기 때문이다. 이 기법은 UD 퍼실리테이터 자신의 잠재의식, 그리고 UD 퍼실리테이터와 내담자의 잠재의식 간의 소통을 촉진하는 기법이다.

이 기법의 외견 형식은 AK(Applied Kinesiology : 응용근신경학)에서 사용하는 방식과도 비슷하게 진행되지만, 그 프로토콜과 반응은 전혀 다른 개념이다.

UD 퍼실리테이터는 말을 하지 않고 질문을 할 수 있고 내담자의 잠재의식은 그것에 반응한다.

앞서 기술한 관찰자 효과에서 우리는, 우리가 경험하는 현실과 별개로 존재할 수 없다는 힌트를 얻을 수 있다.

NLP(신경 언어 프로그래밍)의 전제 중에 '지도는 영토가 아니다.'라는 말이 있다.

'현실'이라고 부르는 것은 우리 각자의 '내적지도'이다. 영토에 대한 지도가 아니라 우리가 현실을 만드는 것에 관한 지도인 것이다.

양자사고 또는 퀀텀사고의 핵심요소 중 하나는 '관찰자 없이는 관찰도 없다.'는 것이다.

우리는 우리가 관찰하는 세상의 일부이다. 우리는 내적인 지도를 만들 때 현실 또한 창조해 낸다.

우리가 현실의 일부이기 때문에, 우리가 내적인 지도를 만들 때 우리가 사는 똑같은 현실도 영향을 받을 수 있다.

관찰자 모드를 결정하고 현실을 창조하는 주체를 결정하는 데 있어, 또한 의식적인 의도를 뛰어넘는 과정에 있어 TCT™는 중요한 절차이며, 특히 UD 퍼실리테이터에게 자가 TCT™를 훈련하는 과정은 중요한 의미를 지닌 필수적인 과정이다.

그러나 TCT™를 훈련함에 있어 그 세부지침들을 정확히 준수해야 한다. 지침과 정확한 이해 없이 이러한 기법을 행하다 보면 자칫 자신의 의식적인 기대감이나 무의식 속의 정보로부터 나오는 또 다른 틀 속에 갇혀버릴 수 있기 때문이다.

필자는 그동안 개인적으로 최면이나 이웃 분야의 다양한 사람들을 만나오면서, 펜듈럼 등과 같은 유사한 다른 도구들을 임의로 사용하다가 본의 아니게 엉뚱한 판타지 속에 빠지는 사람들을 적지 않게 보아왔다.

우리가 TCT™을 통해 궁극적으로 하고자 하는 것은 잠재의식과의 '소통' 그 자체이지, '맞추기 놀이'나 '귀신 놀이', '초능력자 놀이', '영적 스승놀이' 등을 하고자 하는 것이 아니다.

개인적으로 필자는 초능력자가 되고 싶지도, 영적인 스승이 되는 것에도 관심이 없다. 단지 나의 잠재의식과 소통하고 원하는 삶을 살아가고 싶은 평범한 '기술자'일 뿐이다.

잠재의식은 우리 각자의 내면에 존재하는 것이며 특별한 사람에게만 있는 것이 아니다.

그러나 대개 이런 소통과정에서 영감으로 위장된 우리 내면의 기억과 정보와 감정 등의 간섭에 의해 쉽사리 속게 되는 경우가 많으며, 그 순수함에 접근하기 어려운 경우가 많은 것이 현실이다.

따라서 TCT™를 사용함에 있어서는 반드시 그 가이드라인을 준수해야 한다. 그렇지 않다면 안 하니만 못한 결과가 뒤따를 수도 있다.

여기에 앞서 소개했던 케오라는 이름의 한 잠재의식으로부터 온 말을 전한다.

"순수함이 물으면 순수함이 답할 것이고, 기억으로 물으면 기억이 답할 것이다."

필자는 개인적으로 TCT™를 알게 된 이후 삶 속에서 많은 도움을 받고 있으며 때때로 놀라운 체험을 하기도 한다.

단지 최면이나 직업적인 분야를 넘어서서 인생에서 중요한 갈림길을 만날 때, 중요한 결정 앞에 섰을 때 등 나의 인생에서 정말 필요하고 중요한 순간에⋯ 소통하고 활성화된 잠재의식은 전적으로 나의 편이 되어줄 것이다.

최면을 넘어선 의식의 탐구

씨코트 선생은 그의 생전에 사라 제인 선생과 함께 깊은 상태에 대한 결과들을 증명했었다. 그러나 이것은 눈에 보이는 객관적인 현상을 측정한 것일 뿐, 부가적으로 얻게 되는, 아니 그 이면에는 어쩌면 그들이 증명했던 객관적인 이점들과 비견될 수 없을 만큼 의미 있는 이점들이 있을지도 모른다.

처음에 제임스 라메이 선생은 잠재의식 현상과 경험에 대해서는 씨코트 선생으로부터 아무것도 전해 들은 내용이 없었다. 어느 날 제임스 라메이 선생이 독자적인 연구 활동을 하다 잠재의식 현상들을 경험한 뒤 씨코트 선생을 찾아가서 혹시 이런 것을 이미 알고 있었냐고 따지듯이 물었고 씨코트 선생은 빙긋이 웃으며 그렇다고 답했다.

젊은 나이였던 제임스 라메이 선생은 왜 내게 이것에 대해 말해주지 않았냐고 재차 물었고, 씨코트 선생은 아무도 자기 말을 믿지 않을 것이라고 생각해서 그랬다고 답했다. 이에 제임스 라메이 선생은, 자신은 선생님의 말을 믿었을 것이라고 답했다고 한다.

월터 씨코트 선생 그 역시 생전에 이러한 깊은 상태들을 연구하면서 과학으로 증명할 수 없는 놀라운 체험들을 해왔고 많은 것들을 알고 있는 사람이었지만, 사회와 가족들의 믿음 때문에 당대에는 이러한 부분에 대해 많은 말을 아꼈다. 심지어는 그 당시 가까운 사람들이 씨코트 선생이 악마의 일을 한다고 생각하기도 했다.

그러나 시간이 흐르며 시대가 바뀌었고, 제임스 라메이 선생은 이러한 부분들에 대한 자신의 놀라운 경험들과 배움들을 대중과 공유하기 시작했다.

제임스 라메이 선생은 자신의 경험에 대해 이렇게 말했다.

"울트라 뎁스® 프로세스를 사용해오면서 나는 잠재의식이 우리의 '상위 자아' 안에서 마치 '문지기'와 같은 역할을 한다는 것을 발견했다."

"오랜 세월 동안, 나는 많은 내담자들과 내 제자들의 잠재의식들과 소통하게 되는 소중한 경험을 선물 받았다.
나에게 씨코트 상태는 누구나 체험할 수 있는 가장 영성적인 상태이다.
씨코트 선생님은 내게 사람들과 '마인드 투 마인드 힐링' 기법을 촉진하는 방법을 가르쳐 주었지만 나는 씨코트 선생님의 사후에 울트라 뎁스®와 인간의 마음, 그리고 영성에 관해 내가 이제껏 믿어왔거나 상상했던 것보다 훨씬 많은 것들을 발견했다.
나에게 더욱 많은 것들과 다양한 질병들을 치유하도록 남을 돕는 방법들을 가르쳐 준 것은 바로 그들의 잠재의식이었다."

지금의 우리들 역시 이 놀라운 프로세스를 통해 제임스 라메이 선생이 체험해왔던 믿기지 않는 현상들을 직접 경험하고, 또 목격하는 과정을 계속해 나가고 있지만, 울트라 뎁스® 프로세스는 의식에 대한 궁금증에 대해 모든 답을 갖고 있지 않다.

　아니 우리의 현재의식이 의식에 대한 모든 것을 이해하려는 것은 어쩌면 불가능한 것인지도 모른다. 여전히 우리가 알고 경험하는 것은 빙산의 일각일 뿐일 것이다.

　분명한 것 하나는 우리의 에고중심의 사고는 연못 속의 아메바에 비교될 수 있고 그 아메바는 외부세상의 날아다니는 새나 코끼리를 이해할 수 없다는 사실이다. 마찬가지 예로, 입체라는 것이 존재하지 않고 평면으로만 이루어진 2차원의 세상이 있다면 거기에 사는 사람들은 3차원의 입체 세상을 이해하지 못할 것이다. 우리의 에고중심 사고는 그러한 2차원의 존재에 비교될 수 있다.

　적어도 우리의 잠재의식은 자신에 대해서도 모르는 불안정한 우리에게, 의식이나 우주를 복잡한 수십 가지 체계나 등급으로 구분하고 장황하게 설명하지 않는다.

　만약 누군가가 복잡하게 체계를 나누고 장황한 논리로 우주의 체계나 의식의 등급을 나누어 설명하려 한다면, 그것은 십중팔구 전형적인 우리의 에고중심 사고와 물리적인 뇌나 무의식을 통해 나오는 창작물일 뿐일 것이다. 그러한 것을 좋아하는 것이 바로 우리의 현재의식이기 때문이다.

울트라 뎁스® 프로세스의 현상들 중 과학으로 시원하게 풀 수 없는 현상이나 개인적인 체험들이 포함된다 하더라도 이것은 영성수련이 아니며 어떤 특정 종교단체와도 관련이 없다. 그 어떤 현재의식으로도 속 시원히 알 수 없는 우주나 의식에 대해 어떤 믿음도 강요하지 않는다.

이후의 의식탐구와 관련 체험들은 개인의 몫이며 모든 것은 퍼실리테이터의 개인적인 선택사항일 뿐이다.

울트라 뎁스® 프로세스의 진화와 발전

고인이 된 월터 씨코트 선생의 연구와 제임스 라메이 선생의 반세기를 훨씬 뛰어넘는 경험들, 그리고 전 세계의 울트라 뎁스® 에듀케이터들과 퍼실리테이터들의 잠재의식에 대한 놀랍고 수많은 체험들을 통해 우리는 잠재의식의 많은 부분을 발견하고 배웠지만, 여전히 우리가 경험하고 발견한 것은 보이지 않는 세계의 빙산의 일각일 뿐이다.

우리가 가진 '도구'라는 틀로 행하고 경험한 모든 것들은 단지 특정한 측면에서 잠재의식의 극히 일부분을 살짝 엿보거나 간접적으로 경험하는 것에 불과하다.

더 많은 세월이 흐른다고 하더라도 우리가 가진 에고의 틀로써 의식의 이면 전부를 규명하는 시도 자체가 실현 불가능한 일 일지도 모른다. 그렇지만 우리가 울트라 뎁스® 프로세스를 통해 하고자 하는 것은 의식을 규명하고자 하는 것이 아니라, 진정한 우리 자신에 대해 자각하고 소통하며 알아가는 것이다.

인류는 영적으로 진화하는 시기에 접어들고 있고, 이러한 부분들에 눈을 뜨는 사람들이 하나, 둘 늘어가고 있다.

고대 이래, 참나(또는 그것을 무엇이라 부르건)를 찾는 수련에 매진했던 수많은 명상가들이나 자기 수련가들이 추구하던 막연한 부분들을 가시화시켜주고 촉진시켜주는 것이 바로 '울트라 뎁스® 프로세스'의 또 다른 측면이라 할 수도 있다.

어떤 의미에서 울트라 뎁스® 프로세스는 이 시대, 우리의 영적 성장과 진정한 자신과의 연결을 강화시키는 위대한 발견이라고도 할 수 있을 것이다.

언젠가 제임스 라메이 선생은 "어쩌면 잠재의식과 함께하는 작업은 나아가 세계평화를 향하는 또 다른 문이 될 것이다."라고 말한 적이 있다.

당시에는 그가 왜 저런 말을 하는지 알 수 없었지만, 지금은 그가 한 말의 깊은 의미를 동감하고 있다.

울트라 뎁스® 프로세스를 다루는 것은 분명 어려운 분야이며 누구나 쉽게 걸어갈 수 있는 길은 아니다.

그러나 제임스 라메이 선생을 이어서 다음 세대에도 이 작업들이 단지 전설로만 남지 않고 계속해서 이어질 수 있기 위해서는 정직하고 순수한 마음을 가진 진지한 퍼실리테이터들이 더욱 많이 배출되어야 할 것이다.

울트라 뎁스® 프로세스는 지금 이 순간에도 현재 진행형이다.

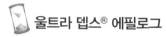

울트라 뎁스® 에필로그

사실 울트라 뎁스®에 관한 믿기 어렵고 흥미로운 더 많은 이야깃거리들이 있지만, 이 책에서는 가볍게 언급되는 정도로 줄였다.

그리고 씨코트 상태 이상에 대한 더욱 깊이 있는 이야기들은 최면이라는 도구를 사용하는 '기술자' 적 패러다임으로는 이렇게 간단한 언급을 통해 이해하거나 받아들이기 어려운 부분들이 있고, 시기적으로 아직 공론화하기 어려운 부분들이 존재한다.

향후 언젠가 이런 부분에 대해 공식적으로 다룰 수 있는 날이 올지도 모르겠다.

몇 년 전 울트라 뎁스®와 함께한 제임스 라메이 선생의 수많은 개인적인 체험들과 놀라운 스토리들은 '울트라 뎁스®'라는 제목의 할리우드 영화로 제작이 추진되기까지 했었다. (※ 안타깝게도 시나리오 및 배우섭외까지 진행된 상황에서 제작사의 내부문제로 잠정적으로 중단되었다.)

그만큼 그의 인생은 잠재의식과 울트라 뎁스® 그 자체라 해도 과언이 아니었다.

원래 이 책의 서두에 들어갈 추천서를 제임스 라메이 선생께 직접 부탁하려 했었다.

왜냐하면, 이 책은 한국에서 최초로 울트라 뎁스®에 대해 언급하고 있는 책이기 때문이었다. 그러나 그것은 결코 진행할 수 없는 바람이 되고 말았다. 2016년 6월 1일, 이 책의 집필이 거의 마무리될 즈음, 그가 영원한 휴식에 들었다는 슬프고도 안타까운 소식을 접했기 때문이었다.

울트라 뎁스® 코리아의 필자와 권동현 에듀케이터에게 그의 존재는 위대한 스승이자 멘토이며 넓고 따뜻한 아버지와 같은 존재였다.

바로 며칠 전까지 필자에게 멘토링을 해주시며 생생하게 이야기를 나누던 분이었기에 갑작스러운 그 소식은 필자에게 너무나 충격적이고 슬픈 소식으로 다가왔다.

그가 우리와 나눈 마지막 대화의 말미에 그는 다시 한 번 '사랑'에 대해 강조했었고, 그것은 그의 마지막 말이 되어버렸다.

'너희들을 진심으로 사랑한다.'라는 마지막 그 대화는 마치 우리의 작별을 알고 있었던 그의 잠재의식의 마지막 인사였던 것 같았다.

그는 오랜 세월 울트라 뎁스®의 본 모습을 전 세계에 전하기 위해 노력해왔다. 그의 경험과 지식으로부터 오는 혜택을 이 행성 전체의 사람들에게 전하고 싶은 것이 그의 개인적인 바람이었다.

만약 그가 돈을 버는 것만을 목적으로 했다면 그는 아마 이것으로 큰 부자가 되었을지도 모른다.

그러나 그는 스승과의 약속을 지키기 위해 주위의 여러 유혹들을 물리치고 이 어려운 길을 그저 묵묵히 걸어왔다.

그리고 그것이 바로 그가 수많은 사람들의 잠재의식과 만나고 연결될 수 있었던 이유일 것이다.

전 세계의 많은 최면전문가들이 그에게 영향을 받아 그들이 오랜 시절 고수해왔던 최면에 관한 많은 부분들을 버리고 수정했을 만큼, 그의 테크닉과 마인드는 남달랐고 그는 제자들에게 말뿐이 아닌 진정한 스승이자 멘토의 모습을 몸소 실천해왔다.

그리고 한국에서 울트라 뎁스® 코리아(UD 한국지부)가 탄생하고 그것의 본 모습을 알리기 시작했을 때, 그는 그것을 너무나 자랑스러워하셨고 스승인 월터 씨코트 선생의 바람이 실현되고 있는 것에 눈시울을 붉히셨다. 그는 40여 년간 많은 사람들의 잠재의식과 소통해왔으며, 이 분야의 많은 사람들이 간과해왔던 우리 내면의 '그것'에 대해 누구보다 많은 경험을 해왔다.

그는 생전에 제자들에게 늘 '사랑'을 강조해왔고, '정직'과 '신뢰' 그리고 '순수함'의 마음가짐을 최우선으로 여기며 그것의 본질을 이해할 때 이 모든 경험을 이해하게 될 것이라 말씀해오셨다.

비록 지금 그는 영원한 휴식 속으로 떠났지만, 그의 작업은 우리들을 통해 영원히 살아있을 것이다.

그는 생전에 누구보다 '죽음'이란 것의 의미에 대해 잘 알고 있었기에 그것에 대해 조금의 두려움도 없었다.

임종 전 1년가량의 세월 동안 그가 무의식적으로 행해왔던 일련의 행보들을 돌이켜보면, 이미 그의 잠재의식이 집으로 돌아가기 위해 단계적으로 이 여행을 마무리하며 그를 준비시켜왔음을 깨닫게 한다.

　그는 누구보다 가벼운 마음으로 그의 잠재의식 '제이미'와 함께 자신의 집으로 돌아갔을 것이라 믿는다.

　이 지면을 빌어 그의 업적을 기리며 다시 한 번 그에게 깊은 존경과 감사의 마음을 전한다.

글을 마무리하며

독일의 심리학자 블루마 자이가닉(Bluma Zeigarnik)은 미완성된 과제나 불완전한 것이 마음속에서 더욱 오래 남는다고 말했다. 그리고 사람들은 이를 '자이가닉 효과'라고 부른다.

레스토랑에서 손님의 주문을 그렇게 잘 외우고 있던 직원이 음식이 나오고 나면 외우고 있던 그 주문내용을 금방 잊어버린다.

시험문제 또한 자신이 완전히 풀었던 문제보다는 풀지 못한 문제를 더 오래 기억한다.

또한, 우리의 마음속에서 정리되지 못한 과거의 상처나 미련은 마음속에서 오랜 시간 동안 지속된다. 이런 부분이 평생 동안 지속되는 사례는 우리 자신을 비롯한 주위에서 쉽게 찾을 수 있다.

밀턴 에릭슨이라는 최면 대가는 '모호함이 최면을 일으킨다.'라고 말한 바 있다. '자이가닉 효과'처럼 완결되지 않은 것은 우리의 마음속에서 모호성을 일으키며, 그 모호성은 곧 최면을 유발한다.

즉, '자이가닉 효과'는 최면적인 맥락에서도 해석될 수 있는 것이다. 최면적인 상담이나 치료에서도 종종 내담자의 마음속에서 미해결된 과거의 미련이나 이루어지지 못한 사람에 대한 아쉬움, 갑작스러운 상실에 대한 슬픔 등에 대해 무의식수준에서 그것을 정리할 수 있도록 트랜스를 활용한 개입작업을 통해 강력한 결과를 만들어낸다.

즉, 이러한 작업은 부정적인 최면 속에 있는 마음을 긍정적인 최면으로 전환하는 작업이라 말할 수도 있지만, 다른 표현으로 내담자의 마음 속에서 미해결된 요소를 매듭지어줌으로써 이것에서 오는 감정적 문제에서 벗어나게 하는 작업이라고도 할 수 있다.

이는 학습에서도 동일하게 적용된다. 개인적으로 필자가 최면이란 영역에 대해 '이제 다 배웠어.', '난 모두 알만큼 다 알았어.', '난 모두 통달했어.'라며 마침표를 찍었다면, 최면 분야에 대한 개인적인 성장은 거기까지가 전부였을 것이다.

스스로 모호한 부분을 채워 넣으려고 하는 무의식적 본능을 잘 알고 있었기에, 이것에 대한 경험들이 지금까지 계속 이어져 올 수 있었던 것 같다. 앞으로도 필자의 내면에서 최면에 대한 마침표 자리는 남은 생 동안 항상 비워두려 한다.

아울러 개인적으로 필자는 내 안의 잠재의식에게 이 삶을 다하는 날까지 '최면'이라는 도구와 함께할 것을 다짐했다.

필자가 최면이라는 도구를 만나고, 훌륭한 스승들을 만나며 여기까지 올 수 있었던 것은 내 안의 '잠재의식'이 이 삶을 살아가는 '나'라는 현재의식에게 주는 하나의 선물이라 생각한다.

이 책의 PART 1, 2, 3을 통해 오늘날 최면의 패러다임과 어제의 최면인 메즈머리즘, 그리고 최면을 넘어선 이완론, 울트라 뎁스®에 대해 소개했다. 최면이란 도구는 완벽한 도구가 아니다.

최면뿐 아니라 이 세상에 현존하는 어떠한 도구라도 완전한 도구란 있을 수 없을 것이다.

최면은 우리의 인식에 관계없이 늘 우리의 생활 속에서 함께 해오고 있으며, 우리의 정신적인 활동 및 타인과의 상호작용과도 밀접하게 연관되어있다. 나아가 최면은 우리의 의식이 경험하는 세상을 변화시키는 강력한 도구가 될 수 있다.

왜냐하면, 우리 앞에 펼쳐지고 우리가 경험하는 물리적인 세상은 우리 내면의 깊은 에너지와 연동된 결과물이기 때문이다.

도구는 그것을 사용하는 사람의 활용도에 따라 정말 가치 있는 것이 될 수도 있지만, 반대로 악용되거나 오히려 가치를 깎아내리는 결과를 만들기도 한다.

인류가 '불'이라는 것을 발견한 이래, 그것은 때로는 짐승으로부터 자신을 지키기 위한 보호의 수단으로 사용되기도 했고, 때로는 추위를 이겨내고 음식을 익혀 먹는 도구로 사용되기도 했다. 나아가 불의 에너지를 기계에너지로 바꿈으로써 산업혁명을 일으키고 화력발전이란 것을 이룩하며 발전시키기도 했다.

때로 이것은 불꽃놀이와 같은 즐거움을 주는 도구로써 사용되기도 한 반면, 누군가는 이것으로 타인에게 상해를 가하거나 피해를 입히기도 했다.

최면은 이것과 같이 하나의 도구일 뿐이다.

여러분이 최면의 정수를 알게 된다면, 이를 어디에, 어떤 수준으로 활용할 것인가?

누군가는 내 인생에서 이것을 단지 집에 있으나 없으나 한 하나의 작은 촛불의 용도로만 사용할 수도 있을 것이고, 또 다른 누군가는 화력발전과 같이 삶의 질을 바꿀 수 있는 문명의 혜택을 누리도록 하는 도구로 사용할 수도 있을 것이다.

누군가는 최면을 작은 장난감으로 사용할 수도, 또 다른 누군가는 자신의 깊은 의식의 문을 여는 도구로 사용함으로써 자신이 걷고 있는 인생의 경로를 변화시킬지도 모른다.

이 책의 제목에서 필자는 최면을 의식을 여는 '마스터키'에 비유했다. '최면'이라는 도구에 대해 어느 정도 알았다고 해서 우리의 '의식'을 모두 이해했다고 생각하는 것은 착각이다.

우리는 거대한 전체의식의 극히 일부만 건드리고 있을 뿐이다.

그렇지만 분명한 사실은 최면이 우리의 무의식뿐만 아니라, 무한한 세계의 출입문이라 할 수 있는 '잠재의식'이라는 영역에 접근하게 하는 도구라는 측면에서, 이것은 의식의 문을 여는 '마스터키'의 역할을 충분히 해낼 수 있다는 것이다.

물론 이 도구를 각자의 인생에서 어느 수준으로 사용할 것인지는 전적으로 개인의 선택이다.

물리적인 이 세상에서 우리 모두는 각자의 목적으로 저마다의 길을 여행하고 있는 여행자들이며, 그 각자의 길에서 특정한 도구의 도움이 필요치 않을 수도 있기 때문이다.

하지만, 필자의 개인적인 경험처럼 최면의 도움이 필요한 누군가가 적절한 시기에 적절하게 이것을 만나게 됨으로써 그것의 진정한 가치를 발견했으면 하는 바람이다.

이미 최면을 접했던 독자라면 이 책을 통해 내가 이미 '안다'라고 생각하고 있던 최면에 대해, 그리고 그것의 가치에 대해, 그리고 그것을 넘어선 '나'라는 존재에 대해 다시금 생각해 보는 계기가 되었으면 한다.

교육기관 안내

한국 현대최면 마스터 스쿨
The Korea Modern Hypnosis Master School

www.ABHkorea.com

UDI 울트라 뎁스® 한국지부

TPTF 파츠 테라피 교육기관

KMH 한국최면상담학회 교육기관

ABH 마스터 최면 교육기관

메즈머리스머스® 한국지부

최면 전문가 교육과정 (ABH 미국 최면치료 협회 인증 과정)

최면 프랙티셔너 자격과정
최면 마스터 프랙티셔너 자격과정
최면 트레이너 자격과정 (KMH 및 ABH 교육자 인증과정)

파츠 테라피 교육과정 (TPTF 티벳 파츠 테라피 재단 인증 과정)

내담자 중심 파츠 테라피 퍼실리테이터 자격과정

스피리추얼 최면 관련 교육과정

ICS 영적 통찰 프로세스 퍼실리테이터 자격과정

메즈머리즘 교육과정 (프랑스 ISI-CNV 인증과정)

마그네티즘 & 매혹 베이직 과정

울트라 뎁스® 교육과정 (UDI 울트라 뎁스® 인터네셔널 인증 과정)

울트라 뎁스® 퍼실리테이터 자격과정 PART 1 / PART 2

자기성장을 위한 교육과정

ICS 정화와 소통 레벨1/ 레벨2/ 레벨3 워크샵
ICS 정화와 소통 미니특강 시리즈

그 밖의 워크샵

최면상담사를 위한 EFT 적용 워크샵
ICS 자기최면 워크샵
에니어그램을 통한 자기이해 미니 워크샵

참고문헌

1. 국내

- 김상운(2011). 「왓칭」 정신세계사.
- 윌리암 안츠 & 마크 빈센트 & 벳시 체스(2010). 박인재(역).
  「블립(What the bleep Do We Know)」 지혜의 나무.
- 에모토 마사루(2002). 양억관(역). 「물은 답을 알고 있다」 나무심는사람.
- 이영현(2016). 「내 인생의 호오포노포노 : 천사들이 들려주는 이야기」 렛츠북.
- 이영현(2016). 「내 아이를 위한 정화」 렛츠북.
- 에드거 케이시(2011). 신선해(역). 「나는 잠자는 예언자」 사과나무.

2. 국외

- Banyan, C.(2002). 「The Secret Language of Feelings A Rational Approach to Emotional Mastery」 Abbot Publishing House.
- Banyan, C.(2007). 「Level II Manual: Advanced Hypnotherapy」 Banyan Publishing.
- Banyan, C.(2008). 「Level I Manual: Becoming a Master Hypnotist」 Banyan Publishing.
- Binet, A. and Charles F.(2001). 「Animal Magnetism」 Adamant Media Corporation.
- Braid, J.(1843). 「Braid on Hypnotism (Neurypnology)」 Julian Press.
- Darnton, R.(1986). 「Mesmerism and the End of the Enlightenment in France」 Harvard University Press.
- Emmerson, G.(2003). 「Ego State Therapy」 Crown House Publishing.
- Estabrooks, G.(1943). 「Hypnotism」 E.P. Dutton.
- Elman, D.(1970). 「Hypnotherapy. Glendale」 Westwood Publishing.
- Hunter, R.(1998). 「Mastering the power of Self-hynosis」 NY: Srerling Publishing.
- Hunter, R.(2000). 「Art of Hypnosis: Mastering Basic Techniques (3rd edn)」 Kendall/ Hunt Publishing.
- Hunter, R.(2005). 「Hypnosis for Inner Conflict Resolution: Introducing Parts Therapy」 Crown House Publishing.
- Hunter, R.(2007). 「Art of Hypnotherapy (3rd edn)」 Kendall/Hunt Publishing.
- James, T.(2000). 「Hypnosis: A comprehensive Guide」 Crown House Publishing.

- LeCron, L. and Bordeaux, J.(1947). 「Hypnotism Today. North Hollywood」. Wilshire Book Co.
- Marco, P. and James C.(2007). 「Easy Guide to Mesmerism and Hypnotism」. Web Services Ltd.
- Marco, P. and William A.(2011). 「Hypnotic Fascination」. Web Services Ltd.
- Ramey, J.(2014). 「4.0 Training Manual 1: *Ultra Depth*® Process」. *Ultra Depth*® International.
- Ramey, J.(2014). 「4.0 Training Manual 2: *Ultra Depth*® Process」. *Ultra Depth*® International.
- Ramey, J.(2014). 「4.0 Training Manual 3: *Ultra Depth*® Process」. *Ultra Depth*® International.
- Ramey, J.(2014). 「4.0 Training Manual 4: *Ultra Depth*® Process」. *Ultra Depth*® International.
- Tebbetts, C.(1985). 「Miracles on Demand (2nd edn)」. Thompson/ Shore.
- Zanuso, B.(1986). 「The Young Freud: The Origins of Psychoanalysis in Late Nineteenth-Century Viennese Culture」. Blackwell.

최면 시리즈

최면, 써드 제너레이션
: 에고를 넘어서

의식을 여는 마스터키 최면, 두 번째 이야기

KMH 전문가 그룹
최면상담 사례집

: 무의식 리-프로그래밍

ICS 정화와 소통 시리즈

내 인생의 호오포노포노

: 천사들이 들려주는 이야기

내 아이를 위한 정화

: 자녀를 사랑하는 부모들을 위한
정화 가이드북

내 인생의 날개를 펼쳐라

: 현실을 바꾸는 내면의 비밀

**나는 왜 호오포노포노가
안 되는 걸까?**

: 천사들이 들려주는 이야기 세 번째 시리즈

영혼의 매트릭스

: ICS 정화와 소통

의식을 여는 마스터키, 최면

초판 1쇄 발행 2016년 10월 01일
초판 3쇄 발행 2023년 06월 13일

지은이 문동규
펴낸이 류태연

펴낸곳 렛츠북
주소 서울시 마포구 양화로11길 42, 3층(서교동)
등록 2015년 05월 15일 제2018-000065호
전화 070-4786-4823 | **팩스** 070-7610-2823
이메일 letsbook2@naver.com | **홈페이지** http://www.letsbook21.co.kr
인스타그램 @letsbook2 | **블로그** https://blog.naver.com/letsbook2

ISBN 979-11-6054-001-7 03180